礼仪文书写作

阎　杰　高鸿雁　编著

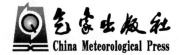

气象出版社
China Meteorological Press

内 容 简 介

　　礼仪文书是处理礼仪事务的重要工具。本书概述礼仪文书的基本框架,具体讲解函电、启事、请柬、致辞、楹联、题词、碑文等常用礼仪文书的写作知识,并进行范文评析和病文会诊,因而对礼仪文书写作有很强的指导性。本书适用于机关、团体、企事业单位的公关、文秘、行政管理人员以及其他需要掌握礼仪文书写作知识与方法的人士,也可作为各类普通高校、职业技术学院、中等职业技术学校有关专业的教材和学习参考书。

图书在版编目(CIP)数据

礼仪文书写作/阎杰,高鸿雁编著.—北京:气象出版社,2012.8
ISBN 978-7-5029-5553-3

Ⅰ.①礼…　Ⅱ.①阎…②高…　Ⅲ.①礼仪-应用文-写作
Ⅳ.①H152.3

中国版本图书馆 CIP 数据核字(2012)第 197819 号

出版发行 气象出版社

地　　址:北京市海淀区中关村南大街 46 号		邮政编码:100081	
总 编 室:010-68407112		发 行 部:010-68409198	
网　　址:http://www.cmp.cma.gov.cn		E-mail: qxcbs@cma.gov.cn	
责任编辑:蔺学东		终　　审:方益民	
封面设计:博雅思企划		责任技编:吴庭芳	
印　　刷:北京京科印刷有限公司			
开　　本:720 mm×960 mm　1/16		印　　张:18	
字　　数:350 千字			
版　　次:2012 年 9 月第 1 版		印　　次:2012 年 9 月第 1 次印刷	
定　　价:38.00 元			

前　　言

我国素有"礼仪之邦"之美誉,现代礼仪是社会主义精神文明建设的一个重要组成部分。作为处理礼仪事务的重要工具,礼仪文书适用范围十分广泛,发挥着沟通、协调、教育、约束、凭据的作用。

为提高有关人员礼仪文书写作能力、适应处理礼仪事务的需要,本书介绍函电、启事、请柬、致辞、楹联、题词、碑文等常用礼仪文书的写作知识。

本书按照"讲—读—练"的顺序设计框架,从讲解知识入手,接着阅读例文,最后将落脚点放在能力训练上。

一是讲。本着少而精的原则讲解知识。所谓少,就是摈弃"大全式"的编写方法,只选取适用范围最广、使用频率最高的7个文体集中介绍。所谓精,就是精细和精要,精细即把每个文体分为若干文种并分别具体说明,精要即简要介绍每个文体及文种的名称、含义、特征、内容、结构、写法、注意事项而不是泛述。

二是读。关于读什么和怎样读,做如下安排:前者在精选历代名篇的基础上侧重于时文,在选取名人之作的前提下尽量多选普通作者的文章,在兼顾"面"的同时着眼于"点"上的那些具有典型性的例文;后者则设计范文评析和病文会诊两个模块,力求评析精当、会诊准确,从而避免"照葫芦画瓢"似的简单模仿,让读者通过比较悟出立旨、选材、谋篇、择技、遣语之道。

三是练。按照学以致用、因文而异、激发兴趣、开拓思维、循序渐进的思路对每个文体及文种进行实训。处理方法是以写为主、以读为辅,单项练习与综合练习结合，填空、语段排序、阅读分析、材料作文、续写、仿写、改写、评析性短文、修改病文等题型多样化，以收到实效。

本书在编写过程中参考礼仪、写作学、语言学、公共关系学、社会学、民俗学的著作、教材、论文以及礼仪例文资料，恕未一一注明，在此谨向有关作者致以真诚的谢意。

由于水平有限，书中难免有不妥或疏漏之处，敬请专家和读者指正。

编著者

2012 年 8 月

目　　录

第一章　礼仪文书概述

第一节　礼仪文书的含义与特征

一、礼仪文书的含义

礼,本义是祭神祀祖,如"将心礼上帝"(《管子·幼官》),引申为表示恭敬、礼仪等道德规范、礼物;仪,本义是容貌、仪表,如"窈窕多容仪,婉媚巧笑言"(陆机:《日出东南隅行》),引申为表示礼仪、仪式等。礼仪,又称礼文,是礼节和仪式的总称,如"为宾为客,献酬交错。礼仪卒度,笑语卒获"(《诗经·小雅·楚茨》)、"然而礼文繁漫,所执各殊"(韩愈:《禘祫议》)。具体而言,礼仪是人们在交际活动中受时代、习俗、宗教等因素而形成,被普遍认同和共同遵守,以建立和谐关系为目的的各种行为规范和准则的总和。角度不同,对礼仪的理解也不同。对个人而言,礼仪是一个人内在修养和素质的外在表现;就交际而论,礼仪是适于交际的一种艺术和方式;从传播上看,礼仪是交际活动中沟通的技巧。

礼仪文书是应用文的一种特殊形式,它是国家、单位、集体、个人在举行仪式等交际场合所使用的表示礼节、具有惯用格式的文章。可见,礼仪文书的主体广泛,国家、单位、集体、个人均可使用;适用范围特定,直接用于举行仪式等交际场合;功用特殊,用来表示礼节;格式法定使成或约定俗成,比较固定。

礼仪文书写作,是应用写作的一个分支,它是一种研究礼仪文书写作特点、规律、过程和技法的理论。主要包括:礼仪文书写作基础知识,如主旨、材料、结构、语言、表达方式;礼仪文书写作过程论,如准备、撰写、修改以及发文办理、收文办理;礼仪文书文体写作论,如函电、启事、请柬、致辞、楹联、题词、碑文等写作;礼仪文书写作发展史,如古代礼仪文书、现代礼仪文书。礼仪文书写作直接、具体、有效地体现借助语言文字进行思维并描述思维成果,传递各种礼仪信息,处理礼仪事务的功用,受到人们的广泛重视,具有很高的实用价值和美好的发展前景。

二、礼仪文书的特征

经过长期的沿革,礼仪文书逐步形成了鲜明的个性特征。

(一)交际性

交际即社会交际与人际交往。它是人类社会生产和生活中普遍存在的基本活动之一,社会组织需要内外有效协调,个人也要改善人际关系。礼仪文书大多是应用文,如启事、请柬、致辞;也有少数的文学体裁,如诗歌、楹联。无论是何种文体,都以书面的形式进行交际。从目的上看,礼仪文书为交际而作,要解决交际中的实际问题;从内容上看,礼仪文书有很强的针对性,处理邀约送别、庆贺哀挽、鸣谢致歉、荐举婉辞、设立变更、赞颂纪念等事务;从功效上看,它有利于塑造形象、增进友谊。因此,礼仪文书是为交际活动服务的,可以保证交际正常有序,并收到预期效果。例如,海尔集团形象用语"真诚到永远"、海尔产品形象用语"海尔冰箱——为您着想;海尔空调——永创新高;海尔冷柜——创造品位;海尔洗衣机——专为您设计;海尔电脑——为您创造;海尔彩电——风光无限;海尔水器——安全为本;海尔国旅——诚信相聚;海尔商用空调——永领时代新潮;海尔手机——听世界打天下;海尔家居——一站到位",目的是宣传顾客至上等经营理念,以得到认知并获得美誉。再如,唐代天宝年间,李白、杜甫相遇于洛阳,可以说是"青天里太阳月亮走碰了头"(闻一多语),后又同游齐鲁等地,你题我赠,留下多首交往诗歌,名句有"思君若汶水,浩荡寄南征"(李白:《沙丘城下寄杜甫》)、"笔落惊风雨,诗成泣鬼神"(杜甫:《寄李十二白二十韵》)等,体现了唐代诗坛两位巨星的友谊。可见,交际性是礼仪文书最基本的特点。

(二)规范性

礼仪是内在的道德标准与外在的行为尺度的统一,有一整套明文规定或约定俗成的标准,对交际活动有普遍的规范作用,不仅约束人们的各种行为使之合乎礼仪,而且也成为衡量他人、判断自己是否自律、敬人的通用尺度。这在礼仪文书中得到了充分体现。一方面,礼仪文书在内容上务求人、事、物以及作者的观点、情感合乎礼仪规范。例如,"真情流淌,血脉相通"(义务献血)、"种下一棵树,收获一片绿荫;献出一份爱心,托起一份希望"(希望工程)、"一花一草皆生命,一枝一叶总关情"(环保)、"劝君莫打枝头鸟,儿在巢中盼母归"(保护动物)等公益广告无不体现礼仪;滥发恶俗短信则有失礼仪。另一方面,礼仪文书在文种、用纸、格式、语言、办理程序等方面有比较固定的模式,便于写作和处理。其中,许多文种名称是特定的,不能随意更改,如"启事"不能写成"启示";有的文种用纸是专用的,如电报、介绍信,必须设计规范、统一使用;格式也是固定的,如合同示范文本的格式法定,函件、碑文则依据沿用的布局,不能另搞一套;语言有礼仪文书惯用词语和各专业术语,如"函邀"、"莅临"、"假座"、"法人"、"预算"、"税率",要理解含义、恰当使用;有的文种在办理程序上有特定的要求,如发文、收文,要循序渐进、衔接紧密。

（三）综合性

礼仪文书具有鲜明的综合性。首先,礼仪是一种边缘性理论。尽管近年有礼仪学之说,但其尚未成为一门独立的学科。作为行为科学的一种理论,礼仪带有明显的边缘性,与哲学、政治学、法学、管理学、公共关系学、社会学、宗教学、民俗学、历史学、语言学、文学、写作学等学科密不可分,它们对礼仪文书写作都有一定的指导作用。其次,礼仪活动的适用范围非常广泛。有政务礼仪、商务礼仪、服务礼仪、社交礼仪、涉外礼仪等。仅社交礼仪就包括见面、介绍、交谈、宴会、会客、舞会、馈赠、探病等,涵盖工作、生活的各个方面。同时,它不囿于某一地域,揽四面景致、八方风情、寰宇神州于幅内。这些为礼仪文书带来丰富的内容。再次,每种礼仪有很大的辐射面。比如,服务礼仪的主体是从事百货、餐饮、运输、卫生、旅游等工作的人员,客体则是接受服务的公众,因而礼仪文书有众多的作者和读者。最后,表示礼仪的手段很多。口语、书面语、副语言、体态语以及现代化传播方式均可使用。如书面语的礼仪文书,经常使用报纸、杂志、广播、电影、电视、电话、网络、张贴、镌刻等多种手段传递信息。

（四）情感性

应用文因其实用的基本属性不要求以情感人,但礼仪文书适用于交际活动的特殊性使其具有较强的情感性。交际活动是调解社会组织与公众关系、人际关系最有效的手段之一,而情感发挥着"黏合剂"的作用,通过这种情感交流,可以建立一种友好和善的关系。因此,礼仪文书是进行情感交流的主要书面形式之一。情感交流适用于礼仪文书的所有文体,无论是倡议书还是感谢电、无论是庆典启事还是请柬、无论是贺词还是挽联、无论是题词还是功德碑文,无一不渗透着情感。据载,一对恋人在抗战之前订婚,因日寇入侵而推迟婚期,直到抗战胜利才在订婚十周年之日成亲。婚联是"喜气溢江夏,喜报上林村,喜十年订就良缘,喜今夕吹箫引凤;幸寇退浠川,幸从离乱出,幸三生结成佳偶,幸此日淑女乘龙"。男女分撰上下联,四"喜"对四"幸",突出了喜庆快乐的气氛。成功的礼仪文书往往把各种情感拿捏得恰到好处,巧妙地将其融入人、事、物、理之中。但要注意三点:其一,真挚。它是作者对客观事物的强烈感受,以至情动于衷、不吐不快,任何虚情假意都是不可取的。其二,适度。写作前不仅要考虑抒发哪种情感,还要把握情感的分寸,根据情感的色彩和浓淡妥善处理。其三,多样。情感属于复杂的心理活动,语境不同,表达方式各异。要缘情择式、因情施语,不可随意而定或囿于套路。

(五)时效性

礼仪文书的撰写时间有定期和不定期两种。前者有日、周、旬、月、季度、半年、年度的周期性,如接待计划;后者则根据某种需要临时撰写,如致辞、楹联。总的看来,它们的时间要求和实际效果都非常明显。一方面,要写得快、发得快、办得快,见效也快。及时写作,不能"批阅十载,增删五次";快速发送,不能延误;限时办理,不能拖而不决;立即显效,不能办而无果。例如,中国经济增长与周期高峰论坛于 2009 年 6 月 20—21 日在北京召开,会议的邀请函于 2009 年 5 月 20 日发出,介绍了会议的背景、名称、主办者、开会时间和地点、报到时间、主题、演讲者、提交论文、会务费、回执、联系方式等事项,显出鲜明的时效性。另一方面,有些礼仪文书在一定时间内有效,时过境迁也就失去其效用,其中重要的文章转化为档案资料,以供查阅。当然,礼仪文书中有些文章是领袖人物所撰或者在社会反响很大的文学作品,尽管也是限时即事而作,却成为传世名篇。

第二节　礼仪文书的分类与作用

一、礼仪文书的分类

鲁迅曾指出:"凡有文章,倘若分类,都有类可归。"(《且介亭杂文·序言》)现代礼仪文书是一个既相互联系又相对独立的有机整体,建立一个分类体系是必要的。但是,由于礼仪文书有明显的综合性,种类繁多,覆盖面广泛,要准确明晰地勾勒其轮廓有一定难度。

(一)按性质分类

1. 政务礼仪文书

指国家公务员在执行公务时为保证行为规范而使用的文书。如公务员誓词、廉政联。

2. 商务礼仪文书

指在商务活动中为体现相互尊重的行为规范而使用的文书。如名片、协议书。

3. 服务礼仪文书

指服务行业为使从业人员行为规范而使用的文书。如服务手册、解说词。

4. 社交礼仪文书

指人们在社会交往活动中为使行为规范而使用的文书。如求职信、题词。

5. 涉外礼仪文书

指参与国际交往时为遵守国际惯例而使用的文书。如声明、备忘录。

（二）按用途分类

1.邀约类文书

适用于邀请他人参加有关会议、活动等。如通知、邀请函、请柬。

2.迎送类文书

适用于迎接和送别客人。如欢迎词、欢送词、送别诗。

3.请托类文书

适用于请求和托付别人办事。如申请书、请托信。

4.题赠类文书

适用于题写赠与。如题词、赠言。

5.赞扬类文书

适用于称赞表扬。如表扬信、颁奖词、功德碑文。

6.劝勉类文书

适用于劝导并勉励。如劝勉信、格言联。

7.鸣谢类文书

适用于表示谢意。如感谢信、鸣谢启事。

8.致歉类文书

适用于表示歉意。如致歉信、致歉启事。

9.喜庆类文书

适用于值得欢喜和庆贺的事。如贺信、庆典启事、婚联。

10.哀悼类文书

适用于悼念死者。如讣告、悼亡诗、墓碑文。

此外,还有求教类、征集类、借还类、荐举类、建议类、规约类等多种礼仪文书,这里不一一列举。

（三）按文体分类

1.函件

即以套封形式传递缄封信息的一种载体。如证明信、商洽函。

2.电报

即用电信号传递文字、照片、图表等的通信方式。如感谢电、慰问电。

3.启事

即为了说明某事而登载、播放、张贴的文字。如征稿启事、募捐启事。

4.请柬

即郑重邀请客人的特殊函件。如喜帖、丧帖。

5．致辞

即在某种仪式上所作的演讲。如颁奖词、答谢词。

6．楹联

即一组对偶语句。如春联、景物联。

7．题词

即为表示纪念或勉励而题写的文字。如给人的题词、给物的题词。

8．碑文

即刻在碑上的文字。如纪念碑文、记事碑文。

此外，通知、公告、通告、准则、公约、计划、总结、合同、协议书、广告、诗、词、曲、散文等也可以用于礼仪事项。

二、礼仪文书的作用

我国是文明古国，素有"礼仪之邦"的美誉。几千年灿烂的文化，培养了中华民族高尚的道德，也形成了一整套礼仪。"不学礼，无以立。"（《论语·季氏》）礼仪，是一个国家和民族发达的标志之一，也是衡量一个人道德水准和教养的重要尺度。作为一种书面语言形式，礼仪文书是记录礼仪规范和反映礼仪活动的主要工具，在各种事务中发挥着重要作用。

（一）沟通作用

信息是最重要的资源，沟通是传递和反馈信息的手段，而礼仪则是实现有效沟通的保证。作为书面语言的沟通形式，礼仪文书反映合乎礼仪的人、事、物以及作者的思想情感，使沟通更加顺畅。比如，庆典有庆典策划书、启事、邀请函、请柬、贺词、喜联，颁奖有颁奖计划、颁奖词、答谢词，征集有征集方案、征集启事、荣誉证书，求职有自荐信或推荐信、简历、聘书，这些都蕴含着礼仪，以收到最佳的沟通效果。进一步说，既要赋予特定的礼仪内涵，又要选择恰当的沟通方式，做到内容与形式的高度统一。以北京 2008 年奥运会口号为例，应征口号多达 21 万条，最后确定为"同一个世界　同一个梦想"。这一口号文简、意深、礼显，体现了奥林匹克精神的实质和普遍价值观——团结、友谊、进步、和谐、参与和梦想，反映了该届奥运会的核心理念和人文奥运所蕴含的和谐价值观，表达了 13 亿中国人民为建立一个和平而更美好的世界作出贡献的心声，而且易记上口、便于传播，因而赢得广泛赞誉。

（二）协调作用

"礼之用，和为贵。先王之道，斯为美。小大由之。有所不行，知和而和，不以礼节之，亦不可行也"（《论语·学而》），精辟地阐述了礼以和为贵并以礼节制之这一目的和手段的关系，也是谈礼仪的协调作用。礼仪因其尊重、平等、真挚、守信、规范、周全的内涵以及一整套礼节,成为协调各种关系的桥梁,能得到对方的好感和信任,从而增加了解、化解矛盾,有利于家庭、人际乃至社会的和谐。正如古人所言"礼,经国家、定社稷、序民人、利后嗣者也"(《左传·隐公十一年》)。而礼仪文书以书面形式来协调,成为维护各种社会关系稳定和发展的纽带。无论是《朱子家训》还是《傅雷家书》,都成为家教的经典读物;美国现代成人教育之父、人际关系学鼻祖戴尔·卡耐基的《沟通的艺术》、《友谊的秘密》等著作,被誉为打开人际关系之门的钥匙;《中共中央关于构建社会主义和谐社会若干重大问题的决定》、《公民道德建设实施纲要》等文件以及许多致辞、题词、楹联等名篇在营造和谐的社会氛围中发挥了重要作用。

（三）教育作用

礼仪是社会文化的一个重要组成部分,有优良的传统和深厚的内涵,成为社会上公认的一门必修课。人们学习礼仪实际上是一个接受教育的过程。而礼仪文书以文字的方式记录了礼节、仪式等方面的情况,成为礼仪教育的最好教材。其一,礼仪文书所提供的礼仪教育具有技能教育与做人教育的双重意义,适用面十分广泛,而且可操作性极强。其二,礼仪文书的教育内容非常丰富,横向涉及各个行业、各种生活、各类人,纵向连接古今、幼老、晨昏;不仅向人们提供应当遵守的礼仪,更注重教人向善、向美、向真。其三,礼仪文书因其文字记录而得以流传,成为人们的行为规范。《论语》、《礼记》、《颜氏家训》、《三字经》以及唐诗、宋词、元曲中礼仪名篇至今传诵不衰,其教化作用是显而易见的。其四,礼仪文书是社会主义精神文明建设的有力工具,对弘扬中华文化、加强公民道德建设、形成良好的社会风尚有重要的意义。

（四）约束作用

礼仪作为一种行为规范,具有很强的约束作用。孔子曾提出"非礼勿视,非礼勿听,非礼勿言,非礼勿动"(《论语·颜渊》)的标准,强调人的言行举止都要符合礼仪规范。在礼仪文书中,这种约束作用有直接约束和间接约束两种情形。所谓直接约束,是指制定礼仪规范,有关人员严格遵守。比如古代《弟子规》中的"长者立,幼勿坐,长者坐,命乃坐。尊长前,声要低,低不闻,却非宜。进必趋,退必迟。问起对,视勿移"以及现今的《中学生日常行为规范》、《成人誓词》即是。所谓间接约束,是指礼仪文书中关于人、事、物、理体现出合乎礼仪的叙写,对读者产生潜移默化的影响,使其在行动中仿效。礼仪文书的约束作用具有积极的意义。其一,有利于提高人们的自身修养,使其树立公共道德意识和职业道德观念,掌握礼仪知识和规范,养成以礼待人的好习惯。其二,有利于塑造社会组织形象,使其具有较高的知名度和美誉度。其三,有利于维护社会秩序,使各项活动正常而有效地进行。

（五）凭据作用

这里所说的凭据是指依据和凭证。礼仪文书作为一种实录工具,是有关礼仪活动的直接依据以及保存查考的凭证。比如,自荐信、推荐信、简历是录用的依据之一,而聘书、录用通知、辞谢书等是录用结果的凭证;庆典策划书是编写有关庆典通知、预算表的依据,而庆典评估报告是考查庆典策划书实施情况的凭证;请柬是特为某些会议或活动发出的邀请,碑文专为刻碑而撰,赞助协议书是当事人之间就某一赞助事项签订的书面协议,其依据、凭证作用尤为明显。此外,由于礼仪文书的时效性,某些文章失去现实效用后被立卷归档,作为文献资料供人们阅读,也起着重要的凭证作用。

第二章　函　电

第一节　函电概说

一、名称解释

函电，是函件和电报的总称。

函，原指信的封套。古代寄信用木匣子邮递，这种匣子叫函，后来就称信件为函。函件，简称函，又称信、信函、信件、书信，它是人们在日常生活、社会交往以及工作中用来传递信息、联系事务、传情达意的一种文书。

电报，是用电信号传递文字、照片、图表等的一种特殊文书。它是利用电流（有线）或电磁波（无线）作载体，通过编码和相应的电处理技术实现人类远距离传输与交换信息的通信方式。

二、沿革

我国是函件大国，经历了漫长的发展过程。在古代，函件的称谓有很多，如函、瑶函、牍、书牍、尺牍、简、书简、柬、笺、札、书札、帛书、八行书、华翰、素、尺素、鲤鱼、双鲤、鸿雁等。在文字发明以前，人们用"口信"、"物信"的方法传递信息。函件的出现与文字的产生结伴而行，殷墟出土的第513片甲骨就是一封由殷的边境传至京都的"边报"。从殷商到秦代，函件主要用于军事和外交。两汉时函件除用于公务外还成为抒发个人情感的工具。魏晋南北朝时函件已渗透到生活的各个领域，当时流行的"月仪帖"就是用于朋友之间每月互通讯问、增进友谊的。唐宋是函件的成熟期，函件还成为追求光明、揭露黑暗的犀利武器，代表作有欧阳修的《与高司谏书》、王安石的《答司马谏议书》等。明清的家书发展很快，如郑板桥的家书从思想到文风都独树一帜。"五四"新文化运动是函件发展史上的一次革命，白话函件的出现使函件更趋大众化。现在，函件广泛用于各种事务，而且通信方式日趋现代化。

我国电报兴起于西方国家入侵之时。1871年起，丹麦、英国、美国等在我国开设电报业务。我国自办电报业务始于1877年天津、上海试设同城电报。1881年，天津至上海之间互通电报;1884 年,清政府设内城电报局专事收发官电,外城电报局收发商民电报;到 1899 年,先后建成数条电报线路,基本构成了我国干线通信网。民国时期,电报发展缓慢。20 世纪 20 年代末电传打字电报机传入我国。抗日战争期间内地电报局所遭到不同程度的破坏,直到抗战胜利后,各大城市才开始恢复并开办特快电报、国际电报、夜信电报等业务。1949 年新中国成立以来,电报通信得到快速发展。如开通一些国际用户电报电路,开办部分少数民族电报业务,增设传真电报等。近年来,随着通信手段的更新,有线电话、移动电话、传真机已经普及,电报这一传统业务受到极大的冲击。不过,电报在党务、政务、商务、外交等事务中继续发挥着重要作用,尤其在邀约、请托、感谢、慰问、吊唁等礼仪活动中仍有广阔的天地。

三、主要特征

(一)功能大

作为传递信息的主要工具之一,与其他文体相比,函电的用途更广。机关、团体、单位及个人均可用函电商洽工作、问答事项、提出建议、告知情况。因此,它适用面广泛,不受行文关系限制,而且信息高度密集,呈现出特殊的功能。

(二)文笔活

一般说来,函电的文笔比较灵活,适应性很强。或侧重陈述,或议理抒怀;或秉笔直书,或婉言曲至;或洋洋洒洒,或只语片言;或以质朴见长,或以瑰奇取胜……可以根据特定的对象及内容采取不同的笔法。

(三)工具新

书写工具的现代化是现代函电的一大优势。例如,电子邮件通过网络通信等形式来传递信息,具有直观快捷的功效;短信凭借手机互通信息,简便灵活;传真电报利用扫描技术通过通信电路把固定图像从一个地点传送到另一地点,并以记录形式复制出来,形象逼真。

四、种类

(一)函件分类

1. 按性质分类

有公务函件和私务函件。前者用于处理公务,大多是专用函件;后者用于处理私人事务。

2. 按用途分类

有普通函件和专用函件。前者多用于私人之间的往来;后者多用于机关、团体、单位之间或者机关、团体、单位与个人之间的往来,在某种特定场合或供某种特殊需要时使用。

3.按内容分类

主要有介绍信、证明信、自荐信、推荐信、辞却信、请托信、婉拒信、咨询信、申诉信、表扬信、感谢信、致歉信、规劝信、借还信、催索信、慰问信、贺信、致敬信、公开信、申请书、倡议书、建议书、聘请书(聘书)、决心书、响应书、请战书、挑战书、应战书、辞职书(辞呈)、检讨书、邀请函、唁函、捷报、喜报、明信片等。

4.按往来途径分类

有致函和复函。前者即发函者给对方去函;后者即收函者向发函者回复。

(二)电报分类

1.按性质分类

有公务电报和私务电报。前者为公事而拍发,后者用于个人生活和交际。

2.按内容分类

主要有感谢电、慰问电、贺电、致敬电、邀请电、唁电等。

3.按电码分类

有明码电报和密码电报。前者使用全社会共同约定的公用电码;后者使用由个别少数人或集团之间共同约定以便保密的电码。

4.按时限分类

有普通电报和加急电报。前者用于一般事项,没有时限要求;后者用于紧急事项,限时拍发。

五、作用

(一)塑造良好形象的重要手段

从公共关系学的角度看,函电是纸面上的具象。以机关、团体、单位名义发出的函电,反映其社会组织的整体形象;以个人名义发出的函电,则是其品格、知识、文化等方面的综合体现。也就是说,它不仅仅为了解决一些实际问题,而是借此塑造良好的形象,尤其是社会组织形象,以得到认知、赢得美誉。

(二)加强沟通与合作的有效方式

通过函电来传递和反馈各种信息,比如提出申请或咨询、发出邀请或倡议、表示感谢或慰问,从而架起一座彼此沟通的桥梁,有利于改善社会组织与公众、人与人之间的关系,从而获得理解与信赖、支持与合作。

六、格式

（一）函件格式

1. 标题

即函件的名称。一般有两种形式：

一是单标题。主要写法是：作者＋对象＋文种，如《中国共产党第十一届中央委员会第七次全体会议给刘伯承同志的致敬信》；作者＋事由＋文种，如《中央综治委关于综治网站开通的贺信》；对象＋文种，如《致顾客的公开信》；事由＋文种，如《学习和弘扬三峡移民精神倡议书》；文种，如《感谢信》。

二是双标题。有引题和正题、正题和副题两种情形，可根据语境灵活处理。如《中国人民的一位真正朋友——致安娜·路易斯·斯特朗》。

个人发出的函件有时不拟标题。

2. 称谓

指对收函者的称呼，在古代称为抬头。

收函者是某个机关、团体、单位时，写明全称或规范化简称。收函者是个人，则根据不同的身份、地位选用确切的称谓；有时在称谓前加"尊敬的"等修饰语，在称谓后加"同志"、"先生"、"女士"等字样。

3. 问候语

最常用的是"您好"。要根据彼此关系、函件内容来酌定，做到恰当、简洁。有的函件不设此项。

4. 正文

开头通常交代发函的目的或根据，有时点出事由，写法因文而异，复函多用"大函敬悉"等说明已收到来函。要开门见山，简洁明快。

主体是函件的核心部分。要紧紧围绕主旨，务求事项单一、具体，显示内在的关联性和条理性。段落安排，可以篇段合一（即一段文），也可以多段叙说；写法有简述式、条陈式等。

结尾一般总括上文、提出希望、补充事项、表明心意。要干脆利落，不可拖泥带水。

5. 祝颂语

即向对方表示美好的祝愿，常用的是"此致　敬礼"。

在漫长的沿革中，函件已积累了丰富的祝颂语，要灵活使用。比如"春安"、"教祺"、"勋祉"、"商绥"、"新禧"，并在前面加"恭祝"、"即颂"、"敬问"等。有时可以根据特定的情境自拟祝颂语。

有的函件不设祝颂语，而是用特定的结语，如证明信的"特此证明"。

6.具名

写明发函的机关、团体、单位名称或个人姓名。其中，个人姓名要根据发函者和收函者的关系酌定写姓名或只署名字。必要时在前面加谦称，有时在后面标注"敬上"、"谨启"等。长辈给晚辈的函件只写辈分。

7.日期

标明发函的年月日。有的函件在日期之后补写具体时间及地点、天气，如"于北京"。

8.印章

以机关、团体、单位名义邮寄的函件，大多加盖印章。

9.附件

附属于正文起补充、印证等作用的有关材料，放在函件之后。如有多个附件，要编排序号。

10.附言

函件写完后附加的话。一是顺向别人问候，如"请向××代好"；二是代别人顺致问候，如"家父嘱笔问候"；三是补充正文中未提及的其他事情。以"附言"二字提行写起，不能只写"附"、"另"、"又"；附言内容之后加"又及"或"××又及"的字样。当然，附言也可以写在正文的最后一段，如"顺向××问候，不一（或'匆此不一'、'不另'）"。

请看一个贺信：

(二)电报格式

1.电信局电报的格式

包括四个项目:一是电报栏头,有计费字数、报费译费、营业员、机上流水、发出时间、值机员、报类、发报局名、原来号数、字数、日期、时间等;二是加急或邮送业务、收报地名、收报人住址及姓名或电报挂号;三是电报内容和署名;四是发报人签字或盖章、住址、电话等。第一项由电信局营业员填写,后三项由发报人填写,其中第四项只供联系用并不拍发。

2.一般电报的格式

主要有标题、称谓、正文、具名、日期五个项目,是否加问候语、祝颂语可酌定。具体内容与写法参见电报范例。

请看下面贺电:

贺　电

第21届温哥华冬奥会中国代表团:

时值新春佳节之际,你们受国家和人民委托,远赴加拿大温哥华参加冬奥会,为国争光。七台河市委、市政府及全市人民向代表团所有成员表示诚挚的祝福和由衷的敬意。

七台河市培养输送的运动健儿王濛、刘秋红、孙琳琳代表国家参加本届冬奥会,是全市人民的骄傲。在此,我们向国家体育总局多年来给予七台河市体育事业的支持和帮助表示衷心的感谢,同时也向中国代表团致以最崇高的敬意。七台河市委、市政府和全市人民为你们团结奋进、争先拼搏的精神喝彩,也决心为我国体育事业作出更大的贡献。

中共七台河市委
七台河市人民政府
2010 年 2 月 18 日

七、基本要求

(一)达意

这是函电的基本要求。通过函电传递各种信息,比如禀陈、邀约、请托、劝勉,要把意思说得一清二楚。达意,一要准,二要明。所谓准,就是合乎实际、恰如其分,要植根于现实生活,筛选内容,斟酌词语,以确保信息的纯真度;所谓明,就是意思显豁、语言明确,关键在于突出要义、词通句顺。

(二)咏怀

函电是情感交流的最佳工具之一,它带有人情味和亲切感。从某种意义上说,无情不成函电。一方面，贵有真情。它基于作者对生活的深刻认识和强烈感受，以至情动于衷，因而所抒发的情感真挚感人，如果为文造情则势必情寡味厌。另一方面，运用技巧。咏怀有倾吐、寄寓两种。前者袒露胸襟，炽烈奔放；后者寓情于事、景、物、理，自然含蓄。要根据特定语境而定，并将二者巧妙交织。

（三）求雅

函电语言的运用要去粗取精、弃俗求雅，呈现一种令人赏心悦目的典雅美。在长期的沿革中，函电逐渐形成了一套惯用语，如"睽违"、"鼎力"、"见谅"、"恭贺"，要恰当选用。同时，还要注重词语的锤炼，做到朴字生色、平字见奇。

八、特别提示

（一）礼仪性

函电往来属于正规的交际活动，有许多相沿已久的礼仪，要了解其规范，在写作时自觉遵守，否则便会失礼，甚至闹出笑话。比如，致父母信的祝颂语应当用"敬祝"或"恭祝"其"金安"、"大安"，如果写成"此致敬礼"就不恭了。

（二）灵活性

函电的种类很多，所负载的信息各异，格式、写法、语言也未尽一致。因此，要根据每次写作特定的目的、内容、载体特点等炼旨、选材、谋篇、择技、遣词、造句，处理得恰如其分而又个性鲜明，不可墨守成规。

九、写作训练

函电有多种写法。请仔细阅读下面的诗歌体挑战书和应战书，自定内容写一个诗歌体或散文体的函。

挑　战　书

八月骄阳似火红，菁菁校园绿浪涌；
练兵场上声震天，军营帐前迷彩翩。
男儿似铁，硬朗坚毅铮铮响；
女子如钢，娇柔尽藏露锋芒！
汗洗粉黛，更添妩媚；
红妆除却，柔中带刚；
烈日炎炎，风雨何阻；
巾帼赫赫，须眉怎挡！
古有木兰替父征，沙场扬鞭铁骑掀；
今朝女兵爱武装，英勇顽强胜儿郎；

歌声嘹亮番号响,集合迅速内务棒;

训练有效成绩高,纪律严明意志扬;

沧海横流显本色,阵地前沿争豪强;

交大女生多奇志,摩拳擦掌战沙场。

营盘扎、号角响,欲与男兵竞成长;

东风吹、军旗扬,比赛场上我最靓!

上海交通大学 2004 级学生军训团全体女兵

应 战 书

是谁,钢铁意志坚,气概冲九天;

是谁,无畏勇气强,作风美名扬;

是我们——交大真正男子汉!

女兵不知军训难,要与咱们比比看。

比就比,

一比不怕苦,想想长征两万五;

二比不怕累,千难万阻我不退;

三比不怕艰,万水千山我向前。

交大军营好儿郎,热血似火胜骄阳;

交大军营男子汉,不畏艰苦与挑战。

身着军装,肩负天下兴亡;

迈开步伐,承载先驱理想;

令行禁止,经受军纪考验;

一丝不苟,铸就人生辉煌;

严阵以待,不怕女兵来挑战;

孰高孰低,阅兵场上我们看!

上海交通大学 2004 级学生军训团全体男兵

第二节 介绍信、证明信

一、名称解释

介绍信,是介绍被派出人员情况及任务的函件。各机关、团体、单位的日常管理中都有开具介绍信的项目。比如,国家机关人员外出调研、销售人员到商场联系促销、学生参加社会实践等都要持介绍信。

证明信,又称证明书,是机关、团体、单位或个人证明某人或某事以供对方参考的函件。它用来证明曾用名、出生、国籍、学历、在校、工作经历、在职、离(退)休、收入、婚姻、域外亲属关系、未受刑事处分、死亡等事项。

二、主要特征

(一)凭证性

介绍信、证明信均能证明被派出人、被证明人的身份、职业、经历或者某事的真实性,可信性很强。

(二)协调性

介绍信广泛用于各个机关、团体、单位对外联系接洽之事,以实现彼此之间的友好合作;证明信则直接向对方提供重要的依据,便于妥善处理有关事宜。

三、内容、格式及写法

目前介绍信的格式有三种:一是两联带存根的介绍信,按上下或左右的顺序排列,上方或左侧是存根,有标题、编号、使用人、前往单位、联系事项、负责人签名、时间等,项目多少酌情而定;下方或右侧为正式联,包括标题、编号、称谓、正文、祝颂语、具名、日期、印章、有效期等。二是三联带存根、回执的介绍信,多是上中下排列,上方是存根,中间是正式联,下方是回执。三是不带存根、回执而只有主体的便函,大多用机关、团体、单位的便笺书写。其中,前两种介绍信都印刷成册,格式比较规范。

证明信的格式多由标题、称谓、正文、具名、日期、印章组成。

(一)标题

一般是单标题,主要有四种写法:一是作者＋文种,如《宏远商贸公司介绍信》;二是事由＋文种,如《关于常山同志在我校学习情况的证明信》;三是只写事由,如《证明》;四是只写文种,如《介绍信》。

(二)编号

用于联单式介绍信,目前多数写成"××字××号"或"××字第××号"的字样。其实,它应当包括代字、年份、序号,写成"××字〔××××〕××号"。

(三)称谓

写明收函机关、团体、单位的名称。

(四)正文

介绍信包括被介绍人的姓名、身份、随行人数以及接洽事项、希望。结语是"请予接洽"、"请接洽为盼"、"请接洽为荷"、"请予以协助"等。

证明信根据对方的要求,写明被证明者的有关情况,并用"特此证明"作结。

在写法上,联单式介绍信采用表格式,便函式介绍信采用简述式;证明信多用简述式,有时用条陈式。

（五）祝颂语

介绍信结尾有"此致 敬礼",证明信无此项。

（六）具名

写明出具介绍信或证明信的机关、团体、单位的名称。因为要盖印章,有的介绍信、证明信可以不单独具名。如果以个人名义证明的,需要签字。

（七）日期

标明年月日。

（八）印章

在具名和日期上加盖机关、团体、单位的印章。带存根的介绍信,还要在存根与正式联之间加盖骑缝章。公证处出具 2 页以上的证明信,也要加盖骑缝章。

（九）附言

用于介绍信。一是具体事项,如有必要,可以在日期的下方设此栏,逐一说明;二是有效期限,多在接近底端处写明持该信的有效天数。

（十）回执

仅用于三联式的介绍信,例如中共党员组织关系介绍信有回执联。

四、范文评析

（1）

［原文］

介绍信（存根）			第贰拾陆号（印章）	介 绍 信
编号		金商字〔2012〕26 号		金商字〔2012〕26 号
使用人	单　位	销售部		芳姿时装公司:
	姓　名	张 欣		兹介绍张 欣 等叁 名同志前往你处联系采购女士春装事宜。请接洽为荷。
	人　数	3		
前往单位		芳姿时装公司		此致
联系事项		采购女士春装		敬礼
负责人签名		黎 阳		金盛商厦（印章）
时　间		2012 年 3 月 2 日		二〇一二年三月二日
				（限 10 日内有效）

〔简析〕

这是一封表格设计规范、交代具体明确的介绍信。存根包括标题、编号、使用人、前往单位、联系事项、负责人签名、时间7项,正式联包括标题、编号、称谓、正文、祝颂语、具名、日期、印章、有效期9项,各项填写清楚。在存根和正式联之间还有大写的编号,并加盖骑缝章。

(2)

〔原文〕

证　明　信

蓝山市实验中学:

　　贵校10月18日来函收悉。现根据函中要求,将贵校王虹同志的有关情况介绍如下:

　　王虹同志1994年9月至2008年12月在我校工作,曾任教务处副处长、中学高级教师。该同志工作认真负责,成绩突出,1999年、2007年两次被评为我校先进工作者。

　　特此证明。

津州市第一中学(印章)

二〇〇九年十月二十六日

〔简析〕

这是一封工作经历的证明信,由标题、称谓、正文、具名、日期、印章组成,内容明确、结构完整、语言简练。

五、病文会诊

在介绍信、证明信写作中经常出现文种混用、结构多设或残缺、交代不清等问题。

(1)

〔原文〕

介　绍　信

省体育局负责同志①:

　　您好②!

　　现介绍赵珊等2人去参加第二届我省自行车赛③。希接洽④!

××市体育局⑤

3月12日⑥

〔评析〕

①称谓应当写该项比赛的组委会,不能直接送给省体育局的领导。

②介绍信不写问候语,删去"您好"。

③介绍信的起始语多是"兹",很少用"现"。只写"去"有些生硬,改为"前去"。要把"第二届"调至"我省"之后。

④"希接洽"带有命令的语气,如果改为"请接洽为盼"就显得谦和了。

⑤正文之后缺祝颂语,具名后面缺印章,均应补充。

⑥日期不能只写月日,要标明年份。

(2)

[原文]

离职证明

××先生自 2007 年 03 月 01 日入职我公司①,担任公关部助理,至 2010 年 08 月 25 日因个人原因申请离职②。在此期间无不良表现③,经公司研究决定,同意其离职,已办理离职手续④。因未签订相关保密协议,遵从择业自由。

专此证明⑤

××公司⑥

二〇一〇年十月二十五日

[评析]

①正文之前缺称谓。可以删去"先生"。表示月日的阿拉伯数字不必加虚数,下同。

②应当将"至"改为"于"、"因"改为"由于"。

③缺句首主语,加"该同志"。

④删去"决定"和逗号。在"已"之前加"现"。

⑤最好将"专"改为"特"。

⑥应当加盖该公司的印章。

六、特别提示

(一)真实、完整

写介绍信、证明信是一项严肃的工作,前者以申请、审批、登记、填写、核对、用印为序,后者则经过交拟、写作、审核、用印等环节。写作要求事项真实、要素齐全,切忌虚假、残缺。

(二)简明、工整

介绍信、证明信中的事项要集中概括、用语简洁,不能混杂或啰唆;书写要工整清晰,不可字迹潦草或任意修改。

七、写作训练

下文在文种、内容、结构、语言等方面存在一些问题,请加以修改。

证明信

我厂工程师×××同志,技术员×××同志,前往湖北、广东、海南等省,检查并修理我厂出产的××牌热水器,希有关单位给予帮助。

特此证明。

××省××市×××厂(公章)

××年×月×日

第三节 申请书、请托信

一、名称解释

申请书,是向上级机关、党团组织、其他主管单位或部门等说明理由、提出请求的函件。它的适用范围较广,包括加入党团、转学、转正、转岗、进修、辞职、困难补助、行政复议、劳动仲裁、取保候审、公司设立或变更登记等事项。

请托信,是请求和托付对方代办某些事务的函件。具体事项也很多。

二、主要特征

(一)请求性

申请书、请托信都是针对工作、学习、生活中的实际问题,按照一定的程序或根据彼此关系向对方提出请求。

(二)期盼性

写申请书、请托信是为得到对方的批准、帮助和支持,达到加入组织、完成任务等目的。

三、内容、格式及写法

(一)标题

一般是单标题。主要有两种写法:一是事由＋文种,如《入党申请书》;二是文种,如《申请书》。有的个人请托信不拟标题。

(二)称谓

大多写特称,标明对方机关、党团、单位或部门名称。有时可以加敬词,如入党申请书往往写"敬爱的党组织"。

(三)正文

由于申请书、请托信的种类很多、写法多样,正文的写作因文而异。大体说来,篇章式的申请书、请托信包括开头、主体和结尾。开头,揭示事由,即申请或请托什么;主体,说明申请或请托的理由和具体内容,包括为什么提出申请或请托、申请或请托哪些事项;结尾,表示决心、提出希望、致以谢意或补充说明有关事项。此外,有些申请书、请托信加结语,如"请领导批准"。例如,入党申请书的正文通常包括三部分内容:一是对党的认识、入党动机和对待入党的态度;二是个人在思想、工作、学习等方面的主要表现;三是今后努力方向以及如何以实际行动争取早日加入党组织。

正文的写法大多采用简述式、条陈式、表格式。

（四）祝颂语

一般写"此致　敬礼",有时酌情选词。

（五）具名

写明提出申请或请托的机关、团体、单位或部门名称以及个人签名,其中个人申请书在签名之前往往写"申请人"三个字。

（六）日期

标明提出申请或请托的年月日。

（七）印章

以机关、团体、单位或部门的名义提出申请或请托,需要加盖印章。

（八）附件

有的申请书加附件,将其附在申请书之后。

四、范文评析

（1）

[原文]

转正申请书

尊敬的领导:

　　您好!

　　我于 2006 年 3 月 9 日成为公司的试用员工,到今天 6 个月试用期已满,根据公司的有关规定,现申请转为公司正式员工。

　　作为一个应届毕业生,初来公司,曾经担心不知该怎么与人共处,该如何做好工作;但是公司宽松融洽的工作氛围、团结向上的企业文化,让我很快完成了从学生到职员的转变。

　　在轮岗实习期间,我先后在工程部、成本部、企发部和办公室等各个部门学习工作了一段时间。这些部门的业务是我以前从未接触过的,和我的专业知识相差也较大;但是各部门领导和同事的耐心指导,使我在较短的时间内适应了公司的工作环境,也熟悉了公司的整个操作流程。

在各部门的工作中,我一直严格要求自己,认真及时做好领导布置的每项任务,同时主动为领导分忧;遇到不懂的问题虚心向同事请教,不断提高充实自己,希望能尽早独当一面,为公司作出更大的贡献。当然,初入职场,难免出现一些小差错需要领导指正;但前事之鉴、后事之师,这些经历也让我不断成熟,在处理各种问题时考虑得更全面,杜绝类似失误的发生。在此,我要特地感谢部门的领导和同事对我的入职指引和帮助,感谢他们对我工作中失误的及时提醒和指正。

经过这 6 个月,我现在已经能够独立处理公司的账务,整理部门内部各种资料,进行各项税务申报,协助资金分析,从整体上把握公司的财务运作流程。当然我还有很多不足,处理问题的经验不多,团队协作有待进一步增强,需要不断学习以提高自己的业务能力。

这是我的第一份工作,这半年来我学到了很多,感悟了很多。看到公司的迅速发展,我深深地感到骄傲和自豪,也更加迫切希望以一名正式员工的身份在这里工作,实现自己的奋斗目标,体现自己的人生价值,和公司一起成长。在此我提出转正申请,恳请领导给我继续锻炼、实现理想的机会。我会用谦虚的态度和饱满的热情做好本职工作,同公司一起创造美好的未来!

申请人:×××

2006 年 9 月 10 日

[简析]

该文是一名职场新人就转正之事提交的申请书。正文起笔交代试用的起始日期、试用期满、依据和转正请求,简洁明了;接着提及公司良好的工作与文化环境帮助申请人完成转型,妙笔达意;然后具体说明轮岗实习期间所到的部门、可喜收获与尚存的不足,并对有关领导和同事表示感谢;结尾写自己的感受、希望与决心。总的看来,该文主旨鲜明、格式合规、文笔流畅、语气谦和。

(2)

[原文]

给校友的请托信

尊敬的校友:

您好!

新竹中学校友会自"民国"七十九年四月由恩师彭商育老师出马号召发起成立,旨在联系校友情谊、弘扬母校优良传统、协助母校建设、促进师友进修,更甚能回馈乡里,善尽社会责任。

因此,校友会不定期与校友们交换各种资源与讯息,除了有活动的通知、学校及校友近况的报导外,更设计校友会网站,提供及时、详尽和便利的会务服务。截至目前,校友会所建立的校友资料库,部分资料老旧、过时且存有许多错误,因此,建立完整的联系平台,进而活化校友组织,增进校友情谊,凝聚校友力量,全有赖校友们的参与。

　　欢迎大家一起来共襄盛举,把这个有意义的讯息分享出去。我们期望您能将本函转寄给您的同学或您所认识的竹中校友,每人至少通知三人,宣传的效果将以几何级数壮大。未来即便是校友身处天涯,或者海角,校友会都能提供完善的服务。如果您尚未登录资料,或是您的资料有变动,建议您赶紧行动,请直接上校友会网站更新或是来信告知。

　　最后,敬祝各位身体健康、工作愉快!

新竹中学校友会第六届会长

詹尚德　敬启

1995 年 8 月 28 日

[简析]

　　这是台湾新竹中学校友会会长就校友资料库之事给校友的请托信。正文有四段。第一段,简括校友会成立日期、发起人及主旨;第二段,写校友资料库的现状及充实更新的意义;第三段,提出校友给予协助的请求;第四段,表达衷心的祝愿。该文内容明确、文笔洗练,值得借鉴。

　　五、病文会诊

　　在申请书、请托信写作中经常出现申请书与报告杂糅、内容空泛、结构混乱、表达不明等问题。

　　(1)

　　[原文]

特困生补助申请①

××学校②:

　　我叫×××,今年 16 岁,家住××市××县××镇××村××自然村,距镇政府有 25 公里,就是到村委会也要步行一个多小时,交通及是不便③。

　　我父母在家务农。由于长期劳累,身体一直多病,我母亲也因为多年操劳,多种病痛缠身。2001 年,我考上镇中学,当时家中经济十分拮据,连三百多元的学费都拿不出来,后来,在亲属朋友的帮助下,才得以继以学业④。2004 年,为了我能学到更多知识,父母又去农村信用合作社贷款,使我能在××职业学院予以深造⑤。为了给我筹措学习生活费用,父母又远走家乡,到外省打工。由于年大体差,从事的工作是高危工种,我父身体受到极大的伤害⑥,多次到医院治疗,使得原本拮据的日子更加雪上加霜,又借了近 2 万元钱的新帐⑦。家里为了我上学读书,至今已欠下 3 万多元的债务,给家庭生活生产带来了极大的困难⑧。为此,我曾产生辍学的念头,被父母亲严厉拒绝了⑨。

我把我的情况向学校反映,盼能得到学校关注,能帮我渡过难关,不胜感谢之至⑩。

特此报告⑪

×××

××××年××月×日

［评析］

①按照通常的写法,标题"特困生补助申请"应当改为"困难补助申请书"。

②从正文中看出申请人正在××职业学院学习,称谓"××学校"过于空泛,最好写具体的部门名称或写"尊敬的领导"。

③"及是"是"极是"的误写,表示非常的意思用"极是"也欠妥。其实,开头应当写申请人的姓名、专业、年级、班级和申请补助的事由,可以把家庭住址放在第二段。至于交通不便则与主旨无关,应当删去。

④不必写读中学时的家庭困难,可以直接说明写此申请时的有关情况。

⑤"予以"表达给予之意,不能与"深造"搭配。

⑥可以将"年大"改为"年长"、"我父身体受到极大的伤害"改为"父亲的身体受到伤害"。

⑦"雪上加霜"是描述性词语,不宜用在申请书中。要把借"帐"改为借"账"。

⑧应当删去"生产"。

⑨用"严厉"修饰"拒绝"欠妥,可以删去"严厉"。

⑩此句前缺过渡词"因此"。"盼能得到学校关注,能帮我渡过难关"语意过于含蓄,"能"重复使用。"不胜感谢之至"缺主语"我"。

⑪结语"特此报告"不合语体,应当改为"此致　敬礼"。

（2）

［原文］

尊敬的县长先生①：您好②

我们（仁里）这里电压很低③,很多家用电器都不能正常运行,用电表测试后电压只有140伏左右,最低的时候只有100伏,给我们生活带来了很大的麻烦,有时抽水机连水都抽不上来,晚上开灯就像点蜡烛一样,电脑经常会自动关机或重启,经常这样④,电器都坏了很多⑤,我们这里水电站有10来个,为什么连最基本的用电都不能正常,请县长先生帮忙尽快解决一下⑥,十分感谢⑦。

×××

2010—4—20⑧

[评析]

①此例选自某县的"县长信箱"。请求解决供电问题最好直接向供电公司打电话、发电子邮件、致函。此外,无需在"县长"之后加敬辞"先生",下同。

②问候语"您好"要提行,后面加叹号。

③要写明居住地的具体位置。

④连用"经常",显得重复。

⑤"都"与"很多"搭配,不合逻辑。

⑥应当删去"一下"。

⑦正文用了13个逗号、1个句号,要酌情加句号、问号和叹号。

⑧年月日之间不用连接号,要写"年"、"月"、"日"。

六、特别提示

(一)内容真实

申请书、请托信贵在真实。要如实反映有关情况,切不可无中生有、任意夸大、缩小或隐瞒。

(二)表达明确

既然提出申请或请托,就要把向谁提出、提出什么、有何理由、具体项目是什么、由谁提出等交代得一清二楚,让人一看便知。

(三)语感适宜

申请书要庄重、严肃、朴实,不能油腔滑调、故弄玄虚;请托信要诚恳、委婉、谦和,不可虚情假意、强人所难。

七、写作训练

下文在文种名称、内容、格式、语言上存在一些不足,请加以修改。

工作调动申请报告

尊敬的×××:您好!

首先感谢您多年来对我的关心和照顾,同时感谢领导在百忙中审阅我的申请报告!

我系本社职工,在领导的关怀下我非常热爱本职工作。自1994年参加工作以来,我先后从事了储蓄员、办公室管理员、信贷部营业员、个人金融部业务员等多种岗位,在单位服从领导的安排,工作中兢兢业业,与同事和睦相处,并且积极参加联社举办的各类集体活动。

由于现在住家距离单位较远,每天早晨5点多钟就起床,要转车3次才能够赶到单位,在途中耗费了大量的时间,有时交通堵塞就无法准时上班,下班也是很晚才能够到家,感到非常疲劳,幼小的孩子也得不到应有的照料,给工作和生活都带来了诸多困难。所以,希望能够在不影响工作性质的情况下,对工作地点进行适当的调整,尽可能距离住家近一点,这样也有利于把更多的精力用于为本系统多做一些贡献。

因此,请求领导考虑到我的实际困难,同意我从本社调出至××××为荷。谢谢!

此致

敬礼

申请人:××

××年××月×日

第四节　倡议书、建议书

一、名称解释

倡议书,是公开倡导做某些有益之事的函件。"倡"同"唱",是指歌唱时一人首先发声。《汉书·陈胜传》:"今诚以吾众为天下倡,宜多应者。"颜师古注:"倡读曰唱,谓首号令也。"许慎《说文解字》:"倡,首也",即发起、首倡的意思。倡议书即由"倡"本义衍生的一种函件。从作者看,倡议书有机关、团体、单位或部门发起,集体发起和个人发起三种。

建议书,是单位、个人或有关方面,为了开展某项工作、举办某项活动而提出主张的函件。有的学者认为建议书就是意见书,其实它们是两个文种。建议书属于专用函件,适用范围较广;意见书则是专业文书,用于商务、工程、司法等领域。

二、主要特征

(一)建设性

倡议书、建议书的共同点是就道德、工作或活动等方面提出一些建设性的意见和建议,希望得到公众的响应或者被有关领导、部门采纳,它具有积极意义。例如,《全国教育类基金会联合为汶川地震灾区师生募捐倡议书》就募捐事宜发出倡议,得到全国广大师生的响应。

(二)各异性

倡议书和建议书在对象、内容、功能、媒介等方面有许多不同,呈现出各自的特点。一般说来,倡议书面向公众,建议书则交给有关领导或部门;倡议书多是关爱、环保、节约、文化等精神文明建设方面的内容,建议书则是针对实际工作或活动中的某些事项;倡议书带有鼓动力,建议书具有谏诤性;倡议书通过张贴、报纸、杂志、广播、电视等形式广为宣传,建议书则邮寄或送达即可。

三、内容、格式及写法

（一）标题

倡议书有单标题和双标题;建议书多是单标题。

单标题有五种写法:一是作者＋事由＋文种,如《江韵文学社关于丰富校园文化生活提高人文素质的倡议书》;二是事由＋文种,如《关于做好职业中介诚信服务的倡议书》;三是对象＋文种,如《致全市基层党组织、共产党员和党务工作者的倡议书》;四是事由,如《文明微博 从我做起》;五是文种,如《建议书》。

双标题,正题概括倡议的内容或意义,副题是作者、对象、文种等,如《捐书助教,资源共享,传承文明——韶关学院致社会各界的倡议书》。

（二）称谓

倡议书一般写泛称,如"亲爱的同学们";建议书多写特称。

（三）正文

包括开头、主体和结尾。开头,写明倡议或建议的缘由,如根据、目的、意义等,并点出倡议或建议的主旨,后面用"我们倡议"、"倡议如下"、"特向××发出倡议如下"、"建议如下"、"特提出如下建议"等提起下文;主体,是倡议或建议的具体内容,内容少可概述,内容多则分述;结尾,倡议书表示决心或发出号召,建议书则向对方提出采纳建议的希望。

正文的写法大多采用简述式、条陈式。

（四）祝颂语

倡议书一般不设此项。建议书大多写"此致 敬礼",有时自选词语。

（五）具名

写明发出倡议或提出建议的机关、团体、单位、部门、集体名称或个人姓名。

（六）日期

标明年月日。

四、范文评析

（1）

［原文］

中国 2010 年上海世博会青年倡议

城市,以其精彩纷呈的生活、开放多元的文化,吸引着无数满怀激情和梦想的青年。城市的发展,为青年提供了宝贵的机遇和舞台;青年的参与,为城市注入了无限的动力与活力。青年与城市的和谐互动,将共同引领人类更加美好的未来。中国2010年上海世博会,充分演绎了“城市,让生活更美好”的主题,为城市发展提供了诸多创新思路和可行方案,也激励着全球青年为建设更加和谐、更加开放、更可持续的理想城市而不懈奋斗。

2010 年 10 月 29 日,500 余名来自 2010 年上海世博会各参展方、主要国际青年组织和中国各界的青年代表齐聚上海,围绕“青年·城市·未来”这一主题展开了广泛而深入的交流,达成了重要共识。

和谐,是城市发展的理想境界,也是青年共同憧憬的美好追求。城市是人类文明的结晶,但近现代城市发展中出现的经济、人文、生态等问题,让我们开始重新审视城市的未来。我们理想中的城市,是人与人包容友爱,历史与未来传承延续,人类社会与自然环境相融相生的和谐之城。向着这样一个共同的理想,我们愿一起努力,致力建设一个更加和谐、美好的未来家园。

低碳,是城市发展的必由之路,也是青年必须担当的时代责任。人类为了自身的发展,不断打破自然环境的平衡,已经危及地球的生态和子孙后代的福祉。当前,以“低污染”、“低消耗”、“低排放”和“多节约”为核心内容的低碳生活理念,正深刻影响着成长中的青年一代;以新技术、新产业、新能源和新制度为代表的低碳经济,逐渐成为摆脱城市发展困境的新的解决方案。向着这样一个共同的期待,我们愿一起行动,大力传播和实践更加可持续、更加低碳的生活方式。

创新,是城市发展的不竭动力,也是青年参与发展的重要方式。青年与生俱来的创新潜能,始终在城市发展进步中发挥着举足轻重的作用。推动城市发展、创造和谐未来,更加需要生生不息的青春活力和源源不竭的创新智慧。向着这样一个共同的使命,我们愿一起奉献,为城市的发展插上创新的翅膀。

站在新世纪又一个十年的起跑线上,我们认识到,人类仍然面临发展的挑战和资源枯竭的威胁,各国依然在为经济复苏而努力,世界继续受到各种新旧冲突的困扰。我们更加深刻地体会到青年所肩负的历史使命。我们呼吁,为创造全人类更加美好的未来,全球青年行动起来:

为未来,一起来! 让我们积极传播和实践和谐、可持续的发展理念,共同保护我们的地球家园；

　　为未来,一起来! 让我们努力推动不同文明间的理解和对话,共同倡导开放包容的时代文化；

　　为未来,一起来! 让我们继续发扬友爱互助的志愿精神,共同建设一个持久和平、共同繁荣的和谐世界。

　　全球青年行动起来,为未来,一起来!

上海世博会青年高峰论坛全体与会代表
2010 年 10 月 31 日

　　[简析]

　　这是中国 2010 年上海世博会青年高峰论坛所发出的倡议。标题交代地点、时间、倡议者和文种。正文分三层。第一层,说明背景、意义以及上海世博会青年高峰论坛的主题；第二层,分述和谐、低碳、创新三点倡议事项；第三层,发出强烈的呼吁。最后是具名和日期。该文有强烈的时代感和鼓动性,层次井然有序,语言准确简练,堪称倡议书的范例。

　　(2)

　　[原文]

建 议 书

中共湘乡市委、市政府:

　　我们四川开元集团公司到湘乡落户已经半年多时间,在市委、市政府领导的关心支持下,在政府和主要部门的帮助指导下,公司生产经营运行良好,技改工程进展顺利。我们切身感受到湘乡市委、市政府是一个开明、阳光、与时俱进的市委、市政府,同时我们也感受到这里的投资环境需要进一步改善,在此提几点建议:

　　一、湘乡市发展市域经济、扩大招商引资等相关优惠政策应该讲比较配套、齐全,但落实起来难度大(比如征用土地、行政事业性收费等),建议给我们指定一个部门负责协调。

　　二、政府各职能部门的服务意识要强化(两方面:一是尊重纳税人的意识；二是完善执法的人性化)。关于基本建设手续问题困扰我们,我们知道基建工程要"四同时",但一些安装项目由于设备是逐步交货,厂家的资料要逐步提供,所以我们采取边安装边申报,保证投运前办妥手续,但相关管理部门已多次通知我们停工,我们认为应该原则性和灵活性相结合,特事特办,政府相关职能部门应主动协助企业办理相关手续,应该本着服务大于执法的原则。

　　三、服务效率要提高。对企业提出需要解决的问题要做到能则解决,不能则回复,建立一个与时俱进的湘乡建设速度。

　　四、政府各职能部门在服务与监督方面建议在不违背国家法律、政策的前提下采取内外有别,服务快一拍,监督处罚慢一拍。

五、政府职能部门要加强同企业的沟通、相互包容,使我们办企业的人不至于累人又累心、伤人又伤心。

六、确定重点企业,相关部门挂牌保护(公安、监察、物价、商务、工商等)建立重点企业经济运行分析协调会制度,便于政府掌握情况、企业反映情况。"湘碱"过去欠账太多,部分装置老化,环保设施薄弱,要给我们完善的时间。

七、要进一步改善湘乡市域经济状况,扩大招商引资。我们认为大的方面应当引起重视,一些小的方面也需要重视。一是观念是良药,沟通是解药,理解是补药。上下一条心,劲往一处使(软件服务不平衡,硬件设施不完善)。要有海纳百川的胸怀,要有你投资我服务的公仆意识。二是重视软硬环境细节(服务细节、配套政策、关心程序、解决问题的深度和速度)。三是充分认识建设和谐社会的前提是良好的经济基础和社会文化,没有经济的发展和社会文化程度的提高,不可能实现和谐社会的目标。

上述意见和建议仅供参考。不妥之处,敬请见谅!

开元集团公司本着建设湘乡、贡献湘乡、促进湘乡发展的良好意愿,来湘乡投资,急迫需要一个良好的投资环境和各方面的关心、理解、支持,使我们能一心一意投入工作,全力以赴促发展,增强在湘乡这片热土上加大投资的信心。

四川开元集团湘潭碱业有限公司董事长、总经理 宋建忠

2008 年 5 月 16 日

[简析]

这是一封市外投资企业老总的建议书。文章结合该集团公司落户湘乡的情况,对改善投资环境提出七个建议,有很强的针对性和可行性,而且结构完整、语言通顺。

五、病文会诊

在倡议书、建议书写作中经常出现内容不具体、详略不当、层次不清晰、语言不准确、不合语体色彩等问题。

(1)

[原文]

节水节电倡议书

全院广大同学①:

水是生命的源泉,电是发展的动力。当前,我院存在着严重的水电资源浪费现象。有水当思无水之苦,有电当思无电之痛⋯⋯如果说干旱是缺水的"天灾",那么比"天灾"更严重的则是"人祸"②。例如,水房内大开水龙头洗脸、洗手,洗衣服大量用水,面对滴漏水的水龙头不去拧紧;学生寝室大量使用"热得快"、电茶壶、电饭煲;晚

上自修教室只有个别人甚至无人,整个教室却灯火通明,既浪费电,同时也造成许多安全隐患。面对这些无处不在、触目惊心的肆意浪费水电资源的行为③,我们应该立刻行动起来,节水节电刻不容缓! 保护水电资源就是保卫我们的生命! 保卫我们的家园④!

　　为响应学院节约水电、节约资源的号召,后勤党总支第一支部、水电安装服务中心向全体同学发出如下倡议:

　　1.从我做起,从现在做起,从点滴做起,从节约一滴水、一度电开始,重树勤俭节约的美德⑤;

　　2.避免大开水龙头,提倡使用脸盆洗脸洗手;

　　3.用完水后,要及时拧紧水龙头,见到滴水的龙头及时拧紧,发现水电设施损坏及时向学院后勤告知;

　　4.衣物集中洗涤,减少洗衣次数,洗涤剂要适量投放,避免过量浪费水;

　　5.人走灯灭,光线充足时不要开灯;

　　6.在阳光充足的情况下,尽量不用照明灯,保护我们的眼睛⑥;

　　7.不在宿舍以及教室内使用大功率电器;

　　8.自觉遵守学院的节能规定⑦;

　　9.不管是在哪儿,都要培养节水节电意识⑧。

　　亲爱的同学们,为了我们的正常生活不因停水、停电而受干扰,让我们节约用水用电吧! 当节水节电成为一种习惯、一种美德、一种时尚时,会给我们的生活和学习带来方便。让我们行动起来,节约用水用电,从我做起,从现在做起,从点点滴滴做起⑨,共建节约型和谐校园!

××师范学院后勤服务总公司⑩

2008 年 3 月 31 日

　[评析]

　　①应当面向全体同学发倡议,"广大"不周严。

　　②应当把议论放在描述现象之后,在校园内谈"天灾"、"人祸"不合语境,最好删去这句。

　　③一般说"肆意攻击"、"肆意妄为",用"肆意"修饰"浪费"不合习惯,可删去"肆意"。

　　④"保护水电资源就是保卫我们的生命! 保卫我们的家园"有喊口号的意味,将其删去不影响语意的表达。

　　⑤条的序数要用汉字"一、",下同。"从点滴做起"与"从节约一滴水、一度电开始"重复,最好删去"从节约一滴水、一度电开始"。"重塑勤俭节约的美德"中"重塑"是重新塑造的意思,这就意味着对过去的全盘否定,显得欠妥,可以改为"养成勤俭节约的良好习惯"。

　　⑥"保护我们的眼睛"与节水节电的主旨没有直接的联系,应当删去第五、六条应

当合并。

⑦第八条遵守规定是基本要求之一,最好移至第一条。

⑧"哪儿"是口语,可以改为"哪里"。该文是就校园内节水节电而发的,第九条是谈校园外,可以删去该条。

⑨"从我做起,从现在做起,从点点滴滴做起"与第一条的词句重复,应当删去。

⑩具名与第二段倡议发起者不符,最好改用倡议发起者的名称。

(2)

[原文]

尊敬的校长①:

您好! 冒昧给您写这封建议书,请您在百忙中抽空看一看②。您是学校的校长,每天有很多事要做。您为我们呕心沥血地工作,对学校注入了满腔热忱,使得学校井井有条。

但是,您却忽略了四楼的重要场所——图书室,使得满腹知识的它忘记了它的使命,进入了一阵又一阵的沉睡之中。在神圣的学堂中,关上了一扇求知的大门。您知道吗? 有多少渴望读书的眼睛,透过窗户望着"可望而不可及"的书架。您知道这一切吗③? 记得上次您让我们打扫图书室时,那里尘土飞扬,刚擦完一张桌子,抹布就黑了。难道这么一间为同学而修建的知识宝库,就甘心淹没在浑黄的尘埃中吗? 许多在学校不应该发生的事也从"蠢蠢欲动"发展到了"横行霸道":1.许多同学由于不能分清图书的好处和坏处④,盲目阅读对成长有害的不良书刊;2.课间做完作业后,因没事可做,疯疯打打造成了危险;3.由于没在小时养成读书的习惯,许多人只机械地接受老师教的知识,自己不在课外学习。鉴于以上 3 点⑤,我们诚心诚意地向您提出以下几点建议:

1⑥.尽快开放读书室,购买健康的书刊,添置《十万个为什么》、《百科知识大全》等知识性读物。并且最好定期更换图书,已防同学们乏味⑦;

2.让两人担当"图书管理员"⑧,已防撕书、偷书现象发生;

3.每学期期末后开展"读书会"和"知识抢答"活动,使我们得到了知识,也陶冶了情操,还得到了乐趣⑨。

以上建议,请您采纳,让校园再添上一笔古香古色的书香气⑩。如有不合适的,请您多多原谅。

×××班 ×××

××××年×月××日

[评析]

①应当拟写标题"建议书"。

②问候语单列一段,此句是文章的开头,要提行。

③此段两个设问句虽有提示作用,但与发信人的身份不符,应当换种说法。

④不必在此条陈,下同。

⑤将"3 点"改为"情况"。

⑥一级序数用"一",下同。

⑦"已防"应当写成"以防",下同。

⑧删去"图书管理员"的引号。

⑨将"使我们得到了知识,也陶冶了情操,还得到了乐趣"改为"使我们掌握知识、陶冶情操,享受阅读的乐趣"。

⑩不宜用"古香古色"形容"书香气"。

六、特别提示

(一)有说服力

倡议书、建议书要体现时代精神,具有建设性、合理性,对精神文明、其他工作或活动有促进作用。

(二)有可行性

倡议、建议的事项既要有先进性又要切实可行,经过努力能够做到,这样才能促其实施并达到预期目的。

七、写作训练

下面的倡议书主旨鲜明、结构完整,但语体色彩有不合之处,篇幅也较长,请加以修改。

2009 年寒假生活倡议书

亲爱的同学们:

新年的钟声即将敲响,盼望已久的寒假生活就要开始了!我们将暂别学校,暂别老师,暂别同学,和社会、家庭有更多的接触,我们将融入这一丰富多彩的世界,学到更多课堂之外的知识和本领,感觉到扑面而来的快乐了么?你打算怎样度过这个愉快的寒假呢?校团委对全体同学发出以下倡议:

一、让提高与我同在。寒假是学期生活的延续,是学习的加油站。如果说初中学习是一场漫漫长跑,那么毅力是胜利的基础。所以,在这个假期,不要忽视我们的学习,不要遗忘我们的目标。首先,制订一个科学的寒假学习计划,严格按照计划来学习。认真完成寒假作业,对于不懂的问题,做好记号,开学后,找老师或同学请教,不要让任何一个问题在中考之前在我们面前堂而皇之地溜走。接着,做好学习上的查漏补缺工作,相信你会大有收获。不要为这样的学习感到厌烦,希望每个人可以铭记:如果你面前是一片未成熟的麦田,那么请学会守望。成功无所谓垂青,耕耘才有收获,唯有厚积才能薄发,在这个假期持续地努力,开学后才能在复习考试中取得更好的成绩!

　　二、让感恩与我同行。终于又可以与父母朝夕相伴,见到父母那因你而忙碌的身影,你是否会感到心疼?我们承载了父母太多的爱与辛劳,那么,把感恩放在心中,用行动表达爱意。替父母做一顿早餐,每次饭后将碗刷洗干净,有空时帮父母捶捶腰背,做一些力所能及的家务事,外出前跟父母说清楚不让他们担心。面对父母无尽的爱,我们所做的真是微不足道,也必须去做。在这个假期,让感恩充盈内心,举手投足间,我们又长大了一点。

　　三、让快乐与我相依。大量可以自由支配的时间,能带给我们一个快乐充实的假期。读一本好书,和它交朋友,让心灵徜徉其间;看一部精彩的电影,心情瞬间放松;听到久违的音乐,烦恼随之消逝……但希望同学们可以把握好尺度,不要让青春在一些无意义的事情上消磨,那么,快乐会将你的假期填满!

　　四、让健康与我相伴。没有了每天的跑操、课间操、体育课,却多了无尽的美食,这对大家的健康都提出新的挑战。没有好的身体,便没有成功的保证。在假期里,希望同学们可以劳逸结合,适当地进行体育锻炼,不要让眼睛过度疲劳,也不要暴饮暴食。我们长大了,也应该学会照顾好自己了。不要令自己在冲刺中丧失体力,那样我们会后悔终生的。

　　五、树立文明新风,做有修养的人。我们要珍爱生命、远离毒品;崇尚文明、反对迷信,自觉抵制不良思想的侵袭;不参加邪教组织,不参与传销活动;文明上网、上文明网,不进营业性网吧;注意交通安全、消防安全、食品卫生、自然灾害等,防止意外事件发生,尤其不要玩火、玩电、攀高弄险,防止烟花鞭炮伤人、引发火灾;防止短信、网络等欺诈行为;不看淫秽书刊、录像、影碟;不做有损学校、个人声誉和违背道德的事。

　　希望在假期结束时,我们每个人都会感到充实、进步与提高。梦想引路,汗水奠基,披荆斩棘,舍我其谁!青春无悔,奋斗不止,锲而不舍,一往无前!最后,祝愿同学们真正度过一个快乐、充实、有意义的寒假!

××经济开发区中学团委
2009 年 1 月 13 日

第五节　邀请函、邀请电

一、名称解释

　　邀请函,又称邀请书、邀约信,是约请有关人员的函件。邀请的内容十分广泛,如访问、会议、讲学、考察、演出、展览等。按对象分,目前的邀请函有两种:一是有特定对象;二是无确定对象,多带有商业运作的性质。

邀请电与邀请函的性质相同,但以电报的形式拍发。以往邀请电很多。例如,抗日战争胜利后,蒋介石于1945年8月14日、20日和23日给中共中央和毛泽东连发3封电报,邀请毛泽东前往重庆"共商大计",美军司令魏得迈也于8月23日向毛泽东发了去重庆谈判的邀请电。中共中央经慎重考虑,决定同意毛泽东前往重庆与国民党进行谈判。现今邀请电多用于外交工作、外贸业务、学术活动等。

二、主要特征

(一)邀约性

即邀而请之,它属于正式的邀请,允许并期盼客方来访或参加一些会议、活动,礼节性很强。

(二)往来性

邀请函或邀请电发出之后,被邀请者需要回函或回电,告知是应邀而往还是婉言谢绝。

三、内容、格式及写法

(一)标题

多是单标题,有三种写法:一是单位+事由+文种,如《龙山职业技术学院2012届毕业生供需洽谈会邀请函》;二是事由+文种,如《关于出席亚太经济发展会的邀请书》;三是只写文种,如《邀请电》。有的邀请函、邀请电不拟题。

(二)称谓

如有特定对象,直接写明其机关、团体、单位名称;写个人姓名,要使用敬称。如无确定的对象,写泛称。

(三)问候语

给机关、团体、单位的邀请函、邀请电,可以不设此项;给个人的邀请函、邀请电,一般写"您好"。

(四)正文

包括开头、主体和结尾。开头,大多写明缘由,即发函或发电的目的、原因;主体,要交代有关事项以及时间和地点、参与人员、准备工作、食宿安排、费用、交通路线与工具及运营班次、联系办法,具体项目酌情而定;结尾写"敬请光临"、"敬请届时出席"等。

与邀请函相比,有些邀请电的正文比较简略。开头一般写因何故、邀请何人、于何时、在何地、做何事;主体写彼此之间的传统友谊和过去的密切交往情况;最后写期望语。至于何时、何地,有时不规定具体时间和地点,而是写"在适当时机和地点",体现出特定的委婉性。

当然,由于邀请的对象、事由不同,邀请函、邀请电也有特殊规定。以邀请外国友人来访的函电为例,它一般包括:被邀请人的姓名、性别、出生日期、工作单位和职务;来访目的;来访大致时间及停留时间;费用承担情况等。

正文的写法大多采用简述式。

(五)祝颂语

一般写"此致 敬礼"。有时不设此项。

(六)具名

写明机关、团体、单位的全称或规范化简称;以个人名义发出的邀请,要签名,有时还标明职务。

(七)日期

标明年月日。

(八)印章

以机关、团体、单位名义发出的邀请函,要加盖印章。

(九)附言

包括入场券等。

(十)回执

如有必要,邀请函可附回执,由收函者填好寄回。

四、范文评析

(1)

[原文]

参观邀请函 http://www.hosfair.com/guangzhou/reg.asp

第七届广州国际酒店设备及用品展览会 2009 年 6 月 30 日至 7 月 2 日·中国广州交易会琶洲展馆

HOSFAIR2009 全力支持"广州 2010 亚运会"用品采购

尊敬的阁下：

【喜迎 2010 广州亚运会 共创酒店用品行业盛事】——"第七届广州国际酒店设备及用品展览会"(HOSFAIR Guangzhou 2009)将于 2009 年 6 月 30 日至 7 月 2 日在中国进出口商品交易会琶洲展馆隆重举行！本届展会将是 2009 年度中国酒店/餐饮业的重要聚会,我们诚邀贵公司莅临参观本届展览会,进行观摩、采购、贸易洽谈、技术交流,共同见证这一行业盛事。

迄今为止,展会共接待来自海内外 3 000 多家展商及 100 000 多名海内外专业观众,有力地推动了华南地区乃至全国酒店用品行业的发展,在全球酒店宾馆餐饮业享有盛誉,被誉为高品质的酒店用品盛典。

HOSFAIR Guangzhou 2009 展出面积将突破 40 000 平方米,展位超过 2 000 个,参展商 1 000 多家,参观商将突破 40 000 人次！HOSFAIR 已发展成为亚洲年中最大的酒店用品展,拥有高品质的展商和国际买家,历来以高品质展会著称。

本次大会荟萃了国内目前最优秀酒店用品领域的供应商参展,截至 2008 年 12 月,已有广东美的、唐山陶瓷、张家港幸运、石排美宝、新粤海西厨、煌子西厨、上海通佳、河北节能、南海永兴、美神家具、朝辉家具、迈豪美家具、南海宏生、达晋家具、富山家具、白云清洁、飞海清洁、IWS 国际红酒汇、中展信业等知名企业确定参展。同时,大会正吸引着越来越多的品牌企业和一大批新兴的酒店用品厂家参展。其中,很多单位将首次在国内展出。

大会除了提供高品质的商贸平台外,还精心准备了多场精彩的活动:第二届国际红酒品尝推介会、第四届广州咖啡嘉年华、比萨大赛、专业研讨会等。现场可以免费品尝红酒、咖啡拉花、比萨,HOSFAIR 邀您共同拓展全球酒店用品市场！

【展出区域】

(1)厨房餐饮设备用品区;(2)桌面用品区;(3)酒店家具区客房及大堂用品区;(4)酒店纺织区;(5)清洁设备用品区;(6)客房及大堂用品区;(7)咖啡、酒类及食品区;(8)酒店智能产品区;(9)酒店休闲娱乐配套设施区;(10)酒店技术与服务区。

欢迎各类酒店、宾馆、餐饮管理公司、烹饪协会、公寓、度假村、商业大厦、俱乐部、餐厅、酒吧、酒店管理公司、装饰设计公司、房地产公司、学校、专业媒体等相关单位、企业前往参观采购！

参观请联络——广州华展展览策划有限公司　　　网　址:www. hosfair. com
网上预登记:www. hosfair. com/Guangzhou/reg. asp
地　址:广州市广州大道中 900 号金穗大厦 9 楼 H 座(510620)
电　话:020—3886 6778/3881 6484　传　真:020—2222 3568　联系人:温先生

VIP 观众登记回执表

为了阁下的参观能享受到我们及时、周到服务,请填写以下《回执单》回传至 020—2222 3568,我们将提前邮寄展会参观证及参观指南,若组团参观我们还可提供邮寄参观证、代订酒店、飞机/火车票等服务。

公司名称:_____ 采购意向(写展出内容序号即可):_____

联系人:_____ 参观人数:_____ 手机:_____

地址:_____ 邮编:_____

电话:_____ 传真:_____ 电子邮箱:_____

请如实填写资料,我们将保证阁下的资料符合"个人隐私保护"规定,不向第三方透露。谢谢合作!

[简析]

这是展览会的邀请函。包括首部、正文、尾部、回执四个项目。首部由标识、标题、网址、展览会名称、时间、会址、口号、称谓组成,非常醒目。正文先交代名称、时间、地点、意义、邀请主旨、展出面积、迄今招商及观众、有关活动,继而介绍了 10 个展区,最后表达欢迎前来参观采购的热望。尾部说明联络方式。回执由标题、说明、表格、承诺、致谢构成。总之,该文主旨鲜明、内容具体、结构完整、语言通顺,值得借鉴。

(2)

[原文]

延安

毛泽东先生勋鉴:

未养电诵悉,承派周恩来先生来渝洽商,至为欣慰。惟目前各种重要问题均待与先生面商,时机切迫,仍盼先生能与恩来先生惠然偕临,则重要问题方得迅速解决,国家前途实利赖之。现已准备飞机迎迓,特再驰电速驾。

蒋中正梗

一九四五年八月二十三日

蒋介石先生勋鉴:

梗电诵悉,甚感盛意,鄙人极愿与先生会见,商讨和平建国大计。俟飞机到,恩来同志立即赴渝晋谒。弟亦准备随即赴渝。晤教有期,特此奉复。

毛泽东敬

一九四五年八月二十四日

〔简析〕

这是蒋介石给毛泽东发的第三封邀请电和毛泽东的复电,内容明确、文字简洁,"勋鉴"、"偕临"、"盛意"、"奉复"等词语礼仪色彩鲜明。

五、病文会诊

在邀请函、邀请电写作中经常出现事项不具体、结构不规范、表达不准确等问题。

〔原文〕

××高等专科学校 2009 届毕业生招聘会邀请函

单位①:

为进一步培养和完善高校毕业生就业市场②,本着"自主择业、双向选择、择优录用"的原则,我校决定举办 2009 届专科毕业生招聘会。本次招聘会通过学校动员、用人单位介绍、学生自荐、学校推荐、用人单位面试并初步确定人选等具体形式,搭建学生、用人单位及学校之间的就业平台。

现将有关招聘工作的具体事项通知如下③:

1. 招聘会的时间及报到地点④:

时间:2008 年 11 月 28 日上午 9:00 至下午 3:00

请参会工作人员务必在上午 9:00 前准时报到⑤。

报到地点:学校大操场

2. 招聘对象:2009 届各专业应届大专毕业生。(附 2009 届我校专科毕业生就业推荐特辑)

3. 招聘的办法及要求:

a)来校前请各单位尽可能事先征得上级主管或当地人事部门的同意,以便毕业生户口及档案的落实(有独立进人权的单位例外)⑥;

b)本次招聘会不收摊位费。招聘会期间,外地参会单位食宿费自理。学校可就近代为安排住宿(须事先进行登记)⑦;

c)来我校参会的用人单位的工作人员数一般为 1~2 人⑧;

d)会上的宣传资料由用人单位自备;

e)初次到校招聘的单位,请带好营业执照(副本)复印件并盖章。

4. 如单位确定参加招聘会或委托我办代为招聘,请填写回执⑨,并尽快邮寄或传真给我办,以便工作的安排。

通讯地址:××市××路×××号招生就业办公室

邮政编码:××××××

联系电话:×××××××××

传真电话:×××××××××

网 址：××××××××
邮 箱：××××××××

热诚欢迎您单位前来参加我校 2009 届毕业生招聘会⑩。

谢谢合作！

××高等专科学校招生就业办公室

二〇〇八年十月⑪

［评析］

①称谓只写"单位"欠妥，前面可以加"各有关"。

②"培养"与"就业市场"搭配不当，而且校内的一场毕业生招聘会与"就业市场"挂钩语意过重。此状语可以改为"为进一步做好毕业生的就业工作"。

③该文是邀请函，不能用"通知"的字样。此段应当移至上段作为过渡句，并改为"具体事项如下"。

④一级序数应当用"一、"，小标题后面不能加冒号，下同。

⑤报到时间模糊，"9：00 前准时报到"中的"前"谈不上"准时"，应当写明具体的时间。"务必在"最好改为"务于"。

⑥二级序数应当用"（一）"，下同。"来校前"与"事先"语意重复，可删去"来校前"。

⑦"须事先进行登记"删去"进行"。

⑧只写"工作人员"即可，删去"数"。

⑨此处写回执，但该文未将回执列为附件，可以在"请填写回执"后面补充"（请登录我校校园网下载回执表格）"。

⑩"您"用于指代个人，不能说"您单位"，可以将"您"改为"各有关单位"。此句是感叹句，应当把句号改为叹号。

⑪年份中的"0"要写汉字，不能写阿拉伯数码。发信时间不能只写年月，要标明具体日期。

六、特别提示

（一）抓住时机

各种事宜并非随意决定，邀请访问或讲学、召开会议或举办活动等要根据特定的背景与目的，还要考虑被邀请者的意愿。因此，要抓住适当时机发邀请函或邀请电。

（二）语言得体

既然以邀请为目的，用语就应当热情而委婉，既引起对方的兴趣又留有余地。比如，用"函约"、"函邀"、"电约"、"电邀"、"奉约"、"奉邀"等令对方感受到盛情，用"您如果感兴趣"或"您认为适当的时候"让对方知道有灵活安排的可能性。

七、写作训练

请认真阅读下面资料,代该校校庆筹备办公室写一封邀请函,成文日期用"×"代替。

××第一中学始建于××××年,先后被评为省级标准化高中、省科研兴校明星学校、省素质教育先进单位、省文明校园。该校以她"绿色、人文、和谐"的校园文化荣获"中国校园文化建设百佳示范学校"、"国家级绿色文明示范学校"等多项荣誉。为传承优良传统,展示办学成就,弘扬一中精神,推动学校发展,学校将于××××年××月×日举行建校五十周年庆典活动。届时诚邀在此学习过的历届校友重返母校,畅想发展,共襄盛典。

第六节　自荐信、推荐信

一、名称解释

自荐信,是以个人名义直接介绍自己,并请求给予录用、晋职等的函件。求职信属于自荐信,广泛用于职场。

推荐信,又称推荐函、荐举信,是以机关、团体、单位或个人名义介绍某人任职、深造、实习、出国等的函件。

二、主要特征

(一)举荐性

自荐信、推荐信的共同点是介绍并举荐;不同之处在于自荐信属于毛遂自荐,推荐信则为了荐引他人。

(二)期求性

自荐信、推荐信都是主动发出,期盼对方对自荐人、被推荐人的情况有所了解并感兴趣,最终做出应允的决定。

三、内容、格式及写法

(一)标题

大多是单标题,有四种写法:一是单位＋事由＋文种,如《蓝河学院关于我校2011级自动化专业学生暑假实习的推荐函》;二是事由＋文种,如《关于请求参加2012年我厂科技研发小组的信》;三是对象＋文种,如《致茂源商厦的推荐信》;四是只写文种,如《求职信》。

（二）称谓

一般写对方单位或部门名称，有时写主管领导的姓名、职务，如"××公司人事处"、"××厂长"。如果不知道对方的姓名，也可以只写"尊敬的领导"等字样。

（三）问候语

收函者是机关、团体、单位或部门，可以不设此项；如是个人，一般写"您好"。

（四）正文

自荐信、推荐信的适用范围很广，正文的安排要根据实际情况处理。总的看来，它包括开头、主体、结尾三个部分。开头，交代缘由、简介身份及概况。比如，从何处得知招聘信息；为什么要自荐或推荐；自荐人或被推荐人的姓名、身份、就读学校或工作单位、所学专业、何时毕业、学位、职务及职称；自荐或推荐的目的（包括从事哪项工作、担任哪个职务）；推荐人与被推荐人的关系。主体，围绕对方的需求写自荐或推荐的具体情况及预期结果。比如，自荐人或被推荐人的学历及成绩、经历与业绩，尤其是有关学科的主修及辅修、实习或工作经验等；专长，包括发明或专利、出版的著作或发表的文章、参加有关团体及担任的职务、获得的资格评定或奖励；综合素质，包括政治面貌、道德品质、兴趣、性格；给收函者以积极评价，表达自荐人为其效力或被推荐人为其提供服务的意愿，如有必要提出工作设想并说明将产生的作用。结尾，表达期盼、致谢，如"切望您的答复"、"敬候佳音"、"渴盼您能为我安排一个面试的机会"、"谨致诚挚的谢意"，有的还交代联系办法。

正文的写法大多采用简述式。

（五）祝颂语

一般写"此致 敬礼"。有时根据实际情况自选词语，如"恭祝"或"谨祝"其"财安"、"商绥"。

（六）具名

写明机关、团体、单位名称或个人姓名。以个人名义写的自荐信经常在姓名之前写"自荐人"三个字，以个人名义写的推荐信在姓名之前写推荐人的职务或职称。有时在个人姓名之后加"谨启"等字样。

（七）日期

标明年月日。

（八）附件

如有必要，随信寄上证明资历和能力的有关材料复印件，如毕业证、学位证、成绩单、任职资格证、获奖证书、代表性作品等。要标明附件的顺序和名称。附件无需太多，但必须有分量。

四、范文评析

（1）

[原文]

求 职 信

尊敬的领导：

您好！

我是暨南大学中文系××××级本科生，正面临毕业分配问题。听闻贵单位需要招收女秘书数名，特此自荐。

本人在校期间，学业成绩一贯良好，尤其是写作课程成绩优秀。本人笔头表达能力强，书写工整，钢笔字、毛笔字都写得很好，并有速记能力。能讲流利的广州话、普通话，其他方言也略知一二。英文已达国家六级水平并获得证书，英语说写流利，其他阅读、翻译工作也能胜任。选修的第二外语为日语，可以进行一般的会话和阅读非专业性的报刊。本人熟悉办公室电脑设备的操作，打字速度快且准确，熟悉行政机关各类公文的处理办法。本人办事稳重，讲求效率，实习期间曾受到实习单位领导的称赞。求学期间积极参加文体活动，并担任过班干部，有一定的组织能力和活动能力，曾在系报上发表过文章，多次获得奖学金。操行表现也一直是优，和同学老师的关系处理得很好。

综合本人各方面条件考虑，我认为自己很适合从事秘书工作，希望贵单位能接收本人。

附上本人履历表、毕业论文、成绩表、发表文章各一份，敬请过目。如有可能，恳请面试。

林　乐

××××年×月×日

[简析]

该文最大的特点是有的放矢、突出特长。作者紧紧围绕秘书的职业要求，从写作、书写、速记、口语、外语、计算机操作、公文处理、性格、办事效率、组织和活动能力、操行、人际关系等方面加以介绍，其中"发表过文章"、"钢笔字、毛笔字都写得很好"、"有速记能力"、"能讲流利的广州话、普通话"、"英语说写流利"、日语"可以进行一般的会话和阅读非专业性的报刊"等都显示出自荐人从事秘书工作的特长。此外，该文结构完整、语简意明。

(2)

[原文]

<h2 style="text-align:center">庞加莱与居里夫人致苏黎世联邦技术学院书</h2>
<h3 style="text-align:center">(1911 年)</h3>

爱因斯坦先生是我们有生以来所认识的人中间最具有独创性的才子之一。尽管他年纪尚轻,却已经在当代最杰出的学者之间有一席显荣地位。尤其使我们惊叹的是他非常容易适应新的概念,并从中得出各种过人的推论。当他遇到一个物理学问题时,他从不拘泥于权威性的原理,却可以想到一切可以想象的可能性。这一点在他脑中得到融会贯通,使他预见到许多有朝一日终将在实际生活中获得证实的新现象……爱因斯坦先生的才华将来一定能得到更多的证明。凡是能罗致这位青年学者的大学,必将获得附骥之荣。

亨利·庞加莱
玛丽·居里

[简析]

相对论发明者——美国物理学家爱因斯坦在 30 岁时已在国际学术界有一定地位,却仍未获聘大学教授。法国数学家庞加莱与发现镭的居里夫人联名向苏黎世联邦技术学院写了这封推荐信后,爱因斯坦于 1912 年获该学院聘任。该文先以"我们有生以来所认识的人中间最具有独创性的才子之一"概括被推荐人的特殊价值,并强调其年轻有为"已经在当代最杰出的学者之间有一席显荣地位";接着列举其非同一般的才华,预言"将来一定能得到更多的证明";最后用"凡是能罗致这位青年学者的大学,必将获得附骥之荣"强调用人方将会借此扬名。可见,该文说理充分、提纲挈领、文风明快,说服力很强。

五、病文会诊

在自荐信、推荐信写作中经常出现缺少针对性、特长不突出、层次紊乱、语病过多、阿谀或过于谦虚等问题。

(1)

[原文]

××公司董事长[①]:

打扰了[②]。

我叫××,23 岁,是××学院××系应届毕业生[③]。

贵公司是闻名遐迩的中外合资企业,董事长知人善任,我慕名已久。当看到贵公司的"招聘启事",更鼓舞了我求职信心,我渴望能为贵公司服务,为董事长效力[④]。

本人在校学习期间,注意思想品德修养,严格要求自己,积极参加社会实践活动,学习成绩优秀,3次获得优秀学生奖学金。我系统学习过秘书学、市场学、公关实务、公文处理等学科,熟悉文章写作、公文处理知识。学习过电脑操作技术,能适应现代化办公的工作需要⑤。

本人性格开朗,热情诚实,通晓英语,去年已通过国家六级英语考试⑥。我爱好广泛,喜欢文娱、体育活动,多次参加文艺演出,曾获大学生歌咏比赛通俗唱法二等奖;代表学校参加大学生运动会,获女子跳远第三名⑦。我历任副班长、团支部委员、学生会宣传部总长等职⑧。我工作热情肯干,实践广泛,还利用假期搞社会调查和兼职工作,积累了一些社会工作经验。我特别喜欢文秘和宣传工作。我是本市户口,有套二房居住⑨,如被贵公司录用,即可上班。在公司的栽培下,我一定会做好工作。

敬请函告或电话约见,谨候回音。

即颂

大安⑩

　　　　　　　　　　　　　　　　　　　应聘人:×××

　　　　　　　　　　　　　　　　　　　××××年×月××日

附:简历表1份

　　成绩单1份

　　联系地址:××路×号

　　邮编:×××××

　　电话:×××××××

[评析]

①该文缺标题,应当以"求职信"或"自荐信"为题。大学生的求职信一般不寄给主要领导,而是投往人事管理部门,称谓最好改为"××公司人事处"或"××公司人力资源部"。

②无需写"打扰了",可以改为问候语"您好"。

③大多把出生年月写在简历中,这里可以删去"23岁"。

④评价对方及"为董事长效力"之语有阿谀之嫌,要注意分寸。最好是将此段并入上段,先简介自己后写看到招聘启事自荐,还要补充要做哪项工作。

⑤对自己思想、学习、社会实践的介绍过于浮泛,要紧紧围绕所谋的那个"职"来写,并且着力突出自己的优势。此外,删去"我",下同。

⑥英语情况也属于学习,最好将其移至前面在校学习情况;"通晓英语"语意过重,可以换一种说法。

⑦"大学生歌咏比赛"、"大学生运动会"缺少限定,应当明确哪一级。

⑧"学生会宣传部总长",没写明是哪一级学生会的宣传部,职务"总长"不是通称,需要修改。

⑨"二房"含有旧时家族排行老二的一支或妾的意思,并不是两居室。

⑩"即颂 大安"是给所敬重的长辈、上司的祝颂语,写信人还没被该公司录用,最好用"此致 敬礼"等。

（2）

[原文]

×××先生/女士①：

我谨作为××先生在集团工作四年间的直接领导写此推荐信②。

今天的××与四年前的他相比,已经产生了非常显著的变化③。而作为一位独立负责一个分厂所有行政事务的管理者来讲,这些变化亦是他个人在管理与领导能力上日趋成熟的真实体现。

对于他这四年来在分厂所作出的实际贡献,如完善分厂具体行政管理制度、全面提升行政服务品质、连续三年被评为集团6S优异奖等,我不作赘述,因为这些只能代表他的过去。我将从沟通、学习与传播三方面对他作出适当评价,以期您能对他有更全面、更深入的认识④。

他首先是一位乐于沟通且善于沟通的管理人员。尽管曾经在工作中因为沟通不足导致工作失误的发生,但他能够直面自己的不足而主动改善沟通方式,加强与服务对象职员工、与生产部管理层的沟通,从而改变并形成了一种较为民主的分厂行政事务决策模式。这种改变产生了巨大的黏合力,把生产与行政紧密结合起来,以行政来支持生产,并在生产促进中发挥更大的作用⑤。

他还是一位乐于学习且善于学习的管理者。作为一名基础管理者⑥,他这四年来的学习实践集中在三个方面,一是从失误中学习,一是从同事的成功经验中学习,一是从外界培训及自我学习中学习。他把所学在实践中加以运用,从他所取得的成就直接且充分显示了他在学习上谦虚与勤奋⑦,充分显示了他在管理实践过程中对学习的不断检验与总结,充分显示了他在为丰富其职业生涯而进行的拓展性学习、关联性学习中所表现出来的追求心！更为难能可贵的是,他带动了一群人对学习新知识、新技能的兴趣与尝试⑧！

他更是一位乐于传授并不断升华管理理念的职业人士。耐心传授并不断升华管理理念,是一项真正的管理者必须做到且永无止境的工作。他已经在实践中,且有所成效,比如教育同事调整工作态度、培养沟通意识、主动研究可行性方案、加强执行力、鼓励创新等等⑨。虽然我仍希望他在这方面持续加强,但我依然欣赏他正表现出来的在管理研究与实践上的专注与专业。

作为××先生曾经的领导、永远共勉的朋友,我期望××先生在将来通过全面提升其管理智慧、领导能力及人格魅力来攀登其职业生涯的新高峰！

顺颂

商祺！

×××⑩

2008 年 10 月 16 日

[评析]

①应当拟写标题"推荐信"。称谓无需在"先生/女士"中选择，直接写明即可。

②在标题之下写问候语"您好"，然后另起一行写正文。开头要明确交代推荐目的，即推荐某人到哪个单位或部门、做什么工作。

③说明被推荐人的现况，不必对其前后加以比较。

④推荐信主体部分的重点不是对被推荐人在本单位表现加以综合评价，而是根据推荐目的所需谈其所具备的素质和特长。

⑤此句是议论，显得空洞。

⑥将"基础"改为"基层"。

⑦"成就"语意过重，应当改为"成绩"。

⑧将后两句的叹号改为句号。

⑨将"教育"改为"指导"、"等等"改为"等"。

⑩要标明推荐人所在的单位及职务。

六、特别提示

（一）有的放矢

自荐信、推荐信要以对方的职位及要求为目标，集中说明自荐人或被推荐人不仅具备条件而且是合适的人选。

（二）突出优势

要亮出闪光点，吸引对方的注意力，必须显示自荐人或被推荐人的特长以及良好的综合素质。

（三）力求简约

自荐信、推荐信大多篇幅短小，一般不超过一页，因此要做到内容概括、词句简练。

七、写作训练

下面资料是竞聘演讲词的部分内容，请认真阅读，改写成自荐信。

我叫刘××，北京市人，生于 1969 年 1 月，1987 年考入××建筑工程学院公路与城市道路专业，大学本科毕业，中共党员，高级工程师，具有建设部颁发的一级项目经理证书。我竞聘的职位是质量安全科科长，理由有三点：第一点，我认为这有利于提高自己的综合素质,全面发展自己。第二点,作为一名党员,我认为自己具备担当该职务所必需的政治素养和个人品质。第三点,我认为自己具备担当此任所必需的知识和能力。从质量安全科的职能看,综合性较强、事务繁杂,担负着全处质量工作、安全保卫、QHSE贯标工作、计量管理等多项工作。质量安全科科长必须具备一定的专业技术知识、丰富的施工经验、文字综合能力、组织协调能力和管理经验。从我自身素质和能力来看,我认为能够履行好上述工作职责。第一,我具备一定的专业技术知识和理论水平。从大学毕业到今天,我从事过技术员、技术主管、副队长、项目总工、副经理、技术质量科副科长、科长等工作。参加过××港监理工程师培训、项目经理培训,多次参加局组织的项目总工学习班和内部监理培训班,参加了中国质量管理协会组织的QC小组培训和QC小组活动质量诊断师培训。同时加上平时认真学习,尤其是注重专业技术理论,因此使自己在工作中游刃有余,能够做好本职工作,受到业主、处领导和同事的一致好评。第二,我有一定的组织协调能力和管理工作经验。质量安全科的大部分工作,我在不同时期不同程度地接触和实践过,尤其是质量管理及贯标工作,安全管理也在做安全技术交底时有所接触。当然,我对特大型桥梁、隧道工程施工方面还不太熟悉,但我想通过以后的学习和实践来弥补不足。

第七节 感谢信、感谢电、致歉信

一、名称解释

感谢信,又称感谢函、致谢信、致谢函,是向对方表示谢意的函件。它可以通过直接送达、邮政投递、电子邮件等多种形式发至对方,或将其张贴于有关场所。

感谢电,以拍发电报的形式表示感激之情,大多用于社会组织或有关领导。

致歉信,又称致歉函、道歉信、道歉函,是向对方表示歉意的函件。

二、主要特征

(一)客观性

事实是感谢信、感谢电、致歉信的基础。一方面,它是客观存在的,并不是人为加工的结果;另一方面,它是具体的,何时、何地、何社会组织或个人、何事、何因、何果都一清二楚。

(二)致意性

通过感谢信、感谢电、致歉信,向对自己提供支持或帮助的对方致以谢意,向因自己的失误而带来不便甚至伤害的对方致以歉意,这是礼仪的基本要求之一,能使对方感到慰藉。

三、内容、格式及写法

（一）标题

大多是单标题，有三种写法：一是作者＋对象＋文种，如《安县公安局致辽宁省公安厅的感谢电》；二是对象＋文种，如《致支教志愿者的感谢信》；三是文种，如《致歉函》。

有的感谢信、感谢电、致歉信不拟标题。

（二）称谓

写明收函者或收电者的机关、团体、单位名称或个人姓名。给个人的感谢信、感谢电、致歉信，要加相应的敬词。

（三）正文

包括开头、主体和结尾。开头，写对自己给予支持和帮助或给别人造成不便甚至伤害的具体事实，并表示谢意或歉意；主体，一般是赞扬对方良好的道德风尚、精湛的业务水平或分析自己失误的性质、原因；结尾，表示向对方学习以及继续与对方合作的愿望或自己改正错误的决心，并再次致谢或致歉。

正文的写法大多采用简述式。

（四）祝颂语

一般写"此致 敬礼"，也可以自选词语。有时不设此项。

（五）具名

写明发函者或发电者的机关、团体、单位名称或个人姓名。

（六）日期

标明年月日。

（七）印章

以机关、团体、单位名义发出并直接送给对方的感谢信、致歉信，要加盖印章。

四、范文评析

（1）

［原文］

感 谢 信

2010年4月14日，我省玉树藏族自治州玉树县发生里氏7.1级强烈地震，美丽的三江源顿时满目疮痍，各族群众遭遇突如其来的巨大灾难。

以人为本，人民第一。地震发生后，党中央、国务院高度重视，中央领导与人民在一起,第一时间亲临灾区,指导抗震救灾工作。国务院立即成立抗震救灾总指挥部,举全国之力组织领导抗震救灾。大灾之际,充分显示了以胡锦涛同志为总书记的党中央强大的领导、组织和动员能力,充分显示了中国共产党的伟大和社会主义制度的优越。

灾情即命令,危难见深情。人民解放军、武警部队、公安民警、消防官兵以最快的速度开赴灾区,当尖兵、打头阵,冲锋在前、无私奉献,用坚强意志和血肉之躯筑起了抵御地震灾害的钢铁长城。紧要关头,人民子弟兵和公安民警充分发挥了抢险救灾主力军、急难险重突击队和安定人心主心骨的作用,成为抗震救灾的中流砥柱。

一方有难,八方支援。全国各族人民把焦急的目光投向青海,把温暖的关怀汇入玉树,把巨大的支持送到灾区,一双双援助之手、一份份关爱之情、一声声问候之语从祖国的四面八方汇聚到玉树灾区。各兄弟省区市和港澳台地区倾情相助,各救援力量和医疗人员千里驰援,伤员救治、群众安置、学生就学得到全力帮助。危急时刻,再现了祖国大家庭的无比温暖。

人民喉舌,铁肩义胆。全国各大媒体、各地新闻单位的编辑记者,面对高寒缺氧义无反顾,纷纷奔赴抗震一线,用笔、用声音、用镜头,记录下灾区现场的每时每刻,记录下搜救生命、救治伤员等一幕幕感人的事迹,为灾区人民、为青海各族人民送来了巨大的精神和物质力量。

大爱无疆,生命至上。在灾难面前,国际社会和海内外朋友伸出了友爱之手,许多国家政要致电慰问,海内外同胞和国际友人慷慨解囊。国际社会和海内外朋友的爱心,为我省抗震救灾和灾后重建增添了精神力量。

此时此刻,在海拔近4000米的玉树灾区,在黄河、长江、澜沧江的三江源头,我们深刻感受到全国人民与我们同呼吸、共命运、心连心。青海人民善良淳朴、知恩感恩。在这里,我们代表全省557万各族人民,向党中央、国务院,向奋战在抗震救灾和灾后重建第一线的广大干部群众、人民解放军指战员、武警部队官兵、民兵预备役人员、公安民警和各救援队伍,向大力支持抗震救灾和灾后重建的全国各族人民,向踊跃为灾区提供援助的港澳台同胞、海内外朋友和国际友人,表示最崇高的敬意和最衷心的感谢!

玉树不倒,青海长青。地震可以摧毁我们的房屋和家园,但摧不垮我们的精神和意志;灾难虽然夺去了我们的亲人和同胞,但夺不走我们的信心和勇气。坚强的青海各族人民在地震废墟中挺立起来,正在以不屈不挠的精神投入抗震救灾斗争。当前,抗震救灾工作已经取得了阶段性重大成果,全面转入过渡安置、恢复秩序、灾后重建的新阶段。我们坚信,有党中央、国务院的坚强领导,有人民子弟兵的无私奉献,有全国人民的大力支持,有海内外同胞和国际社会的关心帮助,经过青海各族人民的不懈努力,我们一定能夺取抗震救灾的全面胜利,早日建成一个更加美丽、更加富饶、更加和谐的社会主义新玉树!

中共青海省委

青海省人民政府

2010 年 5 月 14 日

〔简析〕

此文写于青海玉树地震发生一个月之际,中共青海省委、青海省人民政府代表全省人民发出感谢信,珍存温暖关怀、感念巨大支持。正文中先简介地震的发生及所造成的巨大灾难,然后从党中央和国务院的高度重视、人民子弟兵和公安民警成为抗震救灾的中流砥柱、全国各族人民的援助、新闻工作者实地采访报道、国际社会和海内外朋友伸出了友爱之手五个方面分述来自各方的支持并对此表示敬意和感谢,最后表达"夺取抗震救灾的全面胜利,早日建成一个更加美丽、更加富饶、更加和谐的社会主义新玉树"的坚定信念。全文主旨集中、感情充沛、层次分明、语言精练,尤其是"玉树不倒,青海长青"堪称警句。

(2)

〔原文〕

第 29 届奥林匹克运动会组委会致广西的感谢电

广西壮族自治区党委 郭声琨书记,广西壮族自治区人民政府 马飚主席:

奥运圣火 6 月 6 日正式开始了在广西境内的传递。在党中央、国务院的正确领导下,自治区党委、政府精心组织、周密安排,确保了抗震救灾期间火炬在广西境内的顺利传递。从山水甲天下的桂林、自治区首府南宁到革命老区百色,奥运圣火传递贯穿广西全境,不仅见证了八桂大地的秀美风光和蓬勃生机,更见证了壮乡儿女对奥运的热情期盼和对灾区同胞的深切关爱。值此奥运火炬广西传递圆满完成之际,谨向你们并通过你们向广西各族人民表示衷心的感谢并致以崇高的敬意!

奥运火炬将带着广西人民对灾区人民的关爱继续传递下去。我们坚信,在党中央、国务院的正确领导下,在全国人民的共同努力下,我们一定能够夺取抗震救灾斗争的全面胜利,一定能够圆满完成奥运筹办的各项任务,办一届"有特色、高水平"的奥运会。

最后,祝广西壮族自治区经济发展、社会进步、人民幸福!

第 29 届奥林匹克运动会组织委员会

二〇〇八年六月八日

〔简析〕

广西是奥运火炬在我国境内传递以来经过的第一个少数民族自治区,也是奥运火炬首次踏上中国西部的土地。尤应指出的是,2008 年 5 月 12 日汶川地震也波及广西,但奥运火炬在广西的传递圆满结束。为此,第29届奥运会组委会特致电感谢。电文依据特定的地域——八桂大地、特定的民族——壮乡儿女、特定的背景——抗震救灾、特定的任务——奥运火炬传递来叙说,具有个性化和感染力。

（3）

［原文］

尊敬的梁先生:

您好!

关于您反映2008年11月14日通过携程预订的、由三亚辰龙航空售票有限责任公司(以下简称"三亚辰龙")所出的两张航意险保单的真伪问题,携程近日从平安保险总部得到证实,这两张航意险保单属伪造保单。

在此事件中,携程的资源合作方三亚辰龙的工作人员擅自向三亚禧嘉航空售票中心购买了两份伪造的保单、并提供给您,携程负有监督管理不力的责任,给您的旅行造成非常不愉快的体验,我们在此向您表示诚挚的歉意!

携程相关工作人员在处理您反映的问题时,没有给予足够重视,处理不当,加上工作人员需根据保单底联与平安保险总部进行核实,以致事隔这么久才向您回馈相关保单的真伪信息,对此我们再次表示歉意!

在得知您反映的情况后,携程立即终止了与三亚辰龙在保险方面的合作;对于售出假保单的三亚禧嘉航空售票中心,携程已经责成三亚辰龙向当地公安机关、工商部门进行举报,相关部门正在进行调查。

携程客户服务部、机票业务部在处理此事时,没有全面照顾到您的感受。携程已对相关责任人进行了严肃处理。

针对您提出"万一飞机失事,如何处理"的疑问,携程已有消费者权益保障措施——所有通过携程销售的航意险在携程均有销售记录,万一发生事故,携程会积极配合航空公司、保险公司进行善后处理,即使保险公司未查询到相关投保记录,携程也会根据销售记录给予先行赔付。

携程一贯坚持诚信、自律的经营理念,携程坚决反对任何通过违法手段损害消费者权益来获利的行为。此要求并不局限于携程及携程的工作人员,也包括携程的商业合作伙伴。

非常感谢您的宝贵建议,让携程了解到公司服务、运营环节存在的漏洞。携程全新的航意险销售管理网络平台将于近期投入使用,届时将有效杜绝类似问题再次出现的可能性。

最后,我们再次因此事给您和您的家人带来的不愉快感受表示真挚的歉意!并期待您能一如既往地信任、关注携程。

顺祝

安祺

上海携程国际旅行社

二〇〇九年二月二十日

[简析]

新浪网 2009 年 2 月 20 日消息：据携程方面透露，日前备受关注的假保单风波有了新进展。携程总部确认相关保单为伪造，由携程合作伙伴三亚合作机票代理商员工擅自购买销售。携程就监管不力，公开向当事人致歉。这里所选致歉信的正文有四层。第一层，说明伪造保单的事实、责任，并表示歉意；第二层，交代善后处理的情况，回答收函者的疑问；第三层，强调旅行社的经营宗旨，提出有关改进措施；第四层，再次致歉并表达期待之意。总的看来，这封致歉信态度恳切、内容具体、布局周严、语言准确。

五、病文会诊

在感谢信、感谢电、致歉信写作中经常出现事项要素欠全、分析不深刻、结构混乱、语病较多等问题。

（1）

[原文]

感 谢 信

××一中全体师生①：

你们好！

时光如此匆忙，将近两个月的实习已临近尾声了②，在这一段日子里③，感谢你们的教导和爱护④，现谨籍此信向全校师生聊表我们衷心的感谢和崇高的敬意⑤！

尊敬的领导，亲爱的老师，谢谢你们！是你们的悉心指导打消了我们开始时的忐忑，使我们迈出了从书本走向社会的第一步，让我们充满自信地面向未来的工作岗位；是你们的言传身教拨开了迷惘的浓雾，使我们体会到了教育工作的严谨艰辛，让我们提前做好了承担这神圣任务的准备⑥；是你们的平易近人消释了我们初来乍到的窘迫，使我们感受到了工作之余的轻松和温暖⑦，让我们能舒心坦然地迎接将来教书育人的重任。短短不到两个月的实习，你们教给我们太多太多。这里是我们走向社会工作岗位的第一个人生驿站，感谢你们，你们的身体力行给我们竖立起引航的灯塔，道德的丰碑⑧！

可爱的一中同学们，谢谢你们带给我们活力与快乐，谢谢你们给予我们施展所学的机会！

再次感谢，感谢一中全校师生的支持关怀和你们给予我们实践的机会！衷心祝愿一中的教育事业桃李满天下，硕果结华章⑨！

祝愿全校师生

　身体健康

　工作顺利

　学习进步⑩

××师范大学03级混编实习队

二零零六年十一月十六日⑪

[评析]

①称谓一项最好先写领导，下同。

②前面有"已"，后面不必写"了"。

③将"这一段"改为"这些"。

④因后面有"感谢"，这里的"感谢"应当改为"得到"。

⑤"现"字多余，"籍"是"藉"的误写，"聊表"不合语境。将"现谨籍此信向全校师生聊表我们衷心的感谢和崇高的敬意"改为"谨表示衷心的感谢和崇高的敬意"。

⑥删去"体会到"和"做好"后面的"了"。

⑦删去"感受到"后面的"了"。

⑧"身体力行"与上文的"言传身教"语意相近。将"感谢你们，你们的身体力行给我们竖立起引航的灯塔，道德的丰碑"改为"你们给我们竖立起引航的灯塔、道德的丰碑。谢谢你们！"

⑨"桃李满天下"是溢美之辞，"硕果结华章"不通顺，可以换其他恰当的词句。

⑩此处的祝愿是套话，可以删去。

⑪"零"是别字，要改为"○"。

（2）

[原文]

来自××省电力设计院的感谢电①

××省电力设计院：

经过一个多月艰苦卓绝的奋战，××主网的抗冰抢修任务于3月8日胜利完成。在××主网抢修全面铺开的关键时刻，贵院弘扬中华民族"一方有难、八方支援"的光荣传统和省院间"团结互助、同舟共济"的优良传统②，相继派出多名线路设计人员驰援××，于我院的勘测设计人员一道③，为抢修工作提供了周到的技术服务和强大的技术支撑，为××主网恢复重建做出了重要贡献，受到了国家电网公司及华东500千伏电网抢修指挥部、××主网抢修指挥部等领导的高度赞扬④。在此，我们对贵院在抗冰抢修期间对我院各项工作的支持表示衷心感谢⑤。

××省电力设计院

20080310⑥

［评析］

①标题写"感谢电"即可。

②"弘扬"与"传统"搭配不合习惯。"一方有难、八方支援"、"团结互助、同舟共济"语意相近,不能连用。

③"于"是"与"的误写。

④删去"了"。

⑤应当补充今后团结与合作的希望。

⑥删去"03"的"0",要写"年"、"月"、"日"。

(3)

［原文］

尊敬的公司领导:

您们好①! 我是××,在3月12日接到贵公司的offer②。

首先非常感谢公司提供给我这个职位。在几轮的面试中,我对贵公司有了比较全面的认识,公司的企业文化和团队规模,在我看来都是同行业内其他公司望其项背的③。

我是一个星期前带着满身激情来到北京的④。也许是由于家庭的原因,毕竟我不单单是我,我还有我的家庭,有我的父母和其他亲人,我不能太过于自私⑤。也许我对自己在社会上的定位还不是很准确,也许我对自己的期望值过于偏高,所以我对工作的薪金待遇方面看得过重。而跟公司领导商谈过后,不能达成一致,所以选择离开公司。

在北京,面对疯涨的房价、高额的房租、攀升的物价,我不想眼睁睁地看着自己的双亲老去,而自己不能很好地尽到做儿子的职责⑥,这让我不得不重新考虑自己的工作。

如果我的离去给公司带来了不便,我表示万分的歉意,希望公司领导考虑我的实际情况给予理解。在这里我表示衷心的感谢,同时祝愿公司不断壮大发展!

此致

敬礼⑦!

×　×

2009 年 3 月 13 日

［评析］

①"您"指代你、你们,不能说"您们"。

②此句另起一行。无需夹杂英语"offer",可以改为"录用函"。

③"望其项背"表示赶得上或比得上,多用于否定式,但该句是肯定式,应当说"难以望其项背"。

④"满身激情"修饰语欠妥。

⑤"我"字用得太多,应当删改,下同。

⑥"职责"是职务和责任的意思,不合语境,可以改为"义务"。

⑦祝颂语"敬礼"后面一般不加叹号,应当将其删去。

六、特别提示

(一)求真挚

无论是致谢还是致歉都要发自内心,真诚而恳切,让对方感到欣慰或得到对方的谅解。因此,既要防止虚情假意,又要避免故作矫情。

(二)把分寸

主要有两点:一是身份相符。就发函电者与收函电者而言,有同级、不相隶属、性别、年龄、职务等不同的情形,词句、语气等都要得体。二是评价恰当。赞扬对方切忌堆砌溢美之辞,反省自我也不能说得一无是处。

七、写作训练

请认真阅读下面资料,以××省第一届××全民健身节组委会的名义于××××年6月13日给××体育职业技术学院团委写一封感谢信。

资料:

××体育中心于××××年6月10—12日在××体育中心举办××省第一届××全民健身节。××体育职业技术学院先后派出体育系70多名志愿者,主要承担健身节期间东广场的趣味健身活动和××街道运动会的服务和裁判等工作,为整个健身节活动的圆满成功作出重要贡献。

第八节　贺信、贺电

一、名称解释

贺信,又称贺函,是向对方表示祝贺的函件。它对取得巨大成就、作出突出贡献的集体或个人,重大喜事,重要人物的寿辰婚姻等表示祝贺。大多直接寄给对方,有时也利用报纸、杂志、广播、电视、网络等媒体广泛宣传。从往来上看,贺信有机关、团体、单位之间上行、下行、平行的贺信,有机关、团体、单位给个人的贺信,有个人给机关、团体、单位的贺信,有个人之间的贺信。

贺电与贺信的主体、客体、内容大体相同,但以电报的形式拍发。

二、主要特征

(一)祝贺性

通过对国内外发生的重大喜事,对重要的机构、会议、工程、任务、节日、婚礼、寿辰等的祝贺,以加深友谊、促进合作。

(二)礼节性

贺信、贺电因其致贺道喜的内涵带有浓郁的礼仪色彩,无论是称谓、选材还是遣词、造句都注重礼俗,如"欣闻"、"荣膺"、"嘉猷"、"申贺"、"贺忱"等词语经常使用。

三、内容、格式及写法

(一)标题

大多是单标题,有四种写法:一是作者+对象+文种,如《国家体育总局 中华全国体育总会 中国奥委会给中国大学生体育代表团的贺电》;二是作者+事由+文种,如《对神舟七号载人航天飞行成功中共中央国务院中央军委的贺电》;三是对象+文种,如《致香源食品公司的贺信》;四是文种,如《贺信》。

(二)称谓

写明机关、团体、单位、集体名称或个人姓名。给个人的贺信、贺电,要加上相应的敬词。

(三)正文

包括开头、主体和结尾。开头,大多写明缘由,比如对方取得成就的大背景、某个会议召开的历史条件;接着写祝贺语,多用"值此××之际,谨代表××向××表示热烈祝贺"等。主体,根据具体内容而定,要肯定成绩、阐释意义、作出评价,比如会议贺信、贺电阐明会议内容及意义,寿辰贺信赞扬其品德及贡献。结尾,表示衷心的祝愿或提出希望,如"预祝大会圆满成功"。

正文的写法大多采用简述式。

(四)祝颂语

一般写"此致 敬礼",有时自选词语,如祝寿用语"祝健康长寿"。由于正文的结尾有祝愿之类的话,也可以不设此项。

(五)具名

写明发函者或发电者的机关、团体、单位名称或个人姓名。

(六)日期

标明年月日。

（七）印章

以机关、团体、单位名义发出的贺信，如需直接送给对方，要加盖印章。

四、范文评析

（1）

［原文］

贺 信

尊敬的博士后合作导师，博士后朋友们：

大家好！

值此"庆祝《博士后事业发展'十二五'规划》颁布实施暨 2012 博士后迎春晚会"隆重举办之际，请容我祝贺晚会成功！因它事缠身不得前往，深表遗憾。

中国的博士后制度虽然起步较晚，但独具特色，已然成为祖国有计划、有目的培养高层次人才的一项重要制度，博士后研究人员业已成为我国最活跃、最具创新能力的高层次青年人才群体。26 年来，中国博士后事业蓬勃发展，令人鼓舞。成就的根基建立于小平先生和历任中国领导人的殷切关怀，得益于中国政府许许多多相关部门领导、各界人士的大力支持，也是众多热衷博士后事业的实干家们努力践行的结果。

"坚持以人为本，不断扩大博士后的队伍，提高博士后的质量"已被确定为"十二五"期间博士后事业发展的主要目标。新的一年，《博士后事业发展"十二五"规划》将全面实施，博士后工作分级管理体制将进一步完善，博士后的招收规模将稳步扩大，博士后的学术交流与合作将逐步加强，博士后科学基金的资助规模和强度将进一步提高。我相信"十二五"期间中国博士后事业将百尺竿头更进一步，必将对我国人才事业和国民经济的发展起到重大推动作用。

希望广大博士后人员敢于担当，勇于实践，乐于创新，为国家经济建设作出更大贡献。

岁末年初，借此机会，祝全国博士后朋友们及所有关心支持博士后事业发展的各界友人，身体健康，阖家欢乐！

李政道

二〇一二年一月六日

［简析］

这是著名物理学家李政道致庆祝《博士后事业发展"十二五"规划》颁布实施暨 2012 博士后迎春晚会的贺信。全文分五段。第一段表示对该活动的祝贺和因故不能出席的遗憾；第二段对中国博士后事业的发展进行简要回顾和高度评价；第三段展望"十二五"期间中国博士后事业的美好前景；第四段对博士后人员提出殷切希望；第五段表达衷心祝愿。该文先后有致、言简意赅。

（2）

[原文]

对神舟七号载人航天飞行成功中共中央国务院中央军委的贺电

总装备部、工业和信息化部、中国科学院、国家国防科技工业局、中国航天科技集团公司、中国电子科技集团公司并参加神舟七号载人航天飞行任务的全体同志：

在中华人民共和国成立 59 周年到来之际，神舟七号载人航天飞行获得圆满成功，中共中央、国务院和中央军委向圆满完成这次飞行任务的英雄航天员，向所有参加这次任务的广大科技工作者、干部职工和部队官兵，表示热烈的祝贺和亲切的慰问！

神舟七号载人航天飞行圆满成功，实现了我国空间技术发展具有里程碑意义的重大跨越，标志着我国成为世界上第三个独立掌握空间出舱关键技术的国家。这是我国航天科技领域的又一次重大胜利，是中国人民在建设中国特色社会主义伟大进程中取得的重大成果，对于增强我国经济实力、科技实力、国防实力和民族凝聚力，鼓舞全党全国各族人民夺取全面建设小康社会新胜利、开创中国特色社会主义新局面具有重大而深远的意义。祖国和人民将永远铭记你们的历史功勋！

发展载人航天技术，和平开发利用太空，始终是中国人民的不懈追求。希望你们在以胡锦涛同志为总书记的党中央领导下，高举中国特色社会主义伟大旗帜，坚持以邓小平理论和"三个代表"重要思想为指导，深入贯彻落实科学发展观，大力弘扬"两弹一星"精神和载人航天精神，自力更生、艰苦奋斗，团结协作、拼搏进取，为继续推动我国航天事业发展、为实现中华民族伟大复兴不断作出新的更大贡献。

中共中央

国务院

中央军委

2008 年 9 月 28 日

[简析]

2008 年 9 月，我国神舟七号载人航天飞行圆满成功。中共中央、国务院、中央军委特致电祝贺。标题包括发电者、事由、文种。称谓具体、明确。正文以背景、事件、祝贺和慰问开头，继而说明此事的重大而深远意义，最后提出殷切希望。正文之后是具名和日期。该文主旨鲜明、选材典型、结构完整、语言精练，堪称贺电的范例。

五、病文会诊

在贺信、贺电写作中经常出现内容空泛、层次混乱、套话过多、篇幅太长等问题。

（1）

[原文]

来自××区鞋业行业协会贺信①

喜报频传，佳事连连。在××鞋业荣获"中国鞋都女鞋基地"称号的喜庆日子里，《××报》创刊号胜利诞生了②，××鞋业全体业界同仁特表热烈祝贺③！

企业报，是广大员工交流的大平台，传播的是新观念、新经验；企业报，是一面旗帜，始终指引着企业前进的方向；企业报，是企业文化璀璨的花朵，有了她，企业的凝聚力更强；企业报更是嘹亮号角，催人奋进，勇往直前④。

《××报》是××众多鞋企中首家创办的企业报，标志××实业、×××鞋业的企业文化建设迈入一个新阶段，为兄弟企业树立了榜样。希望《××报》越办越好，结出丰硕成果！祝××实业、×××鞋业兴旺发达，品牌越做越响，为中国鞋都走向世界多作贡献！

协会秘书长 ×××⑤

2006 年 6 月 28 日

[评析]

①《来自××区鞋业行业协会贺信》不是贺信通用的拟题方法，应当改拟。另外，文种"贺信"之前缺助词"的"。

②报纸的创刊不能说"诞生"，"胜利"作"诞生"的定语也欠妥。此分句可以改为"《××报》创刊了"。

③要删去"业界"。

④此段空泛，与主旨没有直接关系，最好删去。

⑤职务"秘书长"前写协会全称"××区鞋业行业协会"。

（2）

[原文]

公司贺电①

××工程项目部罗××经理并全体员工：

欣悉你部承建的×电××热电 2×330 MW 机组扩建工程 2 号机组，于 2010 年 5 月 29 日 11 时 16 分一次顺利通过 168 小时满负荷试运行②，在试运期间保护投入率、负荷率、振动值等各项主要指标均达到优良标准③，尤其是 24 小时漏氢量达到 1.02 立方米，创国际先进水平，闻此喜讯令人备受振奋和鼓舞④。为此，公司特表示热烈的祝贺和亲切的慰问！

本项目自 2008 年 11 月 6 日开工以来，你部领导班子团结带动广大干部职工积极实践"真诚 敬业 共同成长"的企业文化核心理念，发扬不畏艰难、勇于拼搏、创新进取的精神，历经金融风暴洗礼，克服了资金紧张、设备供应后延等诸多困难⑤，先后实现了水压、受电、扣缸、点火、冲转、并网和168小时满负荷试运行七个一次成功。同时,你们创新进取⑥,强化管理,培育出了"三无"理念⑦,用心服务,提升了项目上下的执行力⑧,获得了业主的赞誉。你们用自己的心血和汗水兑现了我公司对业主在质量、安全文明施工等方面的承诺⑨,展现了铁军风采,为公司赢得了宝贵的信誉和效益。

也正是通过你们的不懈努力,公司在上半年工作捷报频传中再获硕果。为此公司感谢你们⑩!

希望你部全体员工戒骄戒躁,以高度的责任感和使命感认真做好工程收尾工作,确保机组早日投入商业运行,向业主交付满意的工程产品,为公司的持续稳健发展作出新的贡献!

　　　　　　　　　　　　　　　　　　　××第二火电建设公司
　　　　　　　　　　　　　　　　　　　二〇一〇年五月二十九日

[评析]

①发电者不能只写"公司"二字。

②删去"于"前的逗号。因该事是年内发生的,"2010 年"可以写为"今年"。

③"保护"是尽力照顾使不受损害的意思,不能用于达标,应当改为"保证"。

④"闻此喜讯"与起始语"欣悉"重复,最好删去。

⑤"等"表示列举未尽,"诸多"表示许多,两个词不能连用,应当删去"诸多"。

⑥"创新进取"已在上文出现,不必重复。

⑦删去"出了"。

⑧将"提升了"改为"努力提升"。"上下"用在此处有歧义,有项目的上与下、上面与下面等多种理解,最好删去。

⑨删去"我",使发电者简称一致。

⑩此段多余,应当删去。

六、特别提示

(一)感情强烈

贺信、贺电的用途在于庆贺,字里行间洋溢着真挚饱满的感情,给人以褒扬、鼓舞和希望。

(二)评价恰当

贺信、贺电中对其成绩、意义、影响等方面的评价要合乎实际,把准分寸,不能浮夸,否则会使对方感到不安。

(三)语言凝练

贺信、贺电多是短文,要依据内容选用精当的语言,切忌无边际地闲聊或套话连篇。

七、写作训练

金沙江溪洛渡水电站于 2005 年 12 月 26 日开工。请认真阅读下面贺信、贺电的开头,并自定内容,参照某一方法写作。

(1)值此金沙江溪洛渡水电站开工典礼举行之际,国务院国有资产监督管理委员会对此表示热烈的祝贺!

(2)一枝腊梅初绽放,万紫千红迎春芳。值此溪洛渡水电站主体工程正式开工建设之际,国务院三峡办谨向你们致以热烈的祝贺! 并通过你们向全体建设者和库区移民群众致以崇高的敬礼!

(3)欣悉金沙江溪洛渡水电站已通过国家核准,正式开工建设,值此喜庆之际,我部特致电表示热烈祝贺!

(4)在国务院领导的亲切关怀、各部委的大力支持及各方面的共同努力下,金沙江溪洛渡水电站正式开工,中国水电工程顾问集团公司表示热烈祝贺!

(5)欣悉金沙江溪洛渡水电站开工典礼即将举行,我谨代表中国华电集团公司并以我个人——一名三峡建设者和一名水电工作者的名义向溪洛渡水电站的开工表示诚挚的祝贺!

第九节　慰问信、慰问电

一、名称解释

慰问信,是用来表示安慰、问候的函件。它一般用于上级对下级、同级或不相隶属之间、社会组织对公众、个人之间。内容有四种:一是对各条战线上作出突出贡献的集体或个人表示赞扬和鼓励;二是在重要传统节日或纪念日对特定的对象表示慰问;三是对蒙受巨大损失、面临巨大困难的集体或个人表示关切和激励;四是对死伤者家属表示同情和问候。

慰问电与慰问信的主体、客体、内容等基本相同,但以电报的形式拍发。

二、主要特征

(一)情感性

慰问的本身就是情感的流露,蕴含关切、同情、支持,显现社会组织之间、社会组织与公众之间、人与人之间的友爱和善,使对方感到慰藉。

（二）激励性

写慰问信、慰问电的目的在于激励对方。如取得成绩，要再接再厉，作出新的贡献；面临困难，要坚定信心，迎难而上；遇到不幸，要坚强起来，奋然前行。

三、内容、格式及写法

（一）标题

一般是单标题，有三种写法：一是作者＋对象＋文种，如《中华全国总工会致全国劳动模范的慰问信》；二是对象＋文种，如《致柯棣华大夫家属的慰问信》；三是文种，如《慰问电》。

（二）称谓

写明对方的机关、团体、单位名称或个人姓名。个人姓名之前可以加"敬爱的"、"亲爱的"等，之后可以加"同志"、"先生"等字样，以示尊重。

（三）正文

包括开头、主体和结尾。开头，大多写明缘由，比如所取得的成绩、所欢度的传统节日或纪念日、所遭到的困难或不幸，然后表示慰问，如"值此××××年新春佳节即将到来之际，×××向你们及亲属表示亲切的慰问，并致以崇高的敬意"。主体，或对其先进事迹和高尚风格表示赞扬，或对其克服困难的勇气表示敬佩，或对其不幸表示同情。结尾，表示对慰问对象的希望和鼓励，有的还写将要采取的支援行动。

正文的写法大多采用简述式。

（四）祝颂语

根据内容自定，如"祝节日快乐"；也可以写"此致　敬礼"。有的不设此项。

（五）具名

写明发函者或发电者的机关、团体、单位名称或个人姓名。

（六）日期

标明年月日。

（七）印章

以机关、团体、单位名义发出的慰问信，如需送达或张贴，要加盖印章。

四、范文评析

（1）

［原文］

2012新年慰问信

驻秦中国人民解放军、人民武装警察部队全体官兵，全市军队离退休干部、烈军属、残疾军人和转业复员退伍军人：

新年伊始，万象更新。在新的一年即将来临之际，中共秦皇岛市委、秦皇岛市人民政府谨代表全市人民，向你们致以新年的问候和良好的祝愿！

即将过去的一年，国内外环境极为复杂，各种挑战极为严峻，改革发展任务极为繁重。市委、市政府团结带领全市广大干部群众，牢牢把握科学发展这个主题和加快转变经济发展方式这条主线，全面实施"十二五"规划，深入推进旅游立市战略，团结一心、砥砺奋进，推动秦皇岛发展建设取得了新的进步。全市经济保持平稳较快发展势头，总体经济实力不断壮大，结构调整取得重要突破，城镇建设和统筹城乡一体化发展成效显著，社会建设和改善民生步伐明显加快，各项经济社会发展指标圆满完成，保持了社会和谐稳定，实现了"十二五"良好开局。

这些成绩的取得，是全市军民同心同德、团结奋斗的结果，与广大驻秦官兵的无私奉献、大力支持密不可分。一年来，驻秦解放军和武警官兵始终牢记全心全意为人民服务的宗旨，在圆满完成各项军事任务的同时，主动服务全市大局，积极参与地方建设，在抢险救灾、应急处突、扶贫帮困、双拥共建、维护治安、慈善捐助、环境治理等方面做了大量卓有成效的工作。特别是在扑救"4·12"山林火灾的战斗中，广大驻秦部队官兵视火情为命令，把火场当战场，冲锋在前，勇挑重担，为保卫国家和人民生命财产安全、夺取灭火最终胜利作出了重大贡献。广大军队离退休干部、烈军属、革命伤残军人和转业复员退伍军人始终保持革命本色，顾全大局、无私奉献，赢得了人民群众的充分肯定和赞誉。对此，我们表示衷心的感谢并致以崇高的敬意！

2012年是秦皇岛加快发展、加速转型的关键一年，适逢党的十八大召开和中国人民解放军成立85周年。站在新的历史起点上，我们要全面贯彻落实党的十七届六中全会、省第八次党代会和市第十一次党代会精神，紧紧抓住河北沿海地区发展上升为国家战略以及我市被赋予"四个国家级试点任务"的重要机遇，积极应对宏观经济形势的新变化，有效克服前进道路上的困难，坚定信心，稳中求进，大力实施旅游立市战略，加快结构调整，深化改革开放，注重生态环保，致力文化繁荣，保障和改善民生，扎实推进新一轮经济社会更好更快发展，努力争当河北科学发展排头兵和展示形象重要窗口，加快建设"宜居宜业宜游、富庶文明和谐"的滨海名城。

实现这一目标，需要全市军政军民发扬光荣传统，万众一心、共同奋斗，需要驻秦部队的大力支持配合。我们将一如既往地支持驻秦部队建设，深入开展双拥共建活动，努力帮助部队解决实际问题，在全社会营造关心支持国防和军队建设的浓厚氛围，不断巩固同呼吸、共命运、心连心的军政军民关系，不断提高我市双拥工作水平。希望广大驻秦官兵继续发扬优良传统，以优良的思想作风、坚定的意志品质和过硬的综合素质，积极投身于科学发展、富民强市的伟大实践，不断推动军地和谐发展和军民融合发展，为秦皇岛发展建设作出新的更大贡献，以优异成绩迎接党的十八大胜利召开。

　　祝同志们新年愉快，工作进步，生活幸福！

中共秦皇岛市委

秦皇岛市人民政府

2011 年 12 月 31 日

［简析］

　　这是秦皇岛市委、市政府致驻秦解放军、武警官兵及全市军队离退休干部、烈军属、残疾军人和转业复员退伍军人的新年慰问信。首先表示新年问候和良好祝愿，接着回顾过去一年所取得的成绩并鸣谢、致敬，继而提出新的一年工作目标及希望，最后以祝愿作结。全文层次清晰、语言准确。

（2）

［原文］

慰问电

淮安赴四川地震灾区执行救援任务的同志们：

　　你们辛苦了！

　　四川汶川地震发生后，你们受市委、市政府的重托，带着周总理家乡 534 万人民的深情厚谊，火速奔赴抗震救灾第一线，奋不顾身投入到抗震救灾的斗争中。在这段时间里，你们不怕牺牲，攻坚克难，昼夜兼程，风餐露宿，冒余震，踏泥泞，攀山崖，奔波于摇摇欲坠的废墟之上，辗转于险象环生的震区之间，以自己的实际行动，谱写爱的赞歌，为抗震救灾作出重要贡献，使灾区群众看到了希望，感到了温暖，坚定了信心，增添了力量。你们从废墟中成功营救出 1 名被困 117 个小时的幸存者，转送救助伤员 100 多名，并与我省急救队一起救出了 3 名被困 120 多小时的群众……家乡人民为你们的英雄壮举感到骄傲和自豪。在此，市委、市政府和家乡人民向你们表示衷心的感谢，并致以亲切的慰问和崇高的敬意！

　　家乡人民在为灾区踊跃捐款、捐物、献血、献爱心的同时，无时无刻不在牵挂着你们。希望你们继续发扬一方有难、八方支援的精神和艰苦奋斗、连续作战的作风，听从指挥，迎难而上，急灾区人民群众之所急，帮灾区人民群众之所需，克服一切艰难险阻，抢救被困群众，救助受伤人员，尽最大努力完成抗震救灾的神圣使命，不辜负党和人民的殷切期望,不辜负家乡人民的殷殷重托,为夺取抗震救灾的全面胜利再立新功。同时,希望你们注意安全,保重身体,早日凯旋!

中共淮安市委

淮安市人民政府

2008 年 5 月 18 日

［简析］

这是淮安市委、市政府联名发给淮安赴四川地震灾区救援者的慰问电。第一段,道一声"你们辛苦了",起笔感人;第二段,以精练的语言描摹其救援的壮举并表示感谢、慰问和敬意;第三段,说明家乡人民对救援者的牵挂,提出希望,盼其早日凯旋。全文最大的特点是情真意切、打动人心。

五、病文会诊

在慰问信、慰问电写作中经常出现缺乏针对性、结构项目残缺、口号化、语病多等问题。

(1)

［原文］

致全省交通系统教师慰问信①

全省交通系统的教师、教育工作者:

值第二十四个教师节来临之际,谨向辛勤工作在全省交通教育与培训工作岗位上的教师、教育工作者表示亲切的慰问和致以节日的祝贺②!并向所有关心支持我省交通教育与培训事业发展的单位(部门)和同志们表示诚挚的感谢!

长期以来,我省交通系统广大教职员工在各级交通部门的领导下,勇于探索,敢于创新,通过不懈努力,不断调整办学规模和结构,优化交通教育与培训资源配置,已逐步形成了具有鲜明行业特色的教育与培训办学体系③,为我省交通事业培养了一批又一批的专门人才、技术骨干和合格的劳动者,为我省交通事业发展提供了强有力的人才保证和技术支持。交通现代化发展离不开广大教职员工的无私奉献和默默耕耘,你们用辛勤的汗水和聪明的智慧④,为交通事业谱写了光辉的篇章。借此,向你们表示衷心的感谢!

同志们:当前,我省交通事业正处于发展史上的一个重要阶段和关键时期,也是推进交通科学发展的重要战略机遇期⑤。我们要按照省委、省政府"建设大交通、促进大发展"的战略部署,深入贯彻落实科学发展观,要进一步增强紧迫感和责任感,切实担负起技能型人才培养的重任,加快高级管理人才和高学历、高技能人才的培养步伐,培养大批数量充足,结构合理,素质优良的技能人才,提高交通职工队伍的综合素质。继续解放思想,坚持科学发展、和谐发展、求真务实,不断更新教育与培训新理念和专业知识、业务技能,才能适应交通可持续发展的新需求,才能适应发展综合运输体系的新趋势,实现又好又快的发展⑥。

希望全省交通系统广大教师、教育与培训工作者不负重托,奋发图强,锐意创新,扎实工作,为实现我省交通跨越式发展作出新的贡献!

祝老师们、同志们节日快乐,身体健康、家庭幸福⑦!

××省交通厅

二〇〇八年九月⑧

[评析]

①标题应当在文种"慰问信"前加助词"的",组成完整的偏正结构。

②"值……之际"不合习惯,可以改为"值此……之际"。"表示亲切的慰问和致以节日的祝贺",删去"致以"。

③"已逐步形成了"中的"已"、"了"都表示已经完成,删去其中一个。

④"默默耕耘"是无私奉献的表现,删去"和默默耕耘"。聪明是智慧的基础,智慧是聪明而又探索并有所收获的结果,因此不能用"聪明"修饰"智慧",可以删去"辛勤的"、"聪明的"和后一个逗号。

⑤"重要阶段和关键时期"累赘,"重要战略机遇期"词语搭配不当,而且"重要"一词重复。可以改为"当前,我省交通事业正处于发展史上的一个关键时期,也是推进交通科学发展的一个重要机遇"。

⑥将"培养大批数量充足,结构合理,素质优良的技能人才"中间的两个逗号改为顿号。在"继续解放思想"之前加"要"。"和谐发展"是"科学发展"的一部分,可以将"坚持科学发展、和谐发展"改为"贯彻落实科学发展观"。"更新"与"技能"搭配不当,要在"业务技能"之前加动词"提高"。前面没有"只有"的字样,后面用两个"才能"显得不顺畅,"发展综合运输体系"动宾搭配不当,可以把"才能适应交通可持续发展的新需求,才能适应发展综合运输体系的新趋势"改为"以适应交通可持续发展的新需求和构建综合运输体系的新趋势"。

⑦全文称谓不一致。先后有"教师、教育工作者"、"教职员工"、"同志们"、"教师、教育与培训工作者"多种说法,应当统一口径。

⑧只写年月不庄重,要写明具体的日期。

(2)

[原文]

慰 问 电

××××投资开发有限公司:

得知××县××镇24日6:37分发生里氏4.7级地震①,但××现场施工区和生活区尚未发现损坏现象。你公司周××总经理带队迅速赶赴××施工现场和生活区并对灾后工作进行了安排布置②。集团公司对于你公司采取的迅速、果断措施,给予充分肯定,对你公司的干部职工表示诚挚的慰问③。

为做好抗震救灾工作和保证××工程项目的正常推进④,希望你公司做好以下几项工作:

一、继续密切关注震情的发展,与当地政府、地震预报等部门保持密切联系。

二、在保证安全的情况下,尽全力按计划施工;同时要切实关心、保障职工生活⑤,防范可能发生的余震。

三、及时向集团公司报告情况变化和需要协调的事项等⑥。

集团公司心系地震现场,希望你公司广大干部职工齐心协力,战胜地震灾害,保证正常的生产、生活⑦。

中国××集团公司(章)⑧

××××年×月××日

[评析]

①最好将"得知"改为书面语"获悉"。

②"安排"、"布置"是近义词,不能连用。

③将"对于你公司采取的迅速、果断措施,给予充分肯定"改为"对你公司所采取的迅速果断措施给予充分肯定",在"对你公司的干部职工表示诚挚的慰问"之前加"并"。

④将"和"改为逗号。

⑤"切实"一般不用来修饰"关心"、"保障",可以将"同时要切实关心、保障职工生活"改为"要关心职工生活"。

⑥删去"等"。

⑦将"生产、生活"改为"生产和生活"。

⑧慰问电不加盖印章。

六、特别提示

(一)感情真挚

要发自肺腑,真切自然,让对方感受到组织上的亲切关怀和同志之间的深情厚谊。

(二)基调高亢

要以激励和鼓舞为主,令人奋发向上。即使面对巨大的困难和不幸,也不要写得悲悲切切,而是振作起来,顽强拼搏。

(三)表达简明

要根据特定的语境选择材料、锤炼语句,力求事精语约,切忌写得芜杂啰唆。

七、写作训练

请认真阅读下面资料,以××××集团的名义写一封慰问信,日期自定。

××××年×月×日×时××分,××省××市××县××××集团××煤矿,井下 3210 回风槽掘进工作面进行巷道维护时,发生冒顶事故,造成 3 人死亡。

第十节　唁函、唁电

一、名称解释

唁函,是对死者表示哀悼、对死者家属及死者生前所在单位表示慰问的函件。

唁电,与唁函的内容相同,以电报的形式拍发,大多简短。

机关、团体、单位发的唁函、唁电,显得正式而庄重;个人发的唁函、唁电多用于远在外地或其他原因不能亲往吊唁,特以函电的形式致意。

二、主要特征

(一)致哀性

通过唁函、唁电,对死者的逝世表示沉痛的哀悼,并对死者的品德、业绩、情感等作出恰当的评价。

(二)慰问性

"唁"的本义是对遭遇丧失者表示慰问,唁函、唁电便是对死者家属及死者生前所在单位表示亲切慰问的主要方式之一,望其节哀顺变。

三、内容、格式及写法

(一)标题

一般是单标题,多数只写文种,如《唁函》、《唁电》。有时不拟标题。

(二)称谓

写明收函者或收电者的名称或姓名。有三种情况:一是死者治丧委员会、治丧办公室;二是死者家属;三是死者生前所在单位。对死者家属,应当写其姓名,并加"先生"、"夫人"、"同志"等称呼。

(三)正文

包括开头、主体和结尾。开头直抒惊悉噩耗的悲痛心情。主体简述死者生前的美德、功绩、恩情，表达对死者的哀悼之情。结尾表达化悲痛为力量的决心，对死者家属表示诚挚的问候并望其节哀，有时还提及死者生前所在单位。如有必要，说明是否前往参加遗体告别或代送花圈等事宜。结语，一般写"×××千古"、"×××永垂不朽"；也可以根据情况自拟，例如，山东大学东方考古研究中心、山东大学历史文化学院考古系就著名考古学家邹衡逝世发的唁函以"一代大师，溘然长逝，精神永在，风范长存"作结。此外，有的唁电结语是"肃此电达"。

正文的写法大多采用简述式。

（四）具名

写明发函者或发电者的机关、团体、单位名称或个人姓名。

（五）日期

标明年月日。

四、范文评析

（1）

[原文]

惊悉中国人民政治协商会议全国委员会常务委员、中央文史馆馆长、国家文物鉴定委员会主任委员、中国书法家协会名誉主席、北京师范大学中文系教授、博士研究生导师启功先生不幸辞世噩耗，不胜哀悼！

启功先生专门从事中国文学史、中国美术史、中国历代散文、历代诗选和唐宋词等课程的教学与研究。他执教六十余年，在中国古典文学教学与研究等方面取得了突出成绩，为国家培育了一大批古典文学的教学与研究人才。

作为中国当代著名的书画家，先生的旧体诗词亦享誉国内外诗坛，有诗、书、画"三绝"之称。自 20 世纪 80 年代初，他的书画专集、诗词专集陆续出版，受到广大读者的欢迎与好评。近几年，又先后赴日本、新加坡、韩国和香港、澳门举办书画展，取得很大成功，为国际文化交流作出了贡献。

先生还是文物鉴赏家和鉴定家，尤为专精古代书画和碑帖的鉴定，独具慧眼，识见非凡。他曾受文化部和国家文物局的委托，主持对收藏在全国各大城市博物馆的国家级古书画珍品进行全面鉴定和甄别，为国家整理、保存了大量古文物精品。

先生之教，泽被四方；学问人品，沾溉学林；等身鸿文，永垂后世！先生的不幸辞世，是我国学术界的重大损失！敬致哀悼，并向先生家属表示慰问。

故宫博物院
2005 年 6 月 30 日

［简析］

这是故宫博物院致启功先生治丧办公室的唁函,称谓已写在信封上,所以信笺中省略这一项目。全文分五段。第一段,表达哀悼之情;第二、三、四段,分述启功先生在中国古典文学、书画、文物鉴赏和鉴定方面的功绩;第五段,作总体评价"先生之教,泽被四方;学问人品,沾溉学林;等身鸿文,永垂后世",再次哀悼并慰问其家属。全文先后有序、语约意明。

(2)

［原文］

唁　电

王选院士治丧办公室并北京大学:

惊悉王选院士不幸逝世,我谨代表中国工程院并以我个人的名义向你们并通过你们向王选院士的家属表示深切的哀悼和诚挚的问候。

王选院士是我国著名的计算机专家,长期工作在科研、教育第一线,毕生致力于文字、图形、图像的计算机处理研究,在计算机汉字激光照排系统研究领域作出了卓越贡献,推动我国报业和出版业实现了跨越式发展,创造了巨大的经济和社会效益。王选院士以百折不回的科学精神和卓然不凡的辉煌成就,受到国内外学术界的尊重,为祖国赢得了荣誉,为人类文明和进步作出了贡献。他的逝世是我国工程科技界和中国工程院的重大损失。

王选院士永垂不朽!

全国政协副主席、中国工程院院长　徐匡迪
二○○六年二月十三日

［简析］

这是全国政协副主席、中国工程院院长徐匡迪就著名科学家王选院士逝世发的唁电。起笔表示哀悼和问候,接着高度评价王选院士的卓越贡献以及他的逝世所带来的重大损失,最后以"王选院士永垂不朽"作结。文章结构完整、语言精练。

五、病文会诊

在唁函、唁电写作中经常出现剪裁不当、评价欠妥、语病较多等问题。

(1)

［原文］

××先生治丧委员会:

悉闻×××先生逝世①,我们感到十分悲痛!×先生长期致力于××史的研究和教学,硕果累累,成就斐然。×先生的逝世是史学界的一大损失,我谨代表×××

×大学××系及我本人对×先生的不幸逝世表示沉痛的哀悼,并对其家属表示深切慰问②。

　　此致

敬礼③

　　　　　　　　　　　　　　　　　　　　　　　　　　×××

　　　　　　　　　　　　　　　　　　　　　　　××××年×月×日

　　[评析]

①唁函起始语常用"惊悉","悉闻"语体色彩不强。

②连用"表示"用词缺少变化,最好将前一个"表示"改为"致以"。

③唁函一般不用祝颂语"此致 敬礼"。

（2）

[原文]

唁　电

省文联、作协①:

　　××同志因病去世,我们的心情无比沉痛。谨向××同志表示深切的哀悼②。

　　××同志在世时,为我省的文学艺术事业作出了巨大的贡献③。他的逝世,无疑是我省文学艺术界的一大损失。

　　我们愿化悲痛为力量,将我省的文学艺术事业推向新的辉煌④。

　　××同志千古⑤。

　　　　　　　　　　　　　　　　　　　　　　　　　　××市文联

　　　　　　　　　　　　　　　　　　　　　　　2004 年 2 月 18 日

　　[评析]

①"作协"前加"省",这里的主语不能承前省略。

②仅哀悼死者是不够的,还应慰问生者,可以加上"并向其家属表示诚挚的慰问"。

③此句空泛,应当选择典型事例说明其功绩。

④此段最好并入上段。

⑤这是感叹句,后面要加叹号,不能用句号。

六、特别提示

（一）注意感情色彩

唁函、唁电通篇浸透着悲痛悼念之情,要写得深沉、庄重,不可油腔滑调。

（二）力求表达恰当、简朴

唁函、唁电要概括叙写死者生前的有关情况，并作出恰如其分的评价；语言要精练、朴实，不能滥用修饰性词语。

七、写作训练

2005 年 12 月 24 日，海峡两岸关系协会会长汪道涵在上海逝世。下面是选自中国台湾网的几封唁电，请认真阅读，据此写一篇谈唁电特点的短文。

（1）惊悉道涵先生逝世，令人痛悼！道涵先生长期致力两岸关系，以温和理性创意之风格，扮演关键角色，对增进和平交流，贡献卓著。敬请先生亲属节哀顺变。——中国国民党主席马英九

（2）遽闻道涵先生仙逝，至感哀悼！道涵先生致力两岸关系，德高望重，所作努力和贡献，永为各方景仰，足令两岸人民永远怀念！谨向先生亲属诚挚慰问。——中国国民党荣誉主席连战

（3）惊闻汪老先生于今晨辞世，不胜悼念，特电敬致哀忱。对汪老先生长期沟通两岸事务之付出和贡献，深表敬佩与肯定。今年五月间，个人及亲民党大陆访问团成员代表一行蒙汪老先生拨冗于上海会面，先生之精辟见解及对两岸和平之企盼，令人景仰。遽遭大故，伤痛逾恒，尚祈节哀珍重。特电专唁，敬颂礼安。——亲民党主席宋楚瑜

（4）惊闻汪道涵先生辞世，慕明率新党同志同申哀悼；九二会谈，虽成绝响，两岸新局，已然展开。先生之行，开两岸和平大门；先生之德，受全球华人景仰。哲人其萎，民族同悲；风木萧萧，典型长存！——新党主席郁慕明

建议：

1. 综论或从某一方面论述均可。

2. 以 150～200 字为宜。

第三章　启　事

第一节　启事概说

一、名词解释

启，含有叙说、陈述之意；事，即事情。启事的含义有三种：一是陈述事情，多用于下对上；二是陈述事情的奏章、函件；三是公开陈述某事的文字。本书所称的启事是指第三个含义。凡是机关、团体、单位或个人，用简洁的文字向公众陈述某事，使之知晓或协助办理，就是启事。

二、沿革

在我国，启事有悠久的历史。《晋书·山涛传》载："涛所奏甄拔人物，各为题目，时称山公启事。"后来用"山公启事"比喻公开选拔人才。李商隐在《赠宇文中丞》中诗云："人间只有稽延祖，最望山公启事来。"南朝梁人庾肩吾《谢武陵王赉绢启》云："有谢笔端，无辞陈报，不任下情，谨奉启事谢闻。"可见，早在魏晋南北朝时启事就已成为独立的文种为人们所用。多年来，启事这一文体得到不断发展。清人郑板桥写有"大幅六两，中幅四两，小幅二两，条幅对联一两，扇子斗方五钱"的润格启事，说明文人写字作画的报酬标准。1915年，在湖南第一师范读书的毛泽东，为了多结交志同道合的有志青年，共同探讨救国救民之道，用蜡板油印了一份二三百字的《征友启事》。在启事中，有引自《诗经》"嘤其鸣矣，求其友声"的诗句，落款是"二十八画生"，通信处是"第一师范附属学校陈章甫（注：即陈昌，当时任附小教员）转交"。现今，启事广泛应用于人们的日常工作和生活中，简便而灵活。

三、主要特征

（一）启事不同于公告

公告属于公文，而启事属于礼仪文书；公告一般是各级人民政府或政府各职能部门、有关法定公告发布部门、新闻媒体受权使用，而启事并无特定的作者；公告面向国内外广而告知,而启事多在社会的一定范围内公布;公告宣布重要或法定事项,而启事说明需要周知或请其协助的一般事项。

（二）启事不同于广告文案

广告文案的目的是说服受众采取购买商品、接受服务或理念的行动,而启事是让人知道或协助办理;广告文案的内容是商品、服务、理念,而启事是日常工作、生活中的事项;广告文案充分利用语言艺术手段以产生很强的感染力,而启事大多平白叙写且带有告知性。

（三）启事不同于海报

海报主要报道影讯、展览、演出、体育及其他比赛、报告会、讲座等信息,而启事是寻觅、征招、告知事项;海报往往贴在公共场所的醒目之处并配以绘画图案,而启事除了招贴外还通过报纸、杂志、网络等媒体进行宣传,很少加装饰。

四、种类

（一）按性质分类

有公务启事和私务启事。前者用于处理公务;后者用于处理个人事务。

（二）按内容分类

有寻觅、征招、告知三种类型。其中,寻找类启事有寻人启事、寻物启事等;征招类启事有招领启事、征集启事、征订启事、征稿启事、征婚启事、招聘启事、招工启事、招生启事、招标启事、募捐启事;告知类启事有遗失启事(遗失声明)、更名启事、更期启事、更正启事、迁移启事、设立启事、停办启事、鸣谢启事、道歉启事、庆典启事、丧祭启事等。

（三）按媒体分类

有报纸、杂志、广播、电视、网络、招贴等多种启事。

五、作用

（一）沟通作用

启事是一种公开的宣传,它使用多种笔法、通过多个渠道对有关情况加以说明,让公众知晓,因而有明显的沟通作用。

（二）协助作用

有些启事旨在求得人们的关心与协助。比如,寻物启事是希望别人反馈相关信息,帮助找回失物;征订启事是为调动订户的兴趣,以扩大出版物的销路。

六、格式

（一）标题

启事的标题有单标题和双标题。

1. 单标题

一是公文式。单位＋事由＋文种,如《鑫源商贸公司招聘启事》；单位＋文种,如《红山电器公司启事》；事由＋文种,如《招聘启事》；事由,如《择友》；文种,如《启事》。

二是报道式。如《〈公关语言艺术〉即将出版》、《十大孝慈故事（人物）大型公益活动向海内外广泛征集》。

三是其他写法。如《敬告读者》。

此外,有的启事标题加修饰或限制性词语,如《重要更正》、《紧急启事》。

2. 双标题

由引题＋正题或正题＋副题组成。引题点明意义或渲染气氛,正题交代主旨或基本事实,副题则作必要的补充。如《流溪腾细浪　桃李播芬芳　广州市第六十五中学六十周年校庆启事》就是由引题和正题组成。

（二）编号

启事大多不编号,连续发布同一主旨的启事需要统一编号。如有编号,写在标题的正下方。

（三）正文

1. 开头

一般写明目的、根据。目的,即启事的预期结果,常用“为”、“为了”等领起；根据,即依据什么写启事,常用“因”、“由于”、“根据”等领起。

2. 主体

写启事的具体事项,写法酌情而定。例如,遗失启事需写明遗失物品的名称、特征、时间、地点等。

3. 结尾

写法多样。或提出希望,如招领启事“请失主前来认领”；或表达心意,如寻人启事、寻物启事“谨致谢意”、“定有酬谢”；或交代结论,如遗失启事“声明作废”。

正文之后有时写结语,如“此启”、“特此启事”。

（四）具名

写在正文的右下方,标明启事者的机关、团体、单位名称或个人姓名。如有必要,还写电话号码、电子邮箱等。有时在具名后加“启”、“敬启”、“谨启”的字样。

（五）日期

置于具名的下方，标明年月日。

（六）印章

在公共场所张贴的机关、团体、单位发布的启事，一般要加盖印章，以示负责。

（七）附件

其他有关参考性的材料，如寻人启事中被寻人的照片。

七、写法

（一）标语式

采用对偶、排比等词语组合方式，言简意明、语势强烈。如《〈新华文摘〉杂志征订启事》"天下文章可圈可点　新华文摘可收可藏"。

（二）简述式

用一段或多段文字概述有关事项，一气呵成。如"因业务需要，聘请×××律师事务所××律师为本公司常年法律顾问，今后有关本公司的法律事务均委托法律顾问办理"。

（三）条陈式

如果内容较多，可以分条列项，逐一交代。如《"桃园春色"诗歌征稿启事》将征文的名称、时间、要求、评奖工作、授奖办法分列五条说明。

（四）文艺式

有散文、诗歌、小品、相声等多种形式，根据写作需要而定。

（五）图表式

例如招生启事中的专业、人数一览表，迁址启事中的交通路线图等。

上述几种写法可以穿插运用，但在一则启事中应有所侧重。

八、基本要求

（一）一事一启

启事的内容具有单一性，一则启事只能陈述一件事，这样事项集中、主旨鲜明，若数事并陈势必造成事项芜杂，冲淡主旨。写启事首先要把好这一关。

（二）内容明确

启事是一种公开的宣传，应当载明有关事项，让人一看便知。比如招生启事要写清招生的目的、专业、人数、对象、条件、方法和报名的时间、地点、手续、费用以及考试等事宜。

（三）语言精练

启事大多篇幅短小，要用简约的语言来叙述有关事项，以节省时间、提高效率。因此，要精心锤炼语言，删繁就简，做到文约事丰。

（四）笔法多样

总的看来，启事的写作比较灵活。可以用说明、叙述、描写、抒情、议论等多种表达方式，用比喻、联想、渲染、衬托、点睛等各种技法，以收到最佳效果。例如"思想的火花往往会在不经意间归于寂灭。秉烛夜读，浮想联翩；三五对谈，妙语连珠。此等经历，美则美矣，然时过境迁，检视囊中，一无所得，这样的情形，实在让人惋惜。拿起笔，写下你那一刹那间的灵感和思绪，捡拾起那些也许无法复制的思维碎片"，这则随笔征文启事采用随笔的笔法，凝练而深邃。当然，要服从内容表达的需要，不能片面地追求艺术化。

九、特别提示

（一）不能把启事写成启示

在写作中时常出现"××启示"的情形。"启事"与"启示"音同而义异。启事属于文体名称之一，"启"是陈述，"事"是事情，启事特指公开陈述某事的短文；而启示中的"启"表示开导，"示"表示指出使人知道，启示则是通过启发提示使有所领悟的意思。因此，切勿将启事误写为启示。

（二）不能把启事写成告示

告示是旧时的应用文，一是指官府的布告，二是指标语。如今告示已被公告、通告、标语等取代。时下在商店门前、建筑工地等处也能见到"××告示"，其实所述的营业时间、搬迁、施工等内容多是启事的事项。

（三）不能把启事易为其他文体或文种

目前将启事写成公告、通告、通知、广告等现象较多。要依照有关规定，尊重沿用多年的通说，并辨析启事与其他相近文体或文种的异同，正确地使用启事。

十、写作训练

请仔细阅读下面的背景材料和范文，换个角度或者试用其他笔法重写寻人启事。

背景资料：

1991年，中央电视台、日本东京广播公司联合摄制纪录片《望长城》。该片采取主持人串联的形式，采访孔雀河上游罗布人克热米、甘肃山丹军马场董忠厚、山西省朔州安太堡矿女司机张腊梅、彭加木夫人夏淑芳等多人，不仅考察长城的修建和变迁,而且反映长城遗址人民的生活状况。该片被誉为"中国纪录片发展的里程碑",其纪实风格对以后的电视片影响巨大。

以下是中央电视台的一则启事:

寻人启事

十六年前,一部《望长城》横空出世,改变了中国纪录片的发展命运。十六年后,我们重回长城,为的是找寻当年的你和我,还有那份沉寂已久的感情。

万里长城万里长　长城两边是故乡

千年干戈化玉帛　烽烟散尽说沧桑

你是否还记得这些词句?也许你是《望长城》中的主角,也许你曾生活在长城脚下,也许你的生活曾因《望长城》而改变。如果你是,请与我们联系,让我们坐在一起,聊聊这十六年中发生的故事。

E-mail 地址:cctvjilu@126.com

附件:《望长城》中被采访者照片

第二节　征集启事

一、名称解释

征集启事,是一种面向社会或在单位内部征求稿件、史料、文物、商标、标识、歌曲、招贴画、主题口号等的文书。举办征集活动,有的专门配合某项专题性宣传,比如上海世博会发了多则启事,面向全球征集会徽、吉祥物、主题曲、宣传口号等;有的则为推进某项工作,各级档案馆(室)征集档案启事即是。

二、主要特征

(一)征求性

在日常工作、生活中,许多事项需要在单位内外征求,以得到公众的支持与帮助。征集启事便是主要载体之一,用来广泛传递征求信息。

(二)集萃性

通过征集启事,获得大量所需的资料。这些资料集中众人智慧,荟萃宝物佳作,不仅有很强的适用性,还有一定的保存价值。

三、内容、格式及写法

(一)标题

有单标题和双标题两种。

单标题有四种写法:一是单位＋事由＋文种,如《国家税务总局办公厅关于征集第十二个全国税收宣传月主题、宣传标语、招贴画的启事》;二是单位＋事由,如《中国行政管理学会管理文化委员会面向全国征集经济、文化教育类论文》;三是事由＋文种,如《关于征集"东方邮都"徽记的启事》;四是只写事由,如《稿约》。

双标题有两种写法:一是引题＋正题,如《丰富 实用 科学 规范 征订〈中国现代应用写作大辞典(修订本)〉》;二是正题＋副题,如《兑现梦想:铸造你人生的辉煌 女友杂志社第四届有奖大赛》。

(二)正文

包括开头、主体和结尾。开头交代征集的背景、目的、意义。主体写征集事项,比如主旨、范围、体裁及其他载体、基本要求、起止日期(有的只写截止日期)、奖项及评选办法、投寄方式、联系办法等。结尾补充说明及期盼语,前者如涉及征集者及应征者的权利或义务事宜的声明,后者如"请踊跃参与"等。

正文的写法大多采用条陈式,有时用文艺式。

(三)具名

写明征集者的全称或规范化简称。

(四)日期

标明年月日。

(五)印章

以机关、团体、单位名义下发或张贴的征集启事,大多加盖征集者的印章。

四、范文评析

[原文]

征集启事

巴黎是"时尚之都",香港是"动感之都",您心中的宁波又具有怎样的城市特质?

为准确、鲜明地提炼宁波城市品牌,全面提升宁波城市形象,宁波市人民政府新闻办公室、宁波市旅游局、宁波市文化广电新闻出版局、宁波日报报业集团、宁波广播电视集团特向海内外公开征集宁波城市形象主题口号。

我们热切期盼您的参与,等待您的金点子。

一、关于我们的城市

宁波简称"甬",古时称"明州"。公元 821 年,明州州治迁至现在市区的三江口,标志着宁波建城开始。1381 年,取"海定则波宁"之意,改称宁波,沿用至今。

这是一座江海交融的大港之城。自古以来,宁波就是我国对外贸易的重要口岸。而今的宁波港,货物吞吐量居中国内地港口第二、全球第四,集装箱吞吐量居中国大陆第四、全球第八,宁波因此成为中国东南沿海重要的国际港口城市。与此同时,世界最长的杭州湾跨海大桥将宁波与上海紧紧相连,不仅彻底改变了宁波的对外交通格局,而且为宁波实施港桥海联动战略奠定了坚实的基础。

这是一座充满活力的商贸之城。宁波人素以善于经商和诚信经营闻名于世,孙中山先生曾有"无宁不成市"的赞誉。近代以来,从这里走出了"世界船王"包玉刚等一大批工商巨子和国际名流,形成了享誉海内外的宁波商帮。作为中国大陆首批沿海对外开放城市、计划单列城市和副省级城市,宁波经济呈现着高度国际化、民营化和市场化的特点,成为长三角南翼的经济中心和中国东部沿海最具发展活力的城市之一。2008 年,全市实现生产总值 3964 亿元人民币,人均 GDP 超过 10000 美元。

这是一座底蕴深厚的文化之城。早在 7000 年前,宁波先民就创造了古老而灿烂的河姆渡文化。她是浙东学术文化的发源地,涌现出王阳明、黄宗羲、沙孟海、陈逸飞、潘天寿、余秋雨、冯骥才等一批文化名人和谈家桢、童第周、路甬祥等著名科学家。宁波籍两院院士已逾 90 位。作为中国历史文化名城的宁波拥有全国重点文物保护单位 22 处,天一阁、天童寺、溪口国家级旅游区、东钱湖旅游度假区等一批名胜古迹,吸引了众多国内外游客。

这是一座宜居宜业的和美之城。宁波气候宜人,民风淳朴,生态环境优美,社会治安良好,人民生活殷实,连续两次荣膺全国文明城市和中国最具幸福感城市。"一座活力四射的现代商都,一个爱心洋溢的文明城市,博纳兼容,充满活力,创业创新的理想之地,安居乐业的美丽家园。感受幸福,宁波:开放、共富、平安、和谐。"这是首届中国最具幸福感城市评选委员会对宁波的颁奖辞。

面向未来的宁波,将深入贯彻落实科学发展观和省委"两创"总战略,继续扎实推进城乡、产业、港桥海、内外、生产生活生态和经济社会发展"六大联动",着力提升城乡和区域协调发展水平,着力提升产业综合竞争力,着力提升港口大桥带动功能,着力提升城市国际化程度,着力提升可持续发展能力,着力提升人民群众生活品质,把现代化国际港口城市建设全面推向新阶段。

二、关于应征作品的要求和标准

(一)具有唯一性和原创性。应征作品须紧扣宁波城市发展定位和特质,能反映宁波城市的整体特色和优势,并体现宁波城市的独特性、差异性,成为宁波的理念识别。同时,应征作品应为最新原创、未发表过的作品。

(二)具有通俗性和传播性。应征作品须文字精练、简明易记、琅琅上口,适合各类媒体传播推广。字数不超过14字。

(三)应征者对应征作品要作尽可能详细的说明和阐述。

三、关于投稿方式

方式一:来信请寄浙江省宁波市灵桥路768号宁波日报报业集团东南商报社。邮编:315000,信封正面请注明"宁波城市形象主题口号征集"字样;

方式二:邮件请发送至dnsb@cnnb.com.cn(在主题上注明"宁波城市形象主题口号征集");

方式三:短信:移动用户可发送至106580007850,联通和电信用户可发送至106283338866,每条收费0.1元;

方式四:登陆中国宁波网投稿页面(nbztc.cnnb.com.cn)进行网上投稿。

活动咨询电话:0574—87270000。

任何一种形式参与,请您务必留下姓名、身份证号码和联系电话。

四、关于截止时间

自媒体公布之日起至5月5日(来信时间以邮戳为准)。

五、关于评选办法

征集的作品,将由主办方邀请有关专家筛选30条作品在中国宁波网及各子站、东方热线、宁波旅游网、宁波文化网进行网上投票和公众信函、手机短信投票,并对作品进行评审。

六、关于奖励办法

入选奖1名,奖励人民币2万元;

提名奖3名,奖励人民币5000元;

入围奖6名,奖励人民币2000元。

七、相关声明

因邮寄延误、丢失、误寄等非主办方的原因造成应征作品丢失的,主办方不承担任何责任。作品如有雷同,以先发送者优先。

主办方有权对入选作品进行修改并拥有入选作品的全部版权。

奖金个人所得税由获奖者自理。

宁波市人民政府新闻办公室

宁波市旅游局

宁波市文化广电新闻出版局

宁波日报报业集团

宁波广播电视集团

2009 年 4 月 16 日

〔简析〕

这是登在 CCTV 网、中国征集网、宁波网等媒体上的一则征集启事。前言先提及巴黎、香港两个现代化都市，并用设问引起公众对宁波城市特质的思考；继而交代征集的目的、举办者、范围、主题；接着表达期盼得到"金点子"的热望。起笔不俗，易于激发广大读者的兴趣。主体包括城市简介、征集事项、声明三个部分，用序数＋小标题的方式分列七点逐一说明。关于城市，谈城市名称的沿革以突出其悠久的历史，写大港之城、商贸之城、文化之城、和美之城以彰显其特质，描绘远景以提升城市品位；关于征集，对应征作品提出唯一性、原创性、通俗性、传播性的要求十分恰当，四种投稿方式、咨询电话、截止时间、评选办法、三种奖项及奖金均交代明确；关于声明，对因邮寄原因造成应征作品丢失的责任、雷同作品的处理、入选作品的修改及版权、奖金个人所得税的交代都很有必要。该文主旨鲜明、事项具体、层次清晰、语言准确，是一篇征集启事佳作。

五、病文会诊

在征集启事写作中经常出现滥用公告或通知、内容欠具体、结构项目残缺、词句失当等问题。

〔原文〕

关于征集××地域文化史料的公告①

为了深入挖掘××的文化底蕴，提升××的文化品位，系统研究以移民文化与当地文化相融合的××地域特色文化②，现需向全县征集以下文化史料：

一、重要村镇的由来、变迁与发展；

二、较大氏族的宗源、家祠、族谱、习俗及繁衍发展与分布；

三、历史上有重要影响的名人及其事迹；

四、移民早期居住的石洞及使用的生活用具、生产工具；

五、重要的山寨、关隘、寺庙、学堂、街市、栈庄、古道；

六、民间音乐、戏剧、农谚、民谣、孝歌、渔鼓、诗词、字画、碑文；

七、其他能够反映地方文化特色的文物史料③。

敬请社会各界有识之士踊跃参与此项活动,积极提供上述各类文物史料或线索,具体事宜请与当地乡镇征集工作组(乡镇党委副书记任组长)联系,也可向县政协学习文史委员会咨询联系,电话:×××××××④。

政协××县委员会

2008 年 4 月 28 日

〔评析〕

①标题误用文种。征集史料一般用启事,不能用公告,应将"公告"改为"启事"。

②"以……的……"搭配不当,最好用"以……为……"结构,可以改为"以移民文化与当地文化相融合为特色的××地域文化"。

③只列七条概述显得笼统,应当分别说明征集的范围、内容、载体等。

④只写县政协的电话号码是不够的。既然已成立乡镇征集工作组,就应当告知各自的联系电话,给公众提供方便。另外,还要补充此项活动的截止日期。

六、特别提示

(一)突出时代感

征集启事往往应时而作,因此要站在时代的高度分析问题,围绕当前的中心工作确定主旨,这样文章才能透出强烈的时代气息。

(二)力求个性化

每项征集活动都有各自的目的与内容,写征集启事要针对特定的需要对主旨、范围、内容、载体等提出具体要求,不能笼统、宽泛。

七、写作训练

请阅读下文,借鉴其笔法写一则征稿启事。

"100 个人与南京建筑的故事"征稿启事

建筑,是凝固的音乐,是历史的底片。

每一幢建筑,都承载着独特的人文价值和情感记忆。我们深信,不惟楼台亭阁刻录了时代变迁的脚印和足迹,寻常巷陌也同样深藏着生活的温馨和忧伤。

赋予静止的建筑以生命,赋予尘封的记忆以思想,这样的篇章在中国文学史上俯拾皆是。归有光的《项脊轩志》平实感人,戴望舒的《雨巷》凄婉哀伤,陈白露的《初游燕子矶》则令人回味绵长。

作为世界级历史文化名城,南京既是两千多年历史风云的见证者,也是我们工作、学习和生活的处所。这里的一砖一瓦、一草一木,也许都有一段鲜为人知的经历和故事——

它,或许就曾目睹过我们蹒跚学步,见证过我们的激情岁月、生活波折、事业辉煌。

从 5 月 10 起,本报与南京市委宣传部、市文明办联合推出《100 个人与南京建筑的故事》专栏,欢迎赐稿。

来稿要求以个人与南京某一建筑的关系为切入点,细腻摹写自己与南京建筑的故事和体验。来稿要求文字清新、洗练,富有生活细节,字数在 2000 字左右。

专栏结束后,所有发表文章将结集出版。

我们期待着与读者一道分享您的故事和经历。

· 来稿请寄:南京市解放路 53 号南京日报副刊部

×××收

· 邮政编码:××××××

· 电子信箱:×××××××××

建议:

1.最好以某一单位、团体的名义举办征稿活动。

2.确定征稿主旨时要结合地域、季节、工作的实际情况,力求个性化,有创意。

3.根据征稿主旨及体裁,采取恰当的写法。

第三节　征婚启事

一、名称解释

征婚启事,是一种公开征求配偶的文书。

我国古代,婚姻大多遵从"父母之命,媒妁之言",征婚文书主要是纳采和问名,前者包括男方的纳采启帖和纳采礼帖、女方的纳采复帖和纳采领帖,后者包括男方的求允帖和庚帖、女方的允帖和庚帖。现代,实行婚姻自由、一夫一妻、男女平等的婚姻制度,自由恋爱成为社会的主流,启事、广告、函件等征婚文书应运而生,其中使用频率最高的是征婚启事。

二、主要特征

(一)公开性

征婚启事通过报纸、杂志、广播、电视、网络等大众媒体或者婚姻中介机构向社会公开说明征婚意向,信息传播的范围广泛,为择偶提供充分余地。

(二)自愿性

发布征婚启事完全出于征婚者的自愿,主动自荐征求配偶,自由结识异性,建立恋爱关系直至步入婚姻殿堂,并无包办、买卖婚姻和其他干涉婚姻自由的行为。

三、内容、格式及写法

（一）标题

一般是单标题。常见的写法是事由＋文种，如《征婚启事》；也可以只写事由，如《征婚》、《觅偶》。

如果由报纸、杂志、网站等媒体统一编发，则设征婚启事专栏，冠以《红娘》、《鹊桥》、《牵手》、《佳缘》、《佳人有约》等总标题，每则征婚启事不单拟标题。

（二）正文

包括以下内容：征婚者的基本资料，如性别、年龄、身高、教育程度、工作、收入（月薪或年薪）、容貌、身体情况、性格、爱好、有无婚史、住房情况；征婚者的情感与观念，如剖白心迹、价值观、爱情观、婚姻观、财富观、审美观；征婚的要求，如年龄、身高、教育程度、工作、收入、容貌、身体情况、性格、爱好、有无婚史、住房情况、有无小孩、是否索要照片；联系方式，包括报社、杂志社、广播电台、电视台、网站、婚姻中介机构、个人的通信、电话、电子邮箱，有的还写"勿访"、"有照必复"、"×月内均考虑"等字样。上述内容酌情增减。

正文的写法一般采用简述式、表格式、文艺式等。

（三）附件

征婚者自愿提供的照片、网络背景音乐等。

四、范文评析

[原文]

世界上最远的距离不是天涯海角，而是我就在你身边却无法与你牵手！有一种爱，更像朋友，更似亲情，那是真诚而恒久的！我用我的一生真诚寻找那个你，是一位充满了责任感与使命感的你，是一位面临困难仍坚持不懈努力的你，是一位处于风险之中仍有坚强心智的你，是有着一颗孝心和一颗善良、平和的爱心的你。而我就是那个用生命与智慧为你守候的人。愿有缘的你我幸福地牵手，今生来世，无论风雨，我们一起走过！

[简析]

这是一则散文诗体征婚启事。第一句，仿拟泰戈尔的诗句"世界上最远的距离／不是生与死的距离／而是我站在你的面前／你却不知道我爱你"（《世界上最远的距离》），引出对"牵手"的呼唤；第二句，阐释爱的真谛——"真诚而恒久"；第三句，以排比方式谈择偶的要求，征婚者心中的爱人是真善美的化身；第四句，表白用生命与智慧做爱人的守候者;第五句,照应第一句,抒发"牵手"的渴盼。全文构思精巧,意境深邃,富有文采。

五、病文会诊

在征婚启事写作中经常出现内容欠全、表达模糊、故作幽默、不合语体色彩、语病较多等问题。

[原文]

征婚启事

你好①!我是一名男士②,36岁,未婚,身高1.78米,××区人③。欲寻觅一位25～35岁,身高1.62米以上,在××区居住的未婚女士为终生伴侣④。

联系人:迟先生

联系电话:××××××××

[评析]

①征婚启事不同于托人介绍的函件,无需问候,应当删掉"你好"。

②根据该文的内容不必自叙,可以将"我是一名男士"改为"某男"。

③在区名前加"本市"。

④征婚者的基本资料和择偶要求过于简单,应当分别补充教育程度、工作、收入等内容。

六、特别提示

(一)内容真实

《中华人民共和国婚姻法》规定:"夫妻应当互相忠实,互相尊重。"征婚者必须遵守法律和公共道德,尊重他人,实事求是地介绍自己的情况,真诚地提出觅偶要求。大众媒体和婚姻中介机构也要做好身份证、工作证、毕业证、学位证、婚姻证书、收入证明、房产证、照片等的审核,并让征婚者在"征婚者必须如实填写,如有隐瞒或与事实不符者,将终止提供服务,否则责任自负"等条款上签字。

(二)风格多样

每个人情况不同,觅偶要求也有区别,因此征婚启事的风格各异。自叙具有亲切感,他叙带有客观性;平实道来自然质朴,讲求文雅辞藻优美;明晰表述意蕴显白,写得蕴藉耐人回味;用语精练短小精悍,着墨繁丰语意厚重,均应因人而异。

七、写作训练

下面表格是从征婚网上搜集编制的,请据此写一则篇章式征婚启事。

基本资料	姓名	张丽	照片	有
	性别	女	年龄	23 岁
	所在地区	长沙	籍贯	常德
	身高	166 厘米	教育程度	本科
	工作	教师	月薪	3000 元
	血型	O 型	体重	48 公斤
	容貌	清秀	身体状况	健康
	性格	文静	爱好	文学
	婚姻状况	未婚	住房情况	无
内心独白	太阳晒过来,千年古树下,一切恍如地老天荒。在有太阳的日子里,会倚窗静静地读一本书,眺窗远望,风景旖旎,你在哪里? 你真的存在吗? 假如我望见了你的背影,我会披荆斩棘地追去。脚扭伤了,跳着也要追;天下着最大的雨,扔了伞也要追。假如你不等我,就让你后悔一辈子。			
主要观念	价值观	信仰是人生最有价值的。		
	爱情观	爱情无价。		
	婚姻观	婚姻需要夫妻双方共同呵护。		
	财富观	金钱可以使生活更幸福,但不是唯一的条件。		
	审美观	秀外慧中,内外兼修是最佳选择。		
择友标准	年龄	26～30 岁	所在地区	长沙
	身高	175 厘米以上	教育程度	本科以上
	工作	机关或事业单位	月薪	4000 元以上
	性格	开朗、幽默	爱好	文艺
	容貌	帅气	身体状况	健康
	婚姻状况	未婚	住房情况	有
	有无小孩	无	照片	有

第四节　招聘启事

一、名称解释

招聘启事,用于机关、团体、单位招收、聘用管理、教学、科技等方面的专业人才。

招聘启事是伴随着人事制度改革而产生的一个新文种,已成为发现和选拔人才的主要途径之一,利用报纸、杂志、广播、电视、网络、张贴、邮寄等多种形式广泛宣传。

二、主要特征

(一)招聘启事不同于招聘公告、招考公告

招聘公告主要用于公布人力资源和社会保障部(厅、局)统一组织的招聘国家、省、市、县直机关事业单位工作人员的信息;招考公告仅用于公务员的录用,《中华人民共和国公务员法》明确规定"录用公务员,应当发布招考公告"。而招聘启事则告知机关、团体、单位自行招聘有关人员的信息。

(二)招聘启事不同于招工启事、招生启事

招工启事的应招者是工人,职责和应招条件相对不高;招生启事专指录取学员,没有职位上的要求。而招聘启事受聘者是专业人才,有特定的职位要求,职责和应聘条件相对较高。

三、内容、格式及写法

(一)标题

包括单标题和双标题。

单标题有四种写法:一是单位＋事由＋文种,如《新元中学招聘启事》;二是单位＋事由,如《中国教育报网站诚聘英才》;三是事由＋文种,如《招聘启事》;四是只写事由,如《招聘总经理助理》、《诚聘》。

双标题,采用引题＋正题或正题＋副题的方式,根据实际情况处理。如《春雨润桃李 丹心育栋梁 春梁中学诚聘教师》就是由引题和正题组成。

(二)正文

包括以下内容:招聘方的概况,如性质、工作范围、地理位置、经济效益和社会效益;招聘对象,如工作性质、业务类型、岗位;应聘条件,如性别、年龄、学历及学位、职称、工作经历、专业特长、成果;受聘后待遇,如月薪或年薪数额、执行标准工休情况、是否解决住房、是否安排家属;应聘办法,如时间、地点、联系人、电话号码、电子邮箱、

应交验的资料等。

正文的写法一般采用条陈式、简述式、图表式,或者将上述几种综合运用。

（三）具名

写明招聘方的全称或规范化简称。如果标题中已标明,则不单独具名。

（四）日期

标明年月日。

（五）印章

张贴或邮寄的招聘启事,要加盖招聘方的印章。

四、范文评析

［原文］

中国电能成套设备有限公司招聘启事

中国电能成套设备有限公司（英文简称 CPCEC）是一家从事以电力设备成套服务为主的专业化公司,其服务范围包括设备总承包、设备招标成套、招标代理、技术咨询、设备监造、信息服务、物资供应及设备进出口等领域,经过三十多年的不懈努力,本公司已发展成为在国内电力行业享有较高声誉的专业化服务公司。因近年来公司业务发展需要,现诚聘优秀专业人才加盟本公司,具体事项如下:

一、招聘岗位及应聘条件

（一）招聘岗位:电力设备专业工程师（化学、上煤、除灰、暖通、机务等专业各 1～2 人）

1. 岗位职责

（1）进行招标设备招标文件的编制工作;

（2）从事电力工程设备的招标评标工作;

（3）从事电力工程设备的技术、商务咨询工作;

（4）其他相关业务工作。

2. 任职条件

（1）具有热动/热能工程、汽轮机、发电机及相关专业大学本科及其以上学历,并具有在国内主要主机或大型辅机设备制造厂相关科研、设计、生产等技术岗位或主要电力设计/调试单位或大型火力发电厂从事电厂化学、上煤、除灰、暖通、机务等相关专业技术岗位 5 年以上工作经历,工作经验丰富;

（2）具有较好的外语水平;

（3）能熟练操作计算机;

(4)有高度的工作责任心和团队合作精神,工作积极主动并善于沟通;

(5)身体健康,能适应经常出差的工作特点;

(6)年龄在 35 周岁及其以下,特别优秀者可放宽至 45 周岁。

(二)其他规定

1.所招聘人员一经聘用,按期签订聘任劳动合同,按国家规定参加社会保险,工资福利待遇从优;

2.应聘人员户籍不限;

3.上述年龄计算到 2007 年 5 月 30 日。

二、报名方式

(一)登录中国电能成套设备有限公司网站 www.cpcec.com.cn 下载《应聘人员登记表》,填写个人信息。

(二)邮寄个人应聘资料

1.《应聘人员登记表》(粘贴一寸免冠照片),另附同版照片 2 张(照片背面注明本人姓名);

2.本人身份证复印件、学历和学位证书复印件;

3.专业技术资格证书/执业资格证书、获奖证书、论文(已发表)等能够证明能力、学识的资料复印件;

4.工作经历及相应说明。

(三)报名截止日期:2007 年 6 月 30 日(以寄发地邮局邮戳为准)。

(四)资料邮寄方式:邮政特快专递或发送电子邮件。

(五)联系方式

通信地址:北京安外大街安德里北街 15 号,100011

中国电能成套设备有限公司

邮箱:hr@cpcec.com

联系人:杨女士

电话:010—51965133

三、注意事项

(一)应聘者应对所提供材料的真实性负责;如有不实,取消其应聘资格。

(二)本次招聘只接受应聘资料,恕不接待来访。

二〇〇七年六月五日

[简析]

这是选自网易给排水论坛的一则启事,略有改动。全文由标题、正文、日期组成。

就正文而言,开头概述公司的名称、性质、服务范围、声誉,并说明招聘的原因及事由,写得简洁明了,用"具体事项如下"提起下文。主体分三层:第一层,写招聘岗位及应聘条件,概述招聘岗位、岗位职责、任职条件、聘用及待遇、户籍、年龄计算方法等;第二层,写报名方式,包括登录网站下载表格、邮寄个人应聘资料、报名截止日期、资料邮寄方式、联系方式;第三层,写注意事项,说明对应聘者所提供材料真实性的要求、本次招聘只接受应聘资料而不接待来访等情况。该文事项具体、交代明确,依层次逐级标明序数,语言准确简练。

五、病文会诊

在招聘启事写作中经常出现误用公告或通知、主次不分、详略失当、层次混乱、表达模糊等问题。

[原文]

××市××高级中学教师招聘①

××市××高级中学是经××市教育局正式批准成立的国有民办高中校②。学校于 2000 年 6 月成立,隶属于××教育学团。目前在校生 1000 余人,教职工 140 多人。学校按国家教委规定的教学大纲实施教学③,享有与公立学校同等的法律地位。学校毗邻××高科技产业园区,环境幽雅,交通便捷,具有雄厚的办学实力,前期投入 2000 多万元用于基础设施建设,新建成具有领先水平的教学楼、办公楼,配备了现代化的教学设施,并为师生创建了舒适的食宿条件④。由于实施专家治学,管理严谨,特色突出,办学连年取得新进展,历年高考升学率均达到 93% 以上,各项工作在全市民办校中名列前茅⑤。

为了适应学校不断发展壮大的需要⑥,拟聘用部分优秀大学毕业生。今年主要招聘的岗位是:政治、物理、英语、语文、化学等学科,研究生可优先考虑⑦。发送格式:学校＋应聘职位＋姓名＋性别＋专业⑧。欢迎踊跃报名⑨。

联系人:叶老师、武老师

电话:×××××××

电子信箱:××××××

通信地址:××市××区××路 210 号⑩

[评析]

①标题中"教师招聘"词语位置欠妥,与前面的学校名称衔接不上,应当改为"招聘教师"。

②应当删去"校"字。

③将"国家教委"改为"教育部"。

④用"领先水平"修饰"教学楼、办公楼"欠妥,"创建"与"食宿条件"搭配不当。

⑤介绍学校情况是必要的,但不是招聘启事的重点。从字数上看,第一段多于第二段,显然详略失宜。

⑥"壮大"表示强大或者使强大的意思,很少修饰机关、团体、单位,应当删去。

⑦缺所招聘的各岗位人数,"研究生可优先考虑"最好放在"部分优秀大学毕业生"之后。

⑧报名方式只写发送格式,似乎只收电子邮件,没写是否可以邮寄、来访。至于应聘资料、报名截止日期均未说明。

⑨将"欢迎踊跃报名"后的句号改为叹号。

⑩应当补写邮政编码。

六、特别提示

(一)重点突出

招聘启事重在"招聘",说明拟招的岗位、人数、职责、应聘条件等,要交代得一清二楚,不能粗略含糊。现今时常见到将招聘启事变为介绍招聘方商品与服务的广告,这就偏离了"招聘"的主旨,应当纠正。

(二)语言得体

在表达上,既要确切、简洁,又要庄重、礼貌。比如,用精练的词句表述招聘方的用人哲学和对人才的要求,用热情的语气突显对各路人才的渴盼。

七、写作训练

下面是某公共关系公司招聘启事中职位描述的内容,请按其逻辑关系重新排序,并分别写出三层的总领句。

(1)建立和发展与客户的互信关系,带领团队为客户提供专业而高效的公共关系服务;

(2)整体负责传播计划的执行管理工作:合理分配工作,掌控传播计划的实施,撰写把控关键稿件、管理项目费用等;

(3)主动发掘服务中存在的问题和优化服务的机会,组织各方资源进行改善;

(4)具有良好的分析与解决问题的能力;

(5)大学本科以上学历,3年以上公关行业或媒体从业经验,1年以上同等职位经验;

(6)管理并辅导团队成员,营造团结、积极、高效的团队工作氛围;

(7)良好的管理能力和团队建设能力;

(8)具有整合营销或公共关系策划、组织及项目管理能力;

(9)分析客户的商业传播目标,能够主动为客户提供高价值的公关建议;

(10)良好的英文读、说、听、写能力,熟练使用 Office 等办公软件;

(11)管理客户或项目的媒体关系,优化媒体资源,有效运用媒体资源以超越客户传播目标;

(12)有一定的客户关系及优秀的人际沟通能力;

(13)积极建设并维护良好、互信的客户关系,挖掘与客户长期深度合作的商业机会;

(14)能承担工作的挑战和压力,积极进取,注重绩效;

(15)工作地点:南昌。

第五节　设立启事、停办启事

一、名称解释

设立启事,适用于告知新的机关、团体、单位或某一机构的成立,工厂、商店、宾馆、酒店、事务所的开业,报纸、杂志的创刊,有关业务的增设等事项,旨在广而告知,以便加强联系与合作。

停办启事,适用于说明已有机关、团体、单位或某一机构的撤销,工厂、商店、宾馆、酒店、事务所的歇业,报纸、杂志的停刊,有关业务的停止等事项,让公众知晓。

设立启事和停办启事大多利用报纸、杂志、广播、电视、网络等媒体进行传播,也可以张贴在公共场所或有关社会组织的办公地点。

二、主要特征

(一)宣传性

通过启事公布成立、开业、创刊、增设或撤销、歇业、停刊、停止的信息,在社会上广泛宣传。尤其是设立启事,它带有很强的广告性,可以树立自身的新形象,吸引公众的注意力。

(二)特色性

无论是设立启事还是停办启事,因性质、内容、技法、语言、风格、媒体不同而各具个性。比如,开业启事喜气洋洋,张贴多用红纸,登在报刊有图案设计或彩色印刷,用广播、电视播发则配有欢乐的音乐。

三、内容、格式及写法

（一）标题

包括单标题和双标题。

单标题有四种写法：一是名称＋事由＋文种，如《天平律师事务所成立启事》；二是名称＋事由，如《蓝星商场隆重开业》；三是事由＋文种，如《开业启事》；四是只写名称，如《环宇》。

双标题，有引题＋正题或正题＋副题，根据实际情况灵活处理。如《上海精品世界——上海名优产品的窗口 九月九日开门见"杉"》。

（二）正文

包括新设立的名称、批准缘由及单位；设立的时间、性质、宗旨、业务范围、规模、发展前景；联系事宜，如地址、邮编、电话、网址、银行账号、主要负责人、业务联系人；设立初期的优惠让利活动的项目、方法、起止时间；对公众的希望，如"欢迎惠顾"等。

停办启事的正文包括停办的名称、缘由；停办时间；善后事情的处理办法；其他事项。

正文的写法大多采用简述式。

（三）具名

写明全称或规范化简称。

（四）日期

标明年月日。有时也可不设此项。

（五）印章

张贴的设立启事、停办启事，要加盖印章。

（六）附件

有的设立启事附上祝贺单位的名单，以显示热烈、隆重。

四、范文评析

（1）

［原文］

梅州市职业技能鉴定指导中心成立启事

经市编委批准，梅州市职业技能鉴定指导中心于 2008 年 7 月 1 日正式成立，是市劳动和社会保障局直属的正科级事业单位，主要负责组织、协调和指导全市的职业技能鉴定工作，并受行政委托核发国家职业资格证书。目前，全市共有职业技能鉴定所 13 个、考评员 173 人,可供考生申报鉴定的工种有 200 多个。热诚欢迎社会各界人士来电或来人联系业务!

单位地址:梅州市江南新中西路 86 号(即市劳动和社会保障局侧)

联系电话:2308233

联系人:王老师、温老师

电子邮箱:mzsosta@163.com

[简析]

这是一则新单位的成立启事。标题由单位名称、事由、文种组成,属于完全式标题。正文有三句话:第一句,说明批准机关以及本单位的名称、成立时间、隶属关系、级别、性质、职责、工作范围;第二句,交代目前全市职业技能鉴定所、考评员、可供申报鉴定的工种;第三句,表达热诚欢迎社会各界人士联系业务的希望。尾部附上单位地址、电话、联系人、电子邮箱。全文布局合理、内容明确、文字简练。

(2)

[原文]

敬 告

随着通信技术的迅速发展,电信业务服务种类的不断增多,更多、更先进的通信手段正在逐步替代传统的电报业务。为适应通信业务发展及用户需求的变化,中国电信集团公司和中国网通集团公司决定自 2005 年 12 月 1 日起,在全国 31 省(区、市)取消公众礼仪和鲜花礼仪电报业务种类,停止办理公众礼仪和鲜花礼仪电报业务。

特此敬告,并请各界用户予以理解和支持。

江苏省电信有限公司

[简析]

这是一则停止办理公众礼仪和鲜花礼仪电报业务的启事,由江苏省电信有限公司发出。因事项简单,标题只写"敬告"二字,简练而显礼。正文先简介停止办理公众礼仪和鲜花礼仪电报业务的背景是"更多、更先进的通信手段正在逐步替代传统的电报业务",接着说明目的、决定单位以及停止业务的时间、范围、名称,最后用"特此敬告,并请各界用户予以理解和支持"作结。正文右下方是具名。该文篇幅短小、表达明确。

五、病文会诊

在设立启事、停办启事写作中经常出现滥用公告或广告、文种杂糅、事项欠全、结构混乱、交代含糊、不合语体色彩等问题。

(1)

[原文]

《今日××》创刊公告暨征稿启事①

9月1日，公司自己的内部报纸《今日××》将正式出版，与大家见面。这是自公司成立4年多以来第一次拥有自己的报纸。报纸编辑部刚刚成立，经验不足，但我们坚信，这份报纸必将在大家的支持、呵护下发展起来，与公司和全体员工共同成长，成为公司文化宣传的窗口和载体，更成为广大员工心目中的一块小小的精神家园，希望广大员工多提建议、多多关心②。

现面向公司全体员工征集创刊号文章，要求③：

(1)作为"××"的一份子④，你对企业一定有许多话想说：如果你对企业的整体化发展有自己的独特思考，如果你对本部门的运作环境、工作方式有合理化的设想，如果你看到工作、生产中存在的某些不良现象，希望对此进行批评建议……我们欢迎你——作为一个××人充满责任感的建言献议⑤！

如果你在工作、生产中克服了种种困难和不利因素，完成了预定任务或指标；如果你在产品设计、开发中发现了问题，并找到了解决办法；如果你想对本职工作进行具体深入的探讨……我们非常愿意分享你"攻坚克难"的光荣历程⑥！

如果你热爱你所工作着的团队，如果你对同事的帮助感怀在心，如果你对领导有话要说，如果你在工作生活中遇到了绕不开的困难，如果你对报纸编辑有任何看法和提议……我们非常愿意成为你打开心门的一把钥匙⑦！

此外，诗、文、评、摄影、美术作品皆在欢迎之列。如果你想聊一聊你的生活，说一说身边发生的杂七杂八；如果你是个文学爱好者，喜欢涂一点随想杂感；如果你愿意把旅游、居家时拍摄下的有意思瞬间拿出来与大家分享……我们欢迎你的来稿！

(2)文字作品字数一般不限⑧，可长篇大论，可豆腐干一块。欢迎感情真挚，情节真实，反对虚情假意，矫揉造作。美术、摄影作品不求非常专业、多少水准，真实生动、基本清晰即可，相机、手机、画笔……都是你的工具。

(3)署名可虚可实，若要求刊登笔名，随信请附署上真实姓名。

(4)投稿方式：①E-mail：××××××

②直接送502室。联系人：×××⑨

此启事长期有效⑩，欢迎全体员工踊跃来稿，一经选用，编辑部将予以一定的物质鼓励并在公司网站发布⑪；优秀作品将向集团报投递，稿酬从优。

《今日××》编辑部

二〇〇八年八月八日

[评析]

①标题有两个毛病：一是不能用公告公布创刊信息，应当改用启事；二是创刊启

事与征稿启事不可并用,要另发征稿启事。

②"公司自己"可以改为"我公司"。报纸不能说"出版",应当改为"创刊"。要删去"与大家见面"。"窗口和载体"啰唆,可以删去"和载体"。该文应当以第一段创刊为主旨重新谋篇,将"希望广大员工多提建议、多多关心"等放在篇末。

③要介绍办报宗旨、各版面的设计等,而不是专门谈创刊号的征稿事宜,该文却以征稿为主,显然本末倒置了。

④"(1)"是四级序数,应当改为一级序数"一、",下同。"份子"是指集体送礼时各人分摊的钱或泛指做礼物的现金,不能用来说明属于该单位的人,可以改为"分子"。

⑤"献议"是生造词语,应当改为"献策"或"献计"。

⑥"分享"与"历程"搭配不当。

⑦不能说"心门",可以改为"心扉"。

⑧"字数一般不限"欠严密,应当标明"来稿一般在×××字以内"或"来稿以××
×～××××字为宜"。

⑨"直接送"口语化,可以用书面语"径送";"502 室"语意模糊,要标明哪个楼的
502 室。无需用序数"①"、"②",此句可以改为"投稿方式:E-mail:××××××;或者径送××楼 502 室。联系人:×××"。

⑩无须说明启事的有效期。

⑪"予以"与"给予"同义,但前者多与支持、表扬、批评等搭配,很少与物质奖励联结,根据文意最好用"给予"。不能说"物质鼓励",可以改为"物质奖励"。

(2)

[原文]

《×××》杂志停刊启事

《×××》杂志从 2003 年 11 月创刊至今历时两年。在这两年里,由单薄到丰富,由印刷版到电子版,由内部组稿到客户投稿,《××》始终以服务、交流为宗旨,坚持"提高实用性、塑造可读性"的选编原则,致力于传播××的技术与信息,竭诚做好××客户工作中的益友良伴与交流平台①。

在《××》的成长过程中,我们全体编创人员逐渐意识到,已经无法满足读者及市场多层次、多方面的需求②。所以为了更好地为客户服务、与客户沟通,编辑部决定从 2005 年 11 月 15 日开始刊物暂停出版。

在此,我们首先向喜欢《×××》杂志的读者说声谢谢,感谢你们的支持和厚爱;同时,也感谢长久以来一直给我们热心赐稿的作者们,多谢支持!另外,对于目前投稿还尚未发表的作者,我们深表歉意③。

杂志虽然停刊,但《××》为大家提供的服务不会变化,《×××》杂志编辑部服务于广大读者的行动不会停止④。我们的客户支持网站《××》在线将仍然对广大注册读

者开放,继续与您分享经验,共享成功!

《××》编辑部

2005 年 11 月⑤

[评析]

①"做好"与"益友良伴与交流平台"搭配不当。"益友良伴"属于生造词语。

②只解释该刊"已经无法满足读者及市场多层次、多方面的需求",原因不明确。

③本段不长,但"我们"出现三次,显得重复。

④既然该刊已停,就不必再提编辑部了。

⑤要写明具体日期。

六、特别提示

(一)慎用公告

根据《中华人民共和国公司法》的规定,公布我国境内设立的有限责任公司和股份有限公司的设立、合并、分立、解散的信息应当用公告。这是特殊情况。一般的设立与停办事项应当用启事,不能擅用公告。

(二)事项单一

在一份启事中应当就设立或停办事项作专门的说明,如果加入其他事项就会内容繁杂,势必冲淡主旨。比如,现今"××××创刊暨征稿启事"、"××××事务所成立暨招聘启事"较多,应当另写征稿启事、招聘启事。

七、写作训练

下文在内容、格式、语言上有很多毛病,请加以修改。

××大学跳蚤市场开业启事

全体同学:

大家好!

××大学跳蚤市场原定于 2006 年 9 月 30 日 16:30—19:00 开业,但由于台风天气影响,不能正常开业。在此我们敬请全体师生员工谅解。第二期开业时间为 2006 年 10 月 13 日 16:30—19:00。

届时,欢迎全体同学踊跃报名,将自己的旧物品摆设在跳蚤市场供广大学生自由选购。只要你愿意跨出一步,无数学生将得到实惠。届时,如有意销售旧物品的同学,请到"跳蚤"市场现场审批处登记,现场工作人员安排地点销售。

××大学"跳蚤"市场本学期开业时间为每月的第二周周五下午 16:30—19:00,在开业期间欢迎全体同学前来惠顾!如遇暴风雨天气,将停止开业。

祝同学们学习进步，学业有成！

后勤服务集团

二〇〇六年十月十一日

第六节　变更启事、迁移启事

一、名称解释

变更启事，用于向公众告知变动更换某些事项。常见的变更启事有：一是更名启事，说明机关、团体、单位更名或个人更名；二是更正启事，改正已发表的谈话、文章中有关内容或字句上的错误；三是更换启事，变换标识、人员、物品等，如变换商标；四是改版启事，报纸、杂志调整、改变原来的版面内容、风格以及出版周期，广播、电视、网络等调整、改变栏目或节目的安排；五是改期启事，集会、演出、借阅等活动改变预定的日期。

迁移启事，用于向公众告知离开原来的所在地而另换地点。主要有两种：一是机关、团体、单位或个人搬迁，即迁址启事；二是根据有关法律、法规以及建设之需，位于某地的建筑物、设施等在限期内移走。它多贴在原址醒目的地方，也可以借助于报纸、杂志、广播、电视、网络等媒体发表。

二、主要特征

（一）变异性

变更启事和迁移启事的种类很多，但性质均显示变异，即以前的情况发生变化。机关、团体、单位或个人在处理事务时改变现有的名称、地址、事项、时间、数量等，以适应实际需要。

（二）告白性

写变更启事或迁移启事的目的在于向公众说明有关调整、改变的情况，便于公众观看、联系或另作安排。比如，更名或迁址，就有必要通知客户或其他相关人员，以便保持联系；改变预订的演出日期，应当及时告诉观众，以免错过时间。

三、内容、格式及写法

（一）标题

多用单标题，有五种写法：一是单位＋事由＋文种，如《虹光医院迁址启事》；二是单位＋事由，如《新桥市场更名为金桥市场》；三是事由＋文种，如《更正启事》；四是事由,如《热烈祝贺东北电力学院更名为东北电力大学》;五是文种,如《启事》。

(二)称谓

一般不写,有时也根据实际需要写泛称或类称。

(三)正文

包括开头、主体和结尾。开头,写变更或迁移的目的、根据,如"为适应××"、"因××需要"、"经上级批准"。主体因文而异,如更名启事中不仅说明更名单位的原有名称、更改后的新名称和更改名称的具体日期以及合并、易主等事项,还要交代与更名有关的原单位未尽事宜的处理办法;迁址启事中写明迁移的时间、新址、邮政编码、交通路线、电话号码、电子邮箱等。结尾,表示对公众的感谢及希望,如"敬请相互转告"、"不便之处,敬请谅解",有的以"特此更正"等作结。

正文的写法大多采用简述式、条陈式、图表式。

(四)具名

写明全称或规范化简称。其中,更名启事要使用更改后的新名称。

(五)日期

标明年月日。如在正文中已提及,可不设此项。

(六)印章

张贴的更名启事或迁移启事,要加盖机关、团体、单位的印章。

(七)附件

如有必要,可附上有关资料,如变更后的节目单、新址的路线图。

四、范文评析

(1)

[原文]

南方李锦记有限公司更名启事

为了弘扬使命,持续快速发展,南方李锦记有限公司决定把握机遇,主动变革,即日起对公司进行更名。

根据国家企业登记机关核发的(国)名称变核外字[2008]第 209 号《企业名称变更核准通知书》,经江门市企业登记机关核准登记并换发营业执照(注册号:440700400022070)。

变更前企业名称:南方李锦记有限公司

变更后企业名称:无限极(中国)有限公司

名称变更为"无限极(中国)有限公司"之后,公司法律主体不变,以"南方李锦记有限公司"名义开展的合作继续有效,且所签署的合同不受影响,公司将按约定的内容继续履行。

　　更名后,我们将继续坚持务实诚信,思利及人,客企一体,共享成果的价值观,希望与大家在现有基础上保持长期合作,共同迈向新的台阶!

　　如需咨询和帮助,请与我们联系。

　　公司网站:www.infinitus.com.cn

　　公司电话:020—81369988

　　客服热线:020—81361688

　　公司传真:020—81364266

无限极(中国)有限公司

2009 年 3 月 22 日

[简析]

　　全文由标题、正文、具名、日期组成。其中,正文的开头交代目的、主旨、更名时间;主体说明换发营业执照、原名称、新名称、公司法律主体、原有的合作及合同的处理、公司的价值观;结尾做出承诺并提出对客户的希望;此外还写联系方法。该文结构完整、语言准确,尤其是"弘扬使命,持续快速发展"更名缘由和"持续快速发展"、"把握机遇,主动变革"以及"务实诚信,思利及人,客企一体,共享成果"的价值观反映很强的时代精神、浓厚的企业文化氛围。

　　(2)

[原文]

智扬公关迁址启事

尊敬的客户、朋友:

　　首先感谢您十年来对智扬公关的关注与支持!

　　恰逢智扬成立十年之际,智扬公关北京总部也将乔迁新址,公司自 2009 年 5 月 31 日起迁至自购房产办公。为方便沟通联系,特将有关变更敬告如下:

智扬公关顾问机构北京总部

地址:朝阳区酒仙桥路甲10号 星城国际大厦C座20层

邮编:100016

电话:010-84577666

传真:010-84577699

智扬公关顾问机构

2009 年 5 月 27 日

[简析]

该文是一则公共关系公司的迁址启事,公关意识很强。称谓是"尊敬的客户、朋友",正文先表示谢意,以示对公众的尊重;迁址事项用文字、数字、图示结合的方式,使人一目了然;而且"恰逢"、"乔迁"、"敬告"等用得恰当而典雅。

五、病文会诊

在变更启事、迁移启事写作中经常出现滥用公告、内容笼统、格式残缺、语病较多等问题。

(1)

[原文]

更正启事

××骨伤愈合剂为×××××天然药物有限公司生产的合法药品。批准文号:国药准字 Z2002××××。前期由于工作人员疏忽的原因①,该产品在××省××地区的广告宣传中存在广告内容未经食品药品监督管理部门审批,擅自篡改药品监督管理部门审批内容,未经××省食品药品管理局备案的行为②,且发布的广告内容存在任意扩大药品适应症(功能主治)范围、绝对化夸大药品疗效、利用专家、患者和医生名义为产品做证明、严重欺骗和误导消费者的虚假内容③。

为此,我公司向广大消费者致以诚挚的歉意。现郑重声明:今后,我公司将严格按照《广告法》、《药品广告审查办法》及《药品广告审查发布标准》等法律法规要求④,严格规范广告发布行为⑤,确保药品广告的真实性、合法性。

特此声明

×××××天然药物有限公司

2010 年 6 月 29 日

[评析]

①把有关违法违规行为说成"工作人员疏忽",态度不诚恳。

②前两个分句后面应当用顿号。

③此句前面有三个并列成分、最后写结果,应当将"利用专家、患者和医生名义为产品做证明、严重欺骗和误导消费者的虚假内容"改为"利用专家和医生以及患者名义为产品做证明的虚假内容,严重欺骗和误导了消费者"。

④法律要写全称《中华人民共和国广告法》。

⑤"严格"与上文重复,可以删去。

（2）

［原文］

地址迁移启事①

会员朋友们②：

我会因业务扩大,已将办公室移至××路 197 号(即原×××××律师事务所办公处),位于××卷烟厂活动中心上段约 100 米处③。现已在新址正式办公,请来协会办事和联系工作的广大会员,来到新办公地点办理④。

××路现在开通的公交车有 4 路、3 路⑤。

感谢广大会员单位对我们一如俱往的支持⑥。

联系电话:2230335(培训站)　2136858(职介中心)

　　　　　2133035(秘书处)　2122087(秘书长办公室)

为了我们能够为你更好地为你提供优质服务,请你及时变更你原来的联系信息⑦。

特此启事

××市企业联合会秘书处

××市企业家协会

2007 年 3 月 20 日

［评析］

①将"地址迁移启事"改为"迁址启事",不仅表达简练,而且合乎通说。

②由于该文面向企业,无需加"朋友"字样,可将"会员朋友们"改为"各会员单位"。

③"因业务扩大"是状语,要置于段首。"我会"移至"办公室"之前,删去"已将"。

④"办事"、"联系工作"、"办理"语意交叉,可以删改。"广大"范围太大,应当删去"广大",并将"会员"改为"各会员单位"。

⑤"4 路、3 路"序数排列不当,应当是"3 路、4 路"。

⑥将"广大"可以改为"各"。"一如俱往"属于生造词语,应当是"一如既往"。此段可以移至联系电话之后,与"为了……"合为一段。

⑦无需写"请你及时变更你原来的联系信息",应当删去。"能够为你更好地为你"显得啰唆,"你"可以改用敬词"您"。此段与"感谢……"合并后改为"衷心感谢各会员单位对我会一如既往的支持,我会将继续为您提供优质服务"。

六、特别提示

(一)概括性

变更启事和迁移启事大多篇幅短小,有些只写一段文字,因此要力求内容集中、布局紧凑、词语简约,不能零散啰唆。

(二)明确性

要把发生变化的情况交代得一清二楚,切勿含糊其辞。比如,电视台的改版启事要逐一说明改版的目的或依据、原来的栏目或节目有所改动、改版后的新栏目或节目等内容,不可泛泛而谈。

七、写作训练

请根据下面资料写一则更正启事。

××市国土资源局于 2011 年 10 月 15 日、20 日、27 日发布国有建设用地使用权出让公告(×市土让〔2011〕第 14 号),准备出让位于××街西侧、××庭院南侧 A1、A2 两宗国有建设用地。后于 2011 年 11 月 11 日发更正启事,将报名时间由原定的截止 2011 年 11 月 13 日 15 时延长至 2011 年 11 月 21 日 15 时,挂牌时间由原定的截止 2011 年 11 月 17 日 15 时延长至 2011 年 11 月 26 日 15 时;将竞买保证金由原定的人民币 7000 万元调整为人民币 4000 万元;原公告的其他事项不变。

第七节 募捐启事

一、名称解释

募捐启事,是在一定范围内公布募集捐资或捐物信息的文书。

根据《中华人民共和国公益事业捐赠法》的规定,自然人、法人或者其他组织自愿无偿向依法成立的公益性社会团体和公益性非营利的事业单位捐赠财产,包括:救助灾害、救济贫困、扶助残疾人等困难的社会群体和个人的活动;教育、科学、文化、卫生、体育事业;环境保护、社会公共设施建设;促进社会发展和进步的其他社会公共和福利事业。募捐启事的写作,有利于促进公益事业的发展。

二、主要特征

(一)募捐启事不同于募捐倡议书

募捐倡议书没有固定的作者,而募捐启事的作者往往是受赠人或受益人;募捐倡议书重在发起倡议,而募捐启事一般直接募集。

(二)募捐启事不同于捐赠协议

捐赠协议是捐赠人与受赠人共同订立,而募捐启事由受赠人或受益人单独发出;捐赠协议写在募捐实施阶段,而募捐启事发于募捐起始阶段;捐赠协议的内容是所捐赠财产的种类、质量、数量和用途等,而募捐启事侧重于写此次募捐活动的缘由、事项。

三、内容、格式及写法

（一）标题

有单标题和双标题。

单标题有三种写法:一是单位＋事由＋文种,如《金陵大报恩寺塔文化发展基金会募捐启事》;二是事由＋文种,如《为响应朱总司令通电购买防毒面具募捐启事》;三是只写事由,如《募捐》。

双标题采用引题＋正题或正题＋副题的方式,如《奉献爱心　启航生命——救助河北农村特困大病患儿慈善募捐启事》。

（二）称谓

根据具体情况,写泛称或类称。

（三）正文

包括开头、主体和结尾。开头,交代募捐的目的或依据。主体,写所捐资、物的名称、种类、数量、质量、用途、要求、程序;答谢方式;捐赠时间及地点、联系人、电话号码、电子邮箱。结尾,写期盼语,表达欢迎、希望之意。

正文的写法大多采用条陈式、简述式等。

（四）具名

写明受赠人的全称或规范化简称。如果已写在标题中,则不再具名。

（五）日期

标明年月日。

（六）印章

以机关、团体、单位名义张贴或邮寄的捐赠启事,要加盖印章。

四、范文评析

［原文］

新疆自然历史博物馆募捐启事

拟建的新疆自然历史博物馆是在原中国科学院新疆生态与地理研究所标本馆的基础上改扩建,由乌鲁木齐市人民政府和中国科学院共同投资建设,总投资 3000 万元,总建筑面积 9600 平方米,计划今年下半年动工,2007 年竣工。建成后的新疆自然历史博物馆将填补新疆无自然博物馆的空白,成为自然资源和自然历史遗产资源的科研和保藏基地、科普和教育基地、对外交流与合作基地和环保宣传基地。范围包括动物学、植物学、地质古生物学、自然环境和自然资源等学科。全馆集收藏、研究、展示、科普、教育等多种社会功能于一体,分为展示功能区、收藏研究功能区、科普教育功能区、服务管理功能区和游览观赏功能区五部分。

"独乐乐不如众乐乐"。随着陈列布展筹备工作的开展,真诚希望崇尚自然、富有爱心的国内外有识之士、社会团体捐资捐物,为保护自然资源、生态环境,构建和谐社会贡献一份爱心。

一、募捐内容

(一)野生动植物标本:各种野生动植物标本,种类不限,要求保存较好,有一定的科研、保藏和展出价值。

(二)古生物化石:各种昆虫、鸟类、哺乳类古生物化石,要求清晰易见、真实可靠。

(三)矿物晶体或矿物集合体、奇石:矿物晶体、奇石,要求规格在 $20cm \times 15cm \times 15cm$ 以上、结晶程度好、光鲜度较好;矿物集合体包括玉石类,具有一定的观赏性、收藏性和展示性。

(四)相关书籍、图册:与生命科学、地质、古生物、生态、人文和科技有关的书籍、手稿、照片、录像和图册等。

能提供以上有价值的线索,我们将同样感谢。

二、捐赠程序

捐赠人提出捐赠意愿,受赠方与捐赠人协商后,签订捐赠协议,捐赠人一并提供合法的所有权凭证。受赠方接受捐赠物品或资金后,向捐赠人出具合法有效的收据。

三、答谢方式

对捐赠的社会团体及个人,我们除了表示真诚的谢意外,经双方商榷,可以采取展出时标明捐赠人、授予荣誉称号、授予荣誉证书、授予展厅冠名权、新闻媒体宣传报道、聘为馆建顾问、载入馆志、建立捐赠纪念碑等多种形式进行鸣谢。

四、募捐时间

从即日起长期募捐。

五、联系方法

联系部门：中国科学院新疆生态与地理研究所自然博物馆筹建办公室

联系地址：新疆乌鲁木齐市北京南路 40—3 号　邮编：830011

联 系 人：×××　电话：××××—×××××××　×××××××××××

传　　真：××××—×××××××　E-mail：gaojx@ms.xjb.ac.cn

网　　址：www.egi.ac.cn

中国科学院新疆生态与地理研究所
2006 年 6 月 30 日

［简析］

全文由标题、正文、具名、日期组成。其中，正文的开头简述新疆自然历史博物馆的建设、性质、范围、功能、布局，并说明因陈列布展之需诚望崇尚自然、富有爱心的国内外有识之士、社会团体捐资捐物，总领下文。主体分述募捐内容、捐赠程序、答谢方式、募捐时间、联系方法，表达具体、明确。例如，不仅说明野生动植物标本、古生物化石、矿物晶体或矿物集合体及奇石、相关书籍和图册四类募捐内容，而且提出"矿物晶体、奇石要求规格在 20cm×15cm×15cm 以上、结晶程度好、光鲜度较好；矿物集合体包括玉石类，具有一定的观赏性、收藏性和展示性"等具体要求，还作出"能提供以上有价值的线索，我们将同样感谢"的解释，便于捐赠人了解和参与。

五、病文会诊

在募捐启事写作中经常出现滥用公告或通知、内容笼统、层次混乱、语言失当等问题。

［原文］

关于立孔子铜像、小修孔庙募捐启事①

孔夫子乃世界闻名之大思想家，大教育家，儒家学派创始人②。由于他的地位和影响，古代被尊为大成至圣先师③。他的学说及伦理道德观影响深远，并被视为人类文明的宝贵遗产④。

××一中孔庙，始建于明成化十四年（公元 1478 年），至今已 528 年。在这五百余年间虽多次维修⑤，但因多种原因，大多数建筑几被破坏，现仅剩的大成殿也破旧不堪。

大埔县旅泰华侨廖梅林先生应学校之请求⑥，决定捐赠孔子铜像给一中孔庙。该铜像高三米，重二吨，不日即可从泰国曼谷运达汕头港。

为安装孔子铜像，学校决定对孔庙进行小修：1、大成殿内铺砌红砖⑦；2、庙内外墙壁重新粉刷；3、石柱重新上漆；4、制作大成殿六块牌匾和对联。现恳请社会贤达和有识之士、企业家慷慨解囊,共襄美举⑧。

凡捐款伍佰元者刻碑留名并发给证书。石碑立于孔庙东侧,使之永世留名。

联系电话:××××××××⑨

××县第一中学

公元二00五十一月二十五日⑩

[评析]

①标题中介词"关于"要与结构助词"的"搭配,应当在"募捐"后面加"的"字。

②最好将"乃"改为"是"。

③缺主语。可以删去"由于他的地位和影响","古代"之前加"在",并将"创始人"后面的句号改为逗号。

④将"并被视为"改为"是"。

⑤"在这五百余年间"与前面的"至今已528年"重复,应当删去。

⑥最好将"之"改为"的"。

⑦序数"1"后面的顿号应当改为".",下同。

⑧"贤达"是指有才能、德行和声望高的人,"有识之士"是指有见识、有眼光的人,它们词义交叉不可并用。"企业家"是特指对象,不宜与前两个词连用。"社会贤达和有识之士、企业家"只用"有识之士"即可。

⑨要补充联系人。

⑩删去"公元",并将阿拉伯数字"00"改为汉字"〇〇"。

六、特别提示

(一)突出公益性

募捐属于公益活动,启事必须符合公益目的,禁止强行摊派或者变相摊派,不得以捐赠为名从事营利活动,不得将捐赠财产挪作他用。

(二)力求准确性

在语言运用上,要符合客观实际,合乎语法逻辑,能够恰如其分地表达募捐的内容,有关名称、数量、质量要准确无误。

七、写作训练

下面的募捐启事创意很好,但在格式、表达上存在一些不足,请加以修改。

××·都市家园阅览室图书募捐
启　　事

××·都市家园全体业主
物业公司全体员工：

捐赠一本书，传递一份情，收获一份希望！

为弘扬民族文化传统，丰富小区文化活动，增强全民文化素质，由×××××××物业管理有限公司筹建的××·都市家园阅览室已于 2007 年 4 月 30 日完工，自 4 月 25 日起公司已向全体员工发出募捐函，号召员工积极参与"××·都市家园首届图书募捐活动"，现已收到员工捐赠书籍近 2000 册。目前，开放阅览室的准备工作已基本就绪，公司决定于 7 月 9 日向广大业主试开放，8 月 1 日正式开放。

为了使阅览室书籍更全面、更丰富，现特面向××·都市家园全体业主及物业公司全体员工募捐图书。

一、捐书时间：2007 年 7 月 9 日—7 月 31 日。

二、捐书要求：内容健康，种类、数量不限。

三、捐书办法：1. 在阅览室开放时间内：直接将书籍捐赠至阅览室（二区 13 幢底楼）；

　　　　　　　2. 其他时间：请直接与公司办公室（物管二楼）联系。

捐书热线：×××××××××

四、捐书奖励：

1. 对捐赠图书者，图书室正式开放前，公司根据捐赠书籍的数量赠予该户业主阅览证 1~3 张，并赠予小礼物 1 份。

2. 届时公司将统计捐书结果，并将捐书数量多、贡献大的业主和员工给予张榜公布并表扬。

3. 根据捐书人员情况，组织捐书人员免费定时参加活动。

欢迎大家携手参加"××·都市家园首届图书募捐活动"！美丽和谐的××·都市家园需要文明、健康的社区文化来丰富她的心灵、陶冶她的情操！

也许我们手中的图书有限，但我们相信集体的力量无限；

就算个人力量很渺小，但我们拥有聚沙成塔的希望！

×××××××物业管理有限公司

××·都市家园管理处

二〇〇七年七月八日

第八节　鸣谢启事、致歉启事

一、名称解释

鸣本义是叫,引申为表达、发表;谢,谢意。鸣谢启事是一种公开表示谢意的文书。它适用于在开展某项活动或办理某一事情之后,向提供指导、帮助或积极参加该活动或该事的单位和人员公开表示感谢。

致,给予、表示;歉,歉意。致歉启事,又称道歉启事,是一种公开致以歉意的文书。它适用于在社会活动中发生侵权行为或造成其他伤害,经有关方面调解,有时以公开道歉为和解条件,可用启事。

二、主要特征

(一)鸣谢启事不同于感谢信、感谢电

感谢信、感谢电的感谢对象大多单一,而鸣谢启事的感谢对象一般较多;感谢信、感谢电基本上直接发给有关单位或个人,而鸣谢启事要利用报纸、杂志、广播、电视、网络公开致谢以表彰善举。

(二)致歉启事不同于致歉信

致歉信的致歉对象单一,而致歉启事的致歉对象可多可少;致歉信一般直接送给有关对象,而致歉启事要利用大众媒体公开道歉以挽回影响。

三、内容、格式及写法

(一)标题

大多是单标题,主要有两种写法:一是事由＋文种,如《致歉启事》;二是事由,如《鸣谢》。

(二)正文

鸣谢启事的正文包括事由、致谢对象、再次致谢。事由,写在哪项活动或哪件事中得到哪些单位和人员的指导、帮助和参与,结果如何。致谢对象,逐一写出给予指导、帮助力度很大的单位名称、个人姓名以及具体事项,概括介绍参与的单位和人员。再次致谢,即再次表示真诚的谢意并希望在以后的工作中继续得到支持。结语有时用"特此鸣谢"。

致歉启事的正文包括事由、分析、致歉、处理。事由,写因何事侵权或造成其他伤害。分析,指出其性质和后果。致歉,郑重地道歉。处理,交代对有关责任人的处罚、

其他善后事宜的处理办法以及承诺事项。结语有时用"特此致歉"。

正文的写法一般采用简述式。

（三）具名

写明鸣谢者或致歉者的机关、团体、单位的全称或规范化简称或个人姓名。

（四）日期

标明年月日。

四、范文评析

（1）

［原文］

鸣谢启事

本会成立一百周年庆典活动，承蒙中国驻缅甸联邦特命全权大使管木阁下，国侨办吴洪芹司长，全国侨联林佑辉秘书长，以及各地商会领袖，日本、新加坡杰出华商，香港、澳门归侨团体代表，莅临观礼祝贺。各地友好团体、知名人士或赠送贺匾，或发来贺电、贺词、贺函等。此外，还承蒙云南省保山市人民政府捐献缅币 2009 万元；云南省瑞丽市人民政府捐献缅币 1000 万元；云南省瑞丽市景城酒店集团总裁董勒成先生捐献缅币 1000 万元；云南省德宏州福建总商会捐献缅币 600 万元；云南省德宏州福建商会捐献缅币 600 万元；香港汇福集团总裁陈德飞先生捐献缅币 500 万元等。充分体现各位领导、友好团体对本会的鼓励，我会全体同仁铭感五中。

谨此向各位领导、各方友好、兄弟单位表示深切感谢！

缅甸华商商会

会长　赖松生　谨启

2009 年 1 月 9 日

［简析］

全文由标题、正文、具名、日期组成。正文先以"本会成立一百周年庆典活动"几字交代事由，接着分述光临、致贺、捐献的情况并表达感激之情，最后表示深切感谢，安排先后有序，表达明确。此外，"承蒙"、"阁下"、"莅临"、"同仁"、"铭感"、"谨此"、"谨启"等词语很有礼节性。

（2）

［原文］

致歉启事

本报 12 月 9 日娱乐版刊发的"功夫巨星洪金宝据传去世"新闻因消息来源有误，报社相关负责人把关不严，造成所报内容与事实不符，给洪金宝先生造成了伤害，同时也误导了读者。对此,我们深感痛心,谨向洪金宝先生和广大读者致以深深的歉意。

本报编辑部已按规定,要求相关责任人深刻反省并给予严肃处罚。在此特向关注指出这次失误报道的媒体同行表示深深的谢意。

《现代快报》编辑部

2007 年 12 月 20 日

[简析]

该文包括标题、正文、具名、日期。其中,正文的第一段说明已刊发的"功夫巨星洪金宝据传去世"是虚假新闻,并分析直接原因是消息来源有误、深层原因在于负责人把关不严,因而造成伤害洪金宝先生并误导读者的后果,并表示歉意;第二段交代对责任人的处理和更正者的谢意。全文行文紧凑、要言不烦。

五、病文会诊

在鸣谢启事、致歉启事写作中经常出现文种误用或杂糅、鸣谢过誉或致歉避重就轻、交代不明、词句欠妥等问题。

(1)

[原文]

公告与鸣谢①

区妇联自 2003 年 9 月举办区妇女献爱心互助活动启动仪式至今已经六年了。六年来,活动为大批患上女性四种原发性恶性肿瘤和其他特种重病的妇女送上了关怀和爱心资助,深受妇女群众的支持和拥护②。

××区第四期妇女献爱心互助活动共收到捐款 5784728 元。对 2007—2008 年内证实首次患上四大恶性肿瘤的捐款妇女进行资助,委托基层慰问重大疾病妇女等共支出 5725290 元,余款 59438 元用作帮扶单亲特困家庭③。

第五期妇女献爱心互助活动在各级党委、政府的大力支持下,在社会各界人士的热心资助下,全区妇女积极参与,踊跃捐输,共收到捐款 7548847.5 元④。在此,区妇联向全区的捐款单位和个人表示衷心的感谢和诚挚的问候!施比受更有福,祝各位善心人士身体健康!工作顺利!家庭幸福⑤!

××市××区妇女联合会

二〇〇九年三月五日

[评析]

①标题文种杂糅。把"区第四期妇女爱心互助活动公告"与"区第五期妇女爱心互助活动鸣谢"合在一起,缩写成"公告与鸣谢",应当分别撰写。另外,区妇女联合会无权发公告,前面内容可写通报。就鸣谢事项而言,该文标题应当是"鸣谢启事"。

②应当在"活动"之前加"此项",表意周严。将"妇女"与"群众"连用不合习惯,可以用"广大"修饰"妇女"并删去"群众"。"深受"与"支持和拥护"搭配不当,可以将"深受"改为"得到"。

③此段是公布该区第四期妇女爱心互助活动募捐的款额和使用情况,与鸣谢的主旨无关,应当删去。

④此段是全文的重点,但过于简单,要补充内容,并调整词句。

⑤应当删去"施……幸福"议论、祝福类词句,提出继续得到各界支持的希望。

（2）

[原文]

公开道歉①

本人×××未经××××公司授权②,不慎引用该公司内部科技信息交给×××厂使用。本人对××××公司所造成的损害,特此表示深深的歉意③,并保证日后绝不再侵害××××公司任何权益。

道歉人:××

××××年×月××日

[评析]

①启事是向公众传递有关信息的方式之一,无需标明"公开",应当将标题"公开道歉"改为"道歉启事"。

②道歉人姓名一般写在具名处,正文中不必填写。

③删去"此"。

六、特别提示

（一）重礼数

彰善瘅恶是道德观的一个基本内容,也带有鲜明的礼仪色彩。用启事公开向做出善举者致谢、向被侵权或受到伤害者致歉,是讲究礼貌的起码要求,写作时应当合乎有关原则及标准。

（二）求恰当

对给予指导、帮助或积极参与的善举以及侵权行为或造成其他伤害的定性要符合实际,不可人为地抬高或降低;表达谢忱或歉意要合度,不能率性随心。

七、写作训练

请根据下面资料写一则鸣谢启事,成文日期用"×"代替。

××大学晨光戏剧社排演的话剧《心声》获得成功,请代该戏剧社写一则启事,对

提供舞台、道具以及音响设备的××省话剧院,提供服装的××市话剧团,化妆师×
×、××、×××、×××,指导老师××、×××表示感谢。

第九节　庆典启事

一、名称解释

庆典启事,是筹办者就某一重要节日或重大事件而举办的庆祝仪式事先向公众
告知有关事项的文书。庆典活动的类型有:节日庆典,如传统节日庆典、纪念日庆典;
周年庆典,如校、厂、店、台、馆、社、产品、发明、领导人题词的周年;开幕、闭幕庆典,如
奠基与落成、开业、开工与竣工、开学与毕业、通车(航、邮)、转产、新设分支机构、迁
址;特别庆典,是指利用特殊纪念意义的事件或为了某种特定目的而策划的庆典,如
某旅行社接待第 100 万位国外旅客。社会组织传递庆典信息的方式很多,最重要的
文体就是启事。

二、主要特征

(一)仪式性

作为传递庆典信息的载体,庆典启事表现喜庆庄重的庆典仪式。要选用热情洋
溢的词句,设计精美的图案,印刷时多以红色为主色调。

(二)宣传性

社会组织举办庆典活动,将其作为大型公共关系活动之一,目的在于引起公众的
注意,借此扩大其知名度和美誉度。庆典启事便是塑造社会组织形象的有效手段,给
公众留下美好的"第一印象"。

三、内容、格式及写法

(一)标题

包括单标题和双标题。

单标题有三种写法:一是单位+事由+文种,如《××人民出版社成立 50 周年启事》;
二是事由+文种,如《金源工程竣工庆典启事》;三是只写事由,如《长山大桥通车典礼》。

双标题有两种写法:一是引题+正题,如《拳拳教师滋兰惠树 莘莘学子汲英吮华
唐安中学 50 周年校庆启事》;二是正题+副题,如《茂源商厦开业盛典 全场商品 9.5
折优惠》。

（二）编号

适用于规模较大的庆典活动,连续发启事,需要统一排序号,写在标题的正下方。

（三）正文

包括开头、主体和结尾。开头写庆典缘由,介绍背景和有关情况。主体写庆典活动安排,比如时间、地点、程序、参与者、组织接待、注意事项。结尾写期盼语以及单位地址、电话、电子邮箱、联系人等。

正文的写法多用标语式、条陈式、简述式。

（四）具名

写明筹办者的全称或规范化简称。

（五）日期

标明年月日。

（六）印章

如有必要,加盖机关、团体、单位的印章或者主要负责人的签字章。

四、范文评析

［原文］

厦门大学85周年校庆启事

（第一号）

2006年4月6日,素有"海上花园学府,中国南方之强"美誉的厦门大学将迎来自己的85周岁生日。在此我们谨向多年来支持和关心厦门大学的各级领导、海内外校友、各界人士和朋友致以最诚挚的感谢和最崇高的敬意。

"学海何洋洋,鹭江深且长"。诞生于1921年的厦门大学是中国近代教育史上第一所由华侨创办的大学,她的创办人就是被毛泽东同志誉为"华侨旗帜、民族光辉"的陈嘉庚先生。在85年的办学历程中,厦大人始终秉承校主陈嘉庚先生倡导的"自强不息,止于至善"校训,发扬"爱国、革命、自强、科学"的优良传统,形成了"侨、台、特、海"的鲜明办学特色,培育出数以万计的社会栋梁,积淀了深厚的文化底蕴,在海内外声誉卓著。现今,厦门大学是国家"211工程"和"985工程"重点建设的高水平大学,也是我国唯一地处经济特区的教育部直属综合性重点大学。

在历史的长河中,85年仅仅是短暂的一瞬,但在中国现代高教史上,85年却是一段不凡的历程。85年来,厦门大学弦歌不辍,春华秋实,从一个台阶迈向一个个新的台阶,不断地刷新办学的起跑线。为了向海内外彰显厦门大学的优秀传统和辉煌成就,学校决定隆重举办85周年校庆活动。本次校庆以"厦门大学走向世界"为主题,定位于国际性和学术性,计划举办一系列高水平、高层次的庆典活动。我们相信,85周年校庆是学校承前启后、继往开来的新起点,是学校拼搏奋进、再创辉煌的新庆典,是凝聚人心、树立形象的一次新契机,她将推动厦门大学朝着"世界知名的高水平研究型大学"的目标奋勇前进。

南强巍巍,鹭江泱泱,嘉庚精神,山高水长。我们期待海内外校友和社会各界贤达,在 2006 年春天的如歌季节里,聚首鹭岛,领略海峡西岸"一城山色半城花,万顷波涛拥海来"的秀丽景色,总结学校的既有成就,展望未来发展愿景,共同庆贺厦门大学的 85 周岁生日。

各位嘉宾、各位校友,厦门大学热诚欢迎你们的光临。

厦门大学
二〇〇五年十一月十六日

联系人:×××
通信地址:中国 厦门 厦门大学群贤(一)三楼 校庆办公室　邮政编码:361005
电话:××××××××
传真:××××××××
E-mail:xmu85@xmu.edu.cn

[简析]

这是选自中国校庆网的一则启事,略有改动。该文最大的特点是个性鲜明。从"海上花园学府,中国南方之强"之美誉到"自强不息,止于至善"校训、"学海何洋洋,鹭江深且长"校歌,从创办人"华侨旗帜、民族光辉"——陈嘉庚到"侨、台、特、海"的办学特色,从"厦门大学走向世界"的校庆主题到"一城山色半城花,万顷波涛拥海来"的秀丽景色,无一不彰显厦门大学独具的特色。该文结构由标题、编号、正文、具名、日期、尾部组成,项目齐全。其中,正文先向各界表示感谢和敬意,接着回顾校史、说明校庆的意义及安排,最后期待着各位光临,层次分明。语言精练而富有韵味,"谨"、"贤达"、"嘉宾"、"热诚"、"光临"等词语合乎庆典启事的语体色彩,"南强巍巍,鹭江泱泱,嘉庚精神,山高水长"带有诗韵美。

五、病文会诊

在庆典启事写作中经常出现滥用公告、主次不分、结构残缺、表达雷同等问题。

[原文]

厂庆启事[①]

××集团欲举行建厂四十周年庆祝活动[②],为感谢昔日老员工所作出的贡献,特邀请××集团的前身——即原××××××厂的职工于××××年×月××日上午10 时前来××集团总部所在地(××××,可坐区内 303 公交车)参加厂庆活动[③]。

请相互转告④。

××集团厂庆筹备办公室
××××年×月××日

[评析]

①标题事由只写"厂庆"太笼统,要标明该厂名称和建厂多少周年,应当改为"××集团建厂四十周年庆典启事"。

②"欲"不合语体色彩,可改为"拟"。"活动"后面的逗号可以改为句号。

③只写厂庆的时间、地点、交通方式是不够的,应当说明该活动的主要项目,让有关人员知晓。

④将"请相互转告"后面的句号改成叹号!

六、特别提示

(一)切勿滥用公告

时下有小型庆典用启事、大型庆典用公告之说,造成庆典公告满天飞。其实小型、大型庆典是很难界定的,关键在于该项庆典活动的性质以及筹办者的职权。一般的工厂、商店、学校等企事业单位无权使用公告,发布庆典信息主要用启事。

(二)去芜杂

由于庆典活动涉及的内容较多,在启事中要突出重点、条理分明。可是,内容芜杂的情形并不鲜见。例如,有的先写庆典的时间和地点,接着是资料征集事宜,后面交代基本情况表等项目,欲将庆典诸事涵盖其中,结果只能是杂乱无章。去芜杂的方法:一是一文一事,二是系列编发,三是删除赘述。

(三)避雷同

现今的庆典启事流行设置段首句,以点明段旨。但这些段首句用词相近,且多是对偶式句子。例如,"50 载栉风沐雨,50 年春华秋实"、"50 载春风化雨,半世纪芳菲成林"、"50 年风雨沧桑,50 载磨砺奋进"、"50 年风雨兼程,半世纪创业发展"、"50 年拼搏奋进,半世纪灿烂辉煌"、"50 年斗转星移,50 载春华秋实"、"光阴荏苒 50 载,春华秋实盛世约"。这些摘录的写 50 周年校庆启事的例句,趋于雷同,给人似曾相识之感。改变的方法是遣词弃同求异,句式灵活多变。

七、写作训练

下面是一则新闻,请改写成店庆启事。

××超市河北店举行 3 周年店庆仪式

4 月 21 日,××超市河北店迎来 3 周年店庆。××商业公司董事长兼总经理×

××、××超市公司总经理×××、××超市河北店店长××、××超市公司部门经理及河北店科级以上干部和有关人员参加了店庆仪式。有关领导在讲话中回顾了××超市河北店3年来的成长历程并展望了商业公司、超市公司美好的发展前景,赢得了现场道贺嘉宾们的阵阵掌声。

早晨八时许,河北店门前就已经聚集了几千名顾客,大家不仅是为了观看精彩的店庆演出,也为了抢先购买河北店各种劲价促销的应季商品。九时整开业时间一到,顾客们争先恐后进入超市,几分钟超市卖场就人声鼎沸,展现出一派喜庆热烈的抢购场面。据统计,店庆当日共接待顾客13220人,当天创造销售额33万余元。

建议:

1.以××超市河北店的名义,提前一周发出。

2.列出店庆仪式的主要项目。

3.店庆促销商品及方式酌定。

第十节 讣 告

一、名称解释

讣,原是报丧的意思,也指报丧的通知,如"伯高死于卫,赴(讣)于孔子"(《礼记·檀弓》);告,是把事情向人陈述、解说。讣告,又称讣闻、讣文,是机关、团体、单位或个人把某人不幸逝世的消息通知其亲属好友和有关方面的文书。

讣告沿用甚久,具有特定的内容、比较固定的格式和惯用的语言。它大多贴在死者的工作单位或住宅门口,还可以利用报纸、广播、电视、网络向社会告知。它是举办丧事的第一份文书,应当在向遗体告别前尽早发出,以便死者亲友做好赴丧准备。

二、主要特征

(一)讣告不同于公告

公告属于法定公文,可以用来宣布党和国家主要领导人逝世的消息,显得隆重、庄严;而讣告是礼仪文书,专用于一般性丧事。

(二)讣告不同于消息

消息由记者采写用来公布某人的死讯,使用新闻笔法;而讣告是以治丧委员会、治丧办公室或死者亲友的名义报丧,采取特有的写法。

三、内容、格式及写法

(一)标题

一般是单标题。大多只写文种,如《讣告》。也可以是死者姓名＋文种,如《××
×讣告》。

(二)正文

要载明死者的姓名、身份、因何逝世,逝世的时间、地点、终年岁数;举行吊唁或召
开追悼会的时间、地点,接送车辆安排、联系方式;其他有关事项。如有必要,还介绍
死者的生平,即概述死者生前具有代表性的经历。

正文的写法一般采用简述式,构段上有篇段合一式和多段叙说式。

结语有"特此讣告"、"谨此讣告"、"谨此讣闻"等。

(三)具名

写明治丧委员会、治丧办公室的名称。如果以个人名义发讣告,则写出主要亲友
的姓名,后加"泣告"、"哀告"等。

(四)日期

即讣告的发布日期。

(五)附件

主要有三种情况:一是死者的生平;二是治丧委员会或治丧办公室名单,按领导
成员的职务排名或以全体成员的姓氏笔划排列;三是其他资料。

四、范文评析

[原文]

讣 告

中国人民真诚的朋友和同志,杰出的国际主义战士,中国人民政治协商会议第
六、七届全国政协委员,中国外文局人民画报社德文老专家魏璐诗同志,因病医治无
效,于 2006 年 3 月 6 日零时零分在北京逝世,享年 97 岁。

魏璐诗同志 1908 年 12 月 11 日出生于奥地利。1932 年在维也纳大学毕业并获
得哲学博士学位。1933 年来到上海,在宋庆龄同志的影响下,她决定长期留在中国。
1951 年在中国外文局做英文专家。1955 年加入中国国籍。1965 年到人民画报社任
德文专家。

魏璐诗同志几十年如一日,始终同情、支持并参加了中国人民的解放斗争和社会
主义建设事业。特别是在新中国成立后,为中国的对外传播事业做了大量的、富有成

果的工作。她对中国和中国人民怀有真挚的感情,把毕生精力奉献给了中国的对外传播事业,为中国的发展和进步、为增进中外相互了解和友谊作出了重要和杰出的贡献。我们深深怀念她。

魏璐诗同志的遗体送别仪式于 2006 年 3 月 10 日上午 10 时 30 分在北京八宝山革命公墓瞻仰厅举行。

治丧办公室值班电话:(010)68414190 88417071

传真:(010)68414190 68412657

魏璐诗同志治丧办公室

二〇〇六年三月六日

附:魏璐诗同志生平

[简析]

该文由标题、正文、具名、日期、附件组成,结构完整。其中,正文先用一句话说明魏璐诗的身份、姓名,逝世的原因、时间和地点,享年,写得简洁明了;接着从在奥地利出生、求学到在中国定居、工作以事略的方式回顾其生平,并作出精当的评价;最后交代其遗体送别仪式的时间、地点以及治丧办公室的电话和传真。此外,该文的语言精练而庄重。"中国人民真诚的朋友和同志"、"杰出的国际主义战士",称谓准确;"为中国的对外传播事业做了大量的、富有成果的工作",评价恰当;"我们深深怀念她"等词句哀思深沉、凝重。

五、病文会诊

在讣告写作中经常出现详略不当、层次不清、交代不明、过多使用文言词等问题。

[原文]

讣　告

显考李×(原××市财政局副局长,退休)于 2007 年 5 月 2 日晚因病逝世①,享年 80 岁。在此沉痛宣告②。

李×遗体告别仪式定于 5 月 12 日在××殡仪馆举行③,欢迎各位光临④。

子:李××、李××

女:李×⑤

2007.5.3⑥

[评析]

①"显考"用于旧时,现今多用"先父"等词语。说明逝世的时间只用"晚"模糊不清,应当写具体的几时几分。

②"宣告"语意太重,可以改为"告知",还应当说明向谁告知。

③缺遗体告别仪式的具体时间,要写明几时。

④"欢迎各位光临"不合讣告哀痛的气氛,应当删去。

⑤具名后面最好加"泣告"二字。

⑥应当写明"年"、"月"、"日"。

六、特别提示

(一)表达明确

讣告要明白、确定,不能含糊、飘忽。这就要求:一要知道写什么,掌握死者的逝世、生平以及预定吊唁或追悼会的情况;二要选用最恰当的表达方式,一般使用说明的方式,很少描写和议论;三要用最准确的词句,比如"终年"使用广泛,而"享年"仅用于老人。

(二)礼仪相合

讣告属于丧事文书,应当尊重有关礼仪习俗。按传统习惯,张贴的讣告忌用红色纸,只能用白、黄两种纸,白色纸用于长辈之丧,黄色纸用于幼辈之丧。现今的讣告,一般用白纸,上书黑字即可。讣告的语言要庄重、严肃,以寄托对死者的哀思。

七、写作训练

请认真阅读《鲁迅先生讣告》,写出评析性短文。

鲁迅先生讣告

鲁迅(周树人)先生于一九三六年十月十九日上午五时二十五分病卒于上海寓所,享年五十六岁。即日移置万国殡仪馆,由二十日上午十时至下午五时为各界瞻仰遗容的时间。依先生的遗言:"不得因为丧事收受任何人的一文钱。"除祭奠和表示哀悼的挽词、花圈等以外,谢绝一切金钱上的赠送。谨此讣闻。

鲁迅先生治丧委员会

蔡元培、内山完造

宋庆龄、A·史沫特莱

沈钧儒、萧三、曹靖华

许季茀、茅盾、胡愈之

胡风、周作人、周建人

建议:

1.从内容、结构、语言等方面加以评析。

2.以 120~150 字为宜。

第四章 请 柬

第一节 请柬概说

一、名词解释

请,是邀请的意思。柬,本为简,是古代以竹或木材为原料制成的书写材料。由于面积很小,简多是零星文字或短文,后来简专指短小的信札,此义沿用至今,朱光潜的《谈美书简》即是。这里的柬,是函件、名片、帖子的统称。例如,皮日休《鲁望以竹夹膝见寄因次韵酬谢》云:"大胜书客裁成柬,颇赛谿翁截作简。"请柬,又称请帖、柬帖、简帖、帖子,是一种邀请他人参加某个会议或某项活动的郑重而短小的文书。

二、沿革

在我国,请柬的运用可谓历史久远。早在魏晋时代就有了简帖、双书(对折)、品字封(拆开状似"品"字)、百折简(多到百幅正反相折的一条长纸)等式样。旧时官署曾专设柬房,负责处理包括书札、名帖、礼帖等的往来。据 2005 年 10 月 26 日《内蒙古晨报》报道,在内蒙古自治区阿拉善盟额济纳旗黑城遗址中出土的用毛笔写在竹纸上的元代请柬距今 700 余年,是已知国内所存最早的请柬实物。如今,请柬是一种普遍使用的邀请性文书。

三、主要特征

(一)郑重性

请柬的礼仪色彩很强,无论相距远近,凡有必要都用请柬发出邀请,既表示对被邀请者的尊敬,也显出邀请者对此事的郑重态度。

(二)广泛性

请柬的应用范围很广。从主体上看,机关、团体、单位、个人均可使用;从内容上看,大到全国性会议或国宴、小至个人聚会或宴请都可以用请柬邀请。有的请柬涉及面较广,便登报广为宣传。

（三）艺术性

由于请柬一般用于正式的礼仪活动，且多是邀请宾客的，因此装帧和款式设计上讲究美观、精致、大方，令人赏心悦目，有保留和收藏价值。

四、种类

（一）按内容分类

有会议请柬、活动请柬。会议请柬，用于邀请他人参加各种会议；活动请柬，用于邀请他人参加有关活动。

（二）按形式分类

有单帖、双帖、组合帖三种。单帖，又称卡片帖，属于单页式请柬。有单面、双面两种，单面即只在正面有图案和柬词，双面即正面为请柬的图案、反面为柬词。双帖、组合帖属于折叠式请柬。其中，双帖，又称对折帖，封面为请柬图案、内面为柬词、反面为封底；组合帖，一般为参加人数较多，规模较大的会议或活动所用，有时内附其简介图文、临时通行证、代表证等。

（三）按文字书写分类

有竖式请柬、横式请柬。竖式请柬，即文字竖排，多用于传统的请柬，如今有时也能见到；横式请柬，即文字横排，目前大多采用这一形式。

五、作用

（一）公关作用

请柬是一种礼仪性的交际手段，它满怀敬意向对方发出郑重的邀请，使对方愉悦地应邀参与。同时，它还能以精美的图案、典雅的语言对外展示自身的良好形象。

（二）凭据作用

请柬是邀请和应邀的书面凭据，它传递有关会议或活动的信息，不仅让对方知晓并备忘，还可作为入场的凭证。

六、格式

请柬的格式比较固定。选购的请柬已印好格式项目，依次填写即可；自制的请柬，格式与其大体相同。一般说来由下列项目组成：

（一）封面

单帖双面、双帖、组合帖的请柬有标题和图案。一般只写文种"请柬"或"请帖"，有的以"邀"、"恭请"等字样代替。可在文种前加上会议、活动名称以及主办者、承办者名称,如"阜星高级中学建校 60 周年请柬"。除丧帖外,一般用美术体字,并且烫金。此外,根据内容配有图案装饰。

单页单面的请柬没有封面,标题与其他项目处在同一页。

(二)称谓

即收柬者的称呼。

请柬大多有特定的对象。如果接柬者是机关、团体、单位,直接写其名称。如果收柬者是个人,写清姓名,并在之后加"先生"、"女士"、"同志"、"教授"、"主任"等相应的称呼,以示尊重。如被邀请者是夫妇二人,应将两人的姓名上下并列书写。

有的请柬没有具体对象,则不必写称谓。

(三)正文

包括事项、时间、地点三要素。务必写明参加会议或活动的名称,具体的月、日、星期、时、分,地点所在的区、街、路名称和号码、具体场所。如有必要,还交代会议或活动的目的或根据、乘车路线及接站、联系人、电话号码等。在写法上,一般是篇段合一式,特殊情况分多段说明。

结语多用"恭候"、"恭请"、"敬请"以及"光临"、"光临指导"、"莅临"、"届时出席"等敬语,也有的用祝颂语"此致 敬礼"。

(四)具名

写明发柬的机关、团体、单位名称或个人姓名。

如有必要,可在具名的后面加"敬邀"、"同敬邀"、"敬约"、"同敬约"、"鞠躬"、"同鞠躬"、"拜"、"敬上"、"谨启"等字样。有的请柬有特定的用语,如丧葬帖中常用"哀告"、"泣告"。

(五)日期

标明年月日。

(六)印章

以机关、团体、单位的名义发柬,应当加盖印章。

(七)附言

一般交代签到、着装、就座、人数限制、入场券或签到卡、提交资料、准备发言或节目、携带或禁带物品、领取礼品等特别提示的事项,如"内附入场券×张"。有的请柬将联系人和电话号码放在附言处。

(八)回执

即收柬者收到请柬后寄的回条,告知是否参加。

带回执的请柬大多自制,随请柬一同发出。事先打印有关项目,由收柬者填空,并划去不适用的词语。有的还贴上回邮的邮票。

七、基本要求

(一)内容明确

古人云:"写帖之法准之以义。"写请柬最重要的在于准确地表达内容,将有关对象、时间、地点、事项写得一清二楚,不得遗漏、含糊、失当。

(二)措辞得体

在力求言简意赅的同时,词句要文雅、大方、诚恳、庄重,比如请长辈或领导不能写"恕不介催"。另外,尽量多用现代口语,恰当选用文言词。

(三)制作精美

要做到纸质厚实、色泽鲜亮、设计大方、装帧考究、字迹秀美,而且与其内容、风格保持一致。

八、特别提示

(一)不能把请柬等同于通知

告知会议或活动的消息有时也用通知。通知是法定公文,带有事务性,而请柬是礼仪文书,具有交际性;通知用于对内下达,而请柬是内外发送均可;通知受文者大多必须参与有关会议或活动,而收柬者自定是否前来;通知的格式法定,而请柬的格式约定俗成。因此,切勿混用请柬与通知。

(二)不能把请柬误为邀请函

请柬与邀请函都以邀约为目的,格式项目相近,但它们也有许多区别。邀请函属于书信,请柬是一个独立的文体;邀请函中被邀请者多是参与者,礼仪色彩稍弱,而请柬邀请宾客,比较郑重;邀请函的事项具体、篇幅较长,而请柬的事项概括、篇幅短小;邀请函的版式只能横排,而请柬的版式横排、竖排均可;邀请函一般不设计图案,而请柬多有装帧。在写作时要辨析请柬与邀请函的异同,不能混淆。

九、写作训练

下面的请柬在内容、格式、语言上存在一些问题,请作修改。

春节茶话会请柬

××:

定于二月一日上午九时在政协礼堂举行春节茶话会,敬请届时出席。

致以敬礼

××市政治协商会
××××年元月××日

第二节　公务会议请柬

一、名称解释

公务会议请柬适用于邀请宾客参加隆重的公务会议,并给予指导。

常见的有三种:一是组织会议请柬。党团、团体等组织在举行隆重的会议时,经常使用请柬邀请宾客参加会议。比如,某高校召开团代会,开幕式、闭幕式邀请对象既包括本校党政领导以及党委组织部、党委宣传部、教务处、学生工作处等部门的负责人,也有团省委、团市委、兄弟院校团委的领导以及新闻机构的领导、记者等,按照惯例要送请柬。二是业务会议请柬。业务性会议很多,时常用请柬。比如,经贸方面的招商会、洽谈会、展销会、订货会,文艺方面的笔会、观摩会,外交方面的谈判、记者招待会,学术方面的报告会、研讨会。请柬要写明与之相关的事项,并采用邮寄、登报等发柬方式。三是交际会议请柬。在实际工作中,交际性会议可以增进友谊和合作。这种会议内容丰富、形式多样。比如庆祝会、欢迎会、欢送会、联欢会、电影招待会、茶话会都各有特定的主题和鲜明的特色,在请柬中均应得到体现。

二、主要特征

(一)聚合性

会,聚合;议,商议。公务会议就是有组织有领导地聚合在一起商议有关工作事宜。发柬目的在于邀请有关领导、宾客出席会议,共同议事。

(二)礼节性

与会议通知、邀请函相比,请柬有特殊的公关意义。被邀请者往往是上级或其他有关单位的领导、宾客,在装帧、用语等方面均显示礼仪特点。

三、内容、格式及写法

(一)封面

一般是单标题,有两种写法:一是会议名称＋文种,如《巨光灯具厂建厂 30 周年庆典请柬》;二是只写文种,如《请柬》。

要设计封面的图案。大型会议的请柬大多印会徽,知名人士纪念会的请柬有照片或画像。有时在封面标明会议主办者、承办者名称以及会议时间、地点;纪念会的请柬在封面写发柬者成立至今的时间或有关名人的生卒年份。

(二)称谓

写明收柬的党团、机关、团体、单位名称或个人姓名。

（三）正文

交待有关会议名称、报到时间及地点、会期及会址，有时还说明会议的目的或根据、联系方式（也可写在附言）等。

（四）结语

大多用"恭候"、"恭请"、"敬请"以及"光临指导"、"届时出席"等敬语。

（五）具名

写明发柬的党团、机关、团体、单位名称或个人姓名。

（六）日期

标明年月日。

（七）印章

以党团、机关、团体、单位的名义发柬，并直接寄给或送给收柬者，要加盖印章。

（八）附言

主要有三种：一是会议程序表；二是提示事项，如"请准备发言"；三是联系人的姓名和电话号码。

（九）回执

一些重要会议的请柬，需要有回执，请收柬者回复是否参加以及人数。

四、范文评析

［原文］

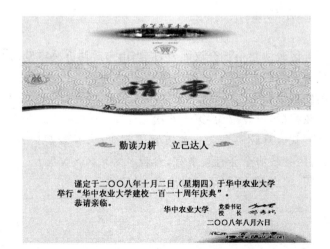

[简析]

这是华中农业大学110周年校庆的对帖请柬。封面上方是校徽,正中印着醒目的"请柬"二字,下方是会议主题和建校至今时间。柬词上面是校训"勤读力耕 立己达人",主体交代校庆时间、地点、会议名称、祈请语,并有党委书记、校长的签名和日期,下方写着"花开一百一十季 情传无限山水间"。封底是校徽、建校至今时间、校园主景、校名。由于该请柬无特定收柬者、活动项目较多,因此未写称谓、只交代会议日期。该请柬设计精美、特色鲜明。

五、病文会诊

在公务会议请柬写作中经常出现误用文种、内容含糊、结构残缺、不合语体色彩、语病较多等问题。

[原文]

关于召开××市区县政协秘书长会议的请柬①

经市政协同意②,定于××××年12月1日(星期四)在××区召开××市十八区县政协秘书长会议③。就区县政协全会有关事宜进行研讨,并参观×××××④。时间半天。请您于当日上午9:00到×××(××大街)集合⑤。您能否参加本次活动,请提前电话告知××区政协办公室。

联系人:×××

电　话:×××××××

××区政协办公室⑥

××××年11月24日

附:×××位置示意图

[评析]

①本文就召开区政协秘书长会议而发,应当由市政协办公室发通知,而不是承办单位区政协发请柬。标题"关于……的请柬"不合习惯。

②正文之前缺称谓。

③"十八"语意模糊,可以改为"第十八次"。

④缺主语,将"就区县政协全会有关事宜进行研讨,并参观×××××××"改为"会议内容是研讨区县政协全会有关事宜,参观×××××××"。

⑤在集合时间、地点后面写"请届时出席"的字样。

⑥缺印章。

六、特别提示

（一）内容具体

每个公务会议都有特定的邀请者以及目的、内容、形式、时间、地点，要写明有关具体情况，不可浮泛。

（二）语气合宜

公务会议请柬要用热情、期待、商量的语气，切忌生硬和命令。比如，可以说"敬请光临"，但"务必准时参加"、"不得迟到早退"则显得不恭。

七、写作训练

下文是用邀请函的方式写的请柬，不合语体色彩，而且内容、格式残缺。请按照请柬的写法与要求加以修改，无法标明的用"×"代替。

2008 中国（××）国际投资贸易洽谈会特邀投资商请柬

尊敬的女士/先生：

您好！

谨代表 2008 中国（××）国际投资贸易洽谈会组委会，诚邀您作为特邀投资商参加 2008 中国（××）国际投资贸易洽谈会（以下简称"×洽会"），此次×洽会由中国贸促会、××市政府、中国投资协会、中国中小企业协会、中国国际投资促进会、×港投资联盟联合主办，××市贸促会、××市投资商会联合承办。规模将达 3 万平方米，展示投资项目数千个。

本届×洽会将秉承促进中国投资贸易发展，加强国际国内交流的原则，为国内外企业的投资贸易和合作搭建一个服务创新、互动开放的展示、洽谈平台。

我们真诚邀请国内外专业人士、自由投资贸易者、风险投资者等作为特邀投资商参加此次活动。我们将针对所有与会者的要求，提供具体服务，协助与会者开拓市场、专业对接、交流洽谈、寻求合作，并取得实际成效。

大会主要特点：

——政府和商会联手打造的高端投资合作平台；

——为×三角企业"走出去"举办的投资盛会；

——突出项目的配对和洽谈特色；

——提供事前事中事后专业化服务；

——政府指导与市场化运作相结合；

——突出国际化。

大会主要内容：

（一）区域经济与政府招商板块，重点展示政府招商引资项目与城市开发项目，推介地区投资环境；为有需要的地方政府提供"×企走天下"系列套餐，现场展示、专场推介、媒体宣传、企业配对、实地考察一条龙服务。

（二）企业融资与上市服务板块，邀请有融资需求的中小企业及拟上市企业设展，特别配合即将推出的创业板，提供"进军创业板"套餐服务，为以在创业板上市为目标的中小企业提供系列服务。

（三）旅游景点及其招商合作项目板块，旨在帮助各地区旅游项目拓宽招商融资渠道，推动中国旅游业发展以及中外旅游行业的交流与合作。

（四）国际投资合作板块，重点展示推介境外国家、地区投资环境、资源和项目；国际投资机构及企业、中国境外经贸合作区；在中国寻找资源互补、技术互补、商贸互补合作对象的国外项目公司或机构。

（五）国际采购板块，邀请国际采购商来×设展，与国内外企业进行贸易合作洽谈。

（六）投资中介服务板块，邀请商协会、投资贸易中介机构、法律会计服务机构，商标、专利、特许经营机构，网站、媒体等设展，全方位满足企业投资发展需求。

（七）"×企走天下"系列活动，包括"×企走出去"成果展，加大企业走出去的宣传力度。

（八）论坛板块，重点举办企业跨国发展论坛、中小企业发展论坛、中国创业板高峰论坛、×港投资大会暨中国招商局长峰会。

（九）其他合作板块。

第三节　公务活动请柬

一、名称解释

公务活动请柬适用于邀请宾客参加有关公务活动。

主要有三种：一是仪式请柬。比如，重要工程的开工和竣工、纪念碑或雕像的奠基和落成、组织的建立或企业的开张和乔迁等举办揭幕、揭牌、剪彩等仪式，要用请柬邀请有关宾客参加。二是宴请请柬。宴请宾客是交际活动中的一种普遍方式，其中大规模、高规格的宴请通常称为宴会，平常的宴请有时又称聚餐。一般说来，比较重要的宴请事先要发出请柬邀请对方参加。三是文体科教等请柬。举办丰富多彩的文化、体育、科技、教育等活动是社会主义精神文明建设的需要，用请柬邀请宾客，可以加强彼此的联系与合作，营造一种和谐、进取的氛围。

二、主要特征

(一)约同性

举办公务活动,需要有关方面宾客的指导与支持。发请柬,就是邀其一起做事,有助于活动得以顺利进行并达到预期目的。

(二)各异性

与公务会议请柬相比,公务活动请柬适用面更广、使用频率更高、邀请对象更多、形式更灵活,因而其设计与写作应当求异而善变。

三、内容、格式及写法

(一)封面

一般是单标题,有两种写法:一是活动名称+文种,如《全国第一届硬笔书法家作品展览请柬》;二是只写文种,如《请柬》。

图案的设计可以根据不同的主旨而定。比如,乔迁请柬多以建筑物为主景,周围用花草等点缀,还可以书写"乔迁之喜"突出主旨。

如有必要,可以标明活动主办者、承办者的名称以及时间、地点。

(二)称谓

写明收柬的机关、团体、单位名称或个人姓名。

(三)正文

写明有关活动的名称、时间、地点,也可以交代目的或根据、联系方式等。

(四)结语

大多用"恭候"、"恭请"、"敬请"以及"光临"等敬语。

(五)具名

写明发柬的机关、团体、单位名称或个人姓名。

(六)日期

标明年月日。

(七)印章

以机关、团体、单位的名义发柬,并直接寄给或送给收柬者,要加盖印章。

(八)附言

有三种情况:一是活动流程表;二是提示事项,如"敬请持本柬的贵宾于××准时到××签到"等;三是联系人的姓名和电话号码。

（九）回执

有些重要的活动，需要收柬者告知能否参加及人数。

四、范文评析

[原文]

[简析]

2008 年 8 月 9—21 日，北京 2008 年奥运会帆船比赛在青岛国际帆船中心及周边水域举行。这是该项活动的请柬。封面的左侧是赛区示意图和赛区名称以及"打孔作废"的提示，右侧是北京 2008 年奥运会会徽和口号、标题"贵宾观摩请柬"、帆船比赛标识；柬词分别用英文、中文写明称谓、正文、具名、日期、注释，右下方则为打孔区的提示。该请柬设计规范、项目完整。

五、病文会诊

在公务活动请柬写作中经常出现事项笼统、结构混乱、词语失当等问题。

[原文]

请　柬

××①：

　　拟于本月 16—18 日在市文化艺术中心举办"古城春色"摄影展览②，请前来指教③。

××市摄影家协会

四月二十日④

（入场券二张⑤）

[评析]

①称谓不能只写姓名,应当加相应的敬词,如"女士"、"先生"。

②"拟"是打算、想要的意思,而此次展览已作决定,可以将"拟于"改为"兹定于"。"在"口语化,可以改为"假"或"假座"。

③"前来"不能与"指教"搭配,最好将"请前来指教"改为"敬请光临指导"。

④要补写年份。

⑤在"入场券二张"前加"内附"或"内有"。

六、特别提示

（一）明"旨"而述

发请柬的公务活动很多,但每项活动都有特定的主旨,要根据主旨的需要来表达,力求集中而有个性,不可泛泛而叙。

（二）按"实"发出

每次活动拟邀请的对象,要坚持必要性和可行性,既考虑其代表性,又注重经济时效。按照已确定的人数发请柬,避免漏发和滥发。

七、写作训练

盛源商场定于 2012 年 7 月 28 日上午 9 时正式开业,三楼客厅同时接待业务洽谈。请为该商场代拟一份请柬,无法标明的用"×"代替。

第四节　个人喜帖

一、名称解释

按照通说,个人所用的请柬有喜帖、丧帖、礼帖、谢帖、其他请帖等。因礼帖和谢帖现今不多用,这里只讲喜帖、丧帖、其他请帖。

喜帖,又称贺帖,是个人就某些喜事特邀领导、同事、亲戚、朋友前来祝贺的请柬。

使用最多的喜帖是婚帖和生日帖。婚帖,过去称为团书,是就婚礼之事向有关人员发出邀请。过去婚帖有对亲、定日、送礼、迎亲、送嫁、请新郎偕新娘回门等多种,如今则多用于订婚和结婚。婚帖往往设计精美,图文并茂。生日帖,适用于幼儿、少年、成年人、老年人。幼儿有三朝、满月（又称弥月）、百日、周岁等喜帖;少年的生日帖多用于中小学生;一般成年人过生日比较简朴,如果邀人参加,也可以发帖;老年人过生日称为做寿,逢整十则做大寿。做寿一般由子女晚辈操办,也可以由亲友、单位操办,通常要发帖。此外,个人升学、晋职、乔迁、获奖等喜事,也可以用喜帖邀人庆贺。

丧帖、其他请帖在后面两节论述。

二、主要特征

(一)喜庆性

婚嫁、生育、生日、升迁等是值得喜欢和庆贺的,喜帖正是为这些喜事而发,既向人们报喜,又传递欢庆的信息,通篇洋溢着喜气。

(二)分享性

人逢喜事,特地邀约领导、同事、亲戚、朋友一起欢聚,共同分享。喜帖便提供了这样一个情感交流的平台,能增强单位的凝聚力,加深亲情或友情。

三、内容、格式及写法

(一)封面

一般只写文种,如《请柬》《请帖》。

喜帖的图案设计多样而有个性。比如,婚帖、儿童的生日帖大多印有照片,生日帖有生日蛋糕、寿星画,乔迁帖有房屋等。

(二)称谓

大多写收柬者的姓名,并加敬词。如果收柬者是夫妇,横式按先男后女的顺序从上至下并排,竖式按先男后女的顺序从右至左并排。目前有些喜帖模板的称谓是"送呈×××台启",其中"送呈"是"呈送"一词的误用,"台启"是信封惯用词之一,不宜将其作为喜帖称谓。

(三)正文

交待事由、时间、地点等,根据实际情况处理。比如,致介绍人、致证婚人、致其他人员的婚帖各有特定的内容和写法,不能混同。此外,有些订婚或结婚年月日分别写公历和农历。

(四)结语

用"恭候"、"恭请"以及"光临"等敬语。

(五)具名

写明发柬者的姓名或其他名称。如果发柬者是夫妇,横式按先男后女的顺序从上至下并排,竖式按先男后女的顺序从右至左并排。发柬者姓名之后多加"敬邀"、"同敬邀"等字样。以晚辈名义发的寿帖,发柬者姓名之后多加"鞠躬"、"同鞠躬"。至于寿帖,由子孙或亲友具名,兄弟姐妹较多的可由长子或长女或推对外最有声誉的代表具名;几代同堂者也可用"×××率子孙鞠躬"的字样;亲友具名的,大多逐一标明;如以单位名义主办的,则写单位名称。

（六）日期

标明年月日。

（七）附言

有的喜帖将具体时间、地点等写在附言里,以示强调。例如"席设:××路××号××酒店××厅 时间:×月××日(星期×)×时"。此外,还可以补充其他事项。

四、范文评析

［原文］

请　東

沈青女士：

二月十二日（星期日）为家慈六旬正诞，敬治桃酌。

恭候

光临

张蓉 敬约

二〇一二年二月六日

席设：光华路三十号华胜酒楼香荷厅

时间：下午五时

［简析］

这是一个竖排式寿帖。由标题、称谓、正文、具名、日期、附言组成。内容明确,格式齐全,用语简约而恰当。

五、病文会诊

在个人喜帖写作中经常出现内容不具体、结构不完整、语言不通顺、不合语体色彩等问题。

[原文]

舅父①：

我定于本月十八日（星期二）上午十时许与××在圣元酒店举行婚礼。我们盼望您与舅母能光临，并参加喜宴②。专此并颂

福安③

敬请回复④！

外甥：×× 敬上⑤

2011 年 10 月 8 日

[评析]

①缺标题，应当在上一行中间写"请柬"。被邀请者是舅父与舅母，称谓要补写"舅母"。

②此文应当以一对新人的名义合写。正文中的"二十日"最好用阿拉伯数字，"五时许"语意含糊，"在"可以改为"假"或"假座"，还要补充地点是圣元酒店的哪个厅。正文可以改为"我们定于本月 18 日（星期二）上午 10 时 18 分（注：此时间为假定）假圣元酒店××厅举行婚礼，并敬治喜宴。恭候光临"。

③"专此并颂 福安"是函件用语，不用于请柬，可以将其删去。

④因为是亲戚，无需写"敬请回复"。此帖如果邮寄，可以几日后主动去电话再次约定；如果面交，则当场商定。

⑤此具名是函件的写法，应当改为"外甥　　×× 外甥媳妇 ×× 同敬邀"。

六、特别提示

（一）精心设计

个人喜帖因其特定主旨和诸多作者呈现出艺术化和个性化的特点，许多喜帖佳作具有较高的欣赏性和收藏价值。关键在于设计，无论是封面、封底还是柬词都要力求有美感、有新意。

（二）把握语感

喜帖的种类很多、作者各异，因此要力求切合语境。比如，婚帖中以家长、新人、兄长名义发出的请柬在措辞、造句等方面各有不同，一定要因"境"而为。

七、写作训练

下面是生日帖的模板之一,请分析它的优点和不足,修改后填写具体内容。

第五节　个人丧帖

一、名称解释

丧帖,又称报丧帖、丧葬帖,用来向亲友告知死者逝世及办理丧事的简要情况,以便前来吊唁或参加葬礼。

二、主要特征

（一）报丧性

丧帖一般在死者逝世的当天或次日用分送的方式将情况通报给至亲及挚友。

（二）肃穆性

丧帖往往用白色纸张、黑字,语气沉痛,体现出庄重、素雅的基调。

三、内容、格式及写法

（一）封面

一般不拟标题。如拟题,写明事由、文种即可。

有的丧帖配以与丧葬礼仪相协调的图案,并在周围加上黑边。

（二）正文

说明死者的身份，姓名，逝世的原因、日期、地点，终年岁数；通知吊唁、殡葬的时间、地点等。

（三）结语

写"哀此讣闻"、"谨此讣闻"等。

（四）具名

一般由家人选择有代表性的人具名，也可以用"×××率××"的字样。具名之后加"哀告"或"泣告"。

（五）日期

标明年月日。有时可以省略此项。

（六）附言

有的丧帖附带说明联系地点、电话号码等。

四、范文评析

［原文］

> 显考张公讳××字××恸于××××年××
> 月××日××时因××疾病逝于××医院距生于××
> ××年××月××日享寿××岁不孝××等随侍在侧亲
> 视含殓遵礼成服即日移灵××殡仪馆××厅谨
> 择于××××年××月××日××时大殓家祭××时公
> 祭随即发引安葬于××墓园叨在
> 世谊哀此讣闻
> 　　　　　　　哀孤子××
> 　　　哀孤女×× 　　　泣启
> 电话：××××××××
> 丧居：××路××号

［简析］

该文由正文、具名、附言组成，内容明确、用语简洁、语气凝重。

五、病文会诊

在个人丧帖写作中经常出现交代不清、不合语体色彩等问题。

[原文]

父××①，于××××年×月×日病逝于××②，享年82岁。兹定于×月×日×时在本市火葬场火化③，并举行追悼会④。

×××⑤

[评析]

①在"父"前加"先"，以示对死者的尊重。

②应当补充病逝的具体时间"×时×分"。

③"兹"大多是文章的起始语，不宜放在此句开头，删去它并不影响语意表达。

④"火葬场"是口语，以用书面语"殡仪馆"为宜。将"在本市火葬场火化，并举行追悼会"改为"在本市殡仪馆举行追悼会"或"在本市殡仪馆举行遗体送别仪式"。

⑤在具名后面加"泣告"。

六、特别提示

（一）切勿将丧帖写成公告

公告与丧帖同样可用于告知丧事，但在作者、重要程度、传递方式等方面有很大区别。因此用于个人报丧的丧帖不能误用为公告。

（二）区分丧帖与讣告的异同

有的学者认为，丧帖就是简明型讣告，这把丧帖与讣告等同起来。尽管都用来报丧，但讣告除了少数用于个人之外多是机关、团体、单位使用，而丧帖仅用于个人；讣告多用报纸、杂志、广播、电视、网络、张贴等形式传递有关信息，而丧帖一般直接送达亲友。

七、写作训练

下面是旧时丧帖的一种模式，请认真阅读，查阅有关殡仪资料，写出评析性短文。

　　显考（显妣）××府君（×氏孺人）享年××岁，于××××年×月×日×时寿终。定于××××年×月×日×时扶柩安葬。谨此讣闻。

孤子（哀子或孤哀子）××稽首

　　注：父丧为"显考"，具"孤子稽首"；母丧为"显妣"，具"哀子稽首"；父母皆丧为"显考妣"，具"孤哀子稽首"。

第六节　个人其他请帖

一、名称解释

个人请帖除了喜帖、丧帖之外，还有用于邀请相关人员参与其他一些有益活动的。它的作者可以是某个人，也可以是多人组成的某一集体。

个人其他请帖主要有三种：一是宴请帖。如在重要节日、接风或饯行、初识或重逢、其他交际等，请对方聚餐可以发请帖。二是活动帖。主客双方共同参与舞会、游览、竞赛、制作等活动，有时用请帖邀约。三是观赏帖。用于邀请客人观赏主人作品或其他成果的展出，如文学、书法、美术、影视、音乐、舞蹈、收藏等展览。

二、主要特征

(一)约请性

个人发请帖，就是盛情邀请客人前来参加主人办的筵宴或活动、观赏主人的展览等，以达到沟通信息、交流情感、增进友谊的目的。

(二)丰富性

个人其他请帖的作者和读者众多、内容广泛、形式灵活，是人们工作、学习、生活的高度浓缩，有用、可品、能藏。

三、内容、格式及写法

(一)封面

大多只写文种，如《请帖》。也可以在文种前加事由，如《秦淮河生态考察活动请柬》。有时可以不拟标题。

这类请帖没有特定的图案模板，要根据具体情况设计，力求个性化。比如，考察秦淮河的生态情况，可以加上秦淮河的图片。当然，如无必要也可以不加图案。

(二)称谓

直接写明收柬者的姓名，并加敬词。

(三)正文

写明有关活动的名称、时间、地点以及其他事项。

(四)结语

写"恭候 光临"等。

（五）具名

写明发柬者的个人姓名或集体名称。后加"敬邀"、"同敬邀"等字样。

（六）日期

标明年月日。

（七）附言

有时在附言中说明节目单、联系方式、注意事项等。

四、范文评析

［原文］

请　柬

×××先生：

　　兹定于本月 26—31 日假本市文化艺术中心举办"古城年俗"摄影展览，恭候届时亲临指教。

×××　敬约

二〇一二年三月十五日

［简析］

这是一封单页单面的个人展览请帖。以文种作标题，称谓加敬词，正文载明展览的起止日期、地点、事项，以"恭候届时亲临指教"作结，具名后写"敬约"，还写明发柬的年月日。

五、病文会诊

在个人其他请帖写作中经常出现事项不具体、结构不完整、表达不明确、不合语体色彩等问题。

［原文］

请　帖

××老师①：

　　您好②！

　　我们定于 7 月 25 日下午 6 时假座星光宾馆锦绣厅举行毕业 10 周年纪念会③，并备有薄酌。恩请光临④！

　　恭祝

教祺⑤

行政管理 97（1）班全体同学　敬邀⑥

2011 年 7 月 16 日

[评析]

①应当在称谓前加"尊敬的"。

②"您好"是函件的问候语,不能用于请柬,将其删去。

③将"我们"改为"兹"或"谨"。

④无需加重语气,最好把"恳请"改为"敬请"或"恭候"。

⑤"恭祝　教祺"是函件祝颂语,应当删去。

⑥在"敬邀"之前加"同"。

六、特别提示

(一)不能把观赏性个人请帖写成海报

观赏性个人请帖很容易与介绍演出、放映、比赛、展览等信息的海报混淆,应当注意它们的区别。海报面向公众告知,而观赏性个人请帖大多有特定的对象;海报可以大幅多页,而观赏性个人请帖小幅短篇;海报一般登报或张贴,而观赏性个人请帖大多邮寄或送达。

(二)力求表达合规

所谓合规,就是以现代汉语为主,选用精练而典雅的文言词语,避免通篇文言;符合国家有关规定,不能与其相悖,尤其是在一般情况下不用繁体字;合乎相关礼仪习俗,不能自搞一套。

七、写作训练

下面是一则演唱会的海报,请将其改写成请帖,发柬者用"×"代替。

第五章 致 辞

第一节 致辞概说

一、名词解释

致,给予、向对方表示(礼节、情意等);辞,文辞、言辞。致辞,又称致词,本是动词,是指在举行某种仪式时说勉励、感谢、祝贺、哀悼等的话。由于致辞是演讲的一种特殊形式,这里将其书面形式也称为致辞,以有别于适用面极广的演讲词。致辞是演讲者在准备阶段写成并供演讲时使用的书面材料,它是演讲的依据。

二、沿革

致辞与人类的历史一样久远。在原始社会,人们以口耳相传等方式述说生产、生活中的一些仪式。而文字的出现为其记载与传递提供了物质媒介,从宫廷到民间,致辞逐渐增多。在《尚书》、《孟子》、《史记》等经典古籍中对政治、经济、宗教、军事、外交以及日常生活中仪式的描写有许多精彩的片段,晏子使楚、诸葛亮舌战群儒等范例广为流传。在近代和现代,致辞成为人们交际的一个重要工具,适用范围更加广泛,使用频率愈益提高。不仅有《为国利民福而努力奋斗》(孙中山)、《为人民服务》(毛泽东)、《我们对香港问题的基本立场》(邓小平)等领袖的名篇,也有《从今天开始做起》(鲁迅)、《每天四问》(陶行知)、《科学的春天》(郭沫若)等各个领域名人的佳作。此外,中华演讲网、中国贺词网、《演讲与口才》、《交际与口才》等杂志登载各种致辞,各地经常举办有关演讲比赛,促进了致辞的普及与提高。

三、主要特征

(一)交际性

致辞的本质是一种社交活动。从主客体上说,它是演讲者与听众的交流;从内容上看,它反映社交中各种需要解决的问题;从作用上讲,它有较强的宣传与协调性,能收到很好的效果。

(二)有声性

从某种意义上讲,致辞不是写出来的,而是说出来的。致辞的写作要解决把无声的文字转变为有声的语言这个问题,使之具有内容的明确性、语言的通俗性、声音的和谐性、节奏的鲜明性,最终达到上口、入耳。

(三)整体性

每篇致辞都独立成文,它是作者思想深度和知识广度的综合表现。因此,要从整体性出发,考虑统一协调,比如目的是否明确、主旨是否鲜明、材料是否典型、格局是否完整、重点是否突出、技法是否恰当、语言是否准确,做到各种要素互相联系、互为依托。

(四)临场性

致辞是面对广大听众的。致辞动笔前要做好社会调研,倾听人们的呼声,做到心中有数;撰写中要注意回答人们所关注的问题,并留有一定的余地;演讲时还要根据听众的反映加以调整,比如善于改变话题、巧妙穿插材料,以调动听众的兴趣,从而获得成功。

四、种类

(一)按内容分类

有祝酒词、贺词、欢迎词、欢送词、答谢词、告别词、颁奖词、誓词、悼词等。

(二)按媒介分类

有现场致辞、书面致辞、广播致辞、电视致辞等。

(三)按准备程度分类

有预定致辞、即兴致辞。

(四)按篇幅分类

有长篇致辞、中篇致辞、短篇致辞。

五、作用

(一)梳理思路

致辞的写作是作者梳理思路的过程。演讲时谈哪个话题,主旨是什么,运用哪些理论论据以及事例、数据,如何开场、展开、高潮、结尾等,在撰写前都要梳理一番,做到心中有数。

(二)提示内容

致辞是演讲的"蓝本",多是全面化、系统化的,尤其是引用的语句、数据都具体。

在演说时如果忘记了某个内容,可以看一眼,使演讲得以进行,避免因"卡壳"而出现冷场。

（三）润饰语言

演讲主要依凭语言来表情达意,致辞的语言应当达到规范化、通俗化、形象化、个性化和韵律化,这样有助于增强演讲的说服力和感染力。

（四）调控时间

演讲大多有时限要求。有了致辞,可以按照时限来确定文字量、语速、停顿、临场机动时间等,试讲几遍就能合理地控制演讲的时间,从而避免前松后紧情况的发生。

六、格式

（一）标题

1.单标题

公文式,如《周恩来总理在欢迎美国总统尼克松的宴会上的祝酒词》、《莎士比亚纪念日的演说》。

主旨式,如《爱国要培养完全的人格》、《睦邻友好的新起点》。

事由式,如《为学与做人》、《镭的发现和对镭的担忧》。

提问式,如《我为什么要写〈钢铁是怎样炼成的〉》。

2.双标题

正题揭示主旨或指出意义,副题交代作者、场合、文种等,如《今夜星光正灿烂——在全国大学生征文比赛颁奖典礼暨晚宴上的致辞》。

（二）具名

一般写在标题的正下方。

（三）称谓

讲前总要先和听众打个招呼,看上去很简单,实际上是沟通情感的必要一环,所以致辞大多有称谓。

1.泛称

适用面广,概括性强。如"同志们"、"朋友们"。

2.类称

针对性强,比较具体。如"主席、各位代表"、"各位同学"。

此外,有时需要写具体的人名,如欢迎词中的主宾。

写称谓,要注意准确性、包容性、次第性。例如,丘吉尔在美国度圣诞节的即兴演讲称"各位为自由而奋斗的劳动者和将士",曲啸到监狱给少年犯演讲称"触犯了国家法律的年轻朋友们"，堪称范例。

（四）问候语

问候在座的听众，是演讲礼仪的一种表现。常说"大家好"；也可以根据具体的时间酌定，如"上午好"。

（五）正文

正文由开场白、展开、高潮、结尾组成。

1. 开场白

开场白，又称引言。大凡好的致辞，都设计一个精彩别致的开场白，为演讲的成功铺平道路。

开场白的方法很多。好的开场白应当是：

其一，阐明主旨。主旨是致辞的灵魂，起笔昭示能总领全文。可以直接显旨，开宗明义；也可以间接说明，引言先行、趣言导入、解释题义都是较好的方法。

其二，引起注意。戴尔·卡耐基曾指出："想出一段能够吸引人的开场白，能够立即抓住听众的注意力。"（《语言的幽默》）其实，这正是许多演讲者煞费苦心的事。以下方法可供借鉴：通过提问，使听众的头脑中产生悬念，并急切关注演讲内容；根据需要设计一个道具，适时展示并辅以恰当的文字，也能引人注目；还可以陈述惊人或意外的事情，令人为之震惊，但切勿故弄玄虚。

其三，沟通感情。开场白是演讲者与听众之间的一座引桥，感情的沟通十分必要。比如，与日常生活联系密切的话题、代转别人话语等看似闲谈漫议，但实际上起着"润滑剂"的作用；有时以幽默为起句，能赢得笑声，使演讲者放松，也使听众放松。

2. 展开

开场白之后，演讲者要展开叙事说理，应当注意以下几点：

手段多样。展开过程中经常将叙述、描写、议论、说明、抒情等表达方式以及对比、联想、比喻、象征等表现技法综合运用，呈现出形象性、逻辑性、鼓动性、幽默性等特点，应当视内容的需要而定，以收到最佳表达效果。

层次标志明显。主要是：在层次过渡时加称呼语，直呼听众，暗示叙议转入下一部分，但不宜过多；在每一层次的首句冠以若干相同的词语，即间隔反复；过渡句，方式很多，酌情而定；用轻重、缓急、高低、停顿等语音调整作标志，使听众感到层次的推进。

穿插灵活。在展开过程中，有时插进与主旨有关的其他话语或事例，能使内容充实、说理深入浅出，还可以活跃现场气氛。实际上这是一种控场技巧，有穿插故事、笑话、趣闻、诗词、歌曲等多种情形。要注意：穿插是为了获得最佳演讲效果，而不是哗众取宠；内容格调高雅、真实可靠、生动有趣；形式灵活，接榫自然。

3.高潮

多数人认为致辞应当有高潮,这个观点符合客观事物的演变规律和致辞的写作理序。在全文中,高潮是主旨升华的顶点,是激情迸发的时刻,是语势强劲的佳境。

一些人主张致辞最好高潮迭起,此说若用于兴波有一定的道理。致辞务求波澜起伏,避免平铺直叙。但高潮在致辞中处于顶端状态,只能出现一次,而且是短暂的瞬间。前面的兴波都是为构筑高潮而蓄势,波起浪涌,直至达到"波峰"。

有人强调要把高潮置于结语,此说似显片面。高潮与结语通常是各司其职、分而置之。由于高潮展现给听众的是最精彩、最感人的片段,应当尽可能地把它安排在接近结语处,但高潮降落后多有余波。究竟能否将高潮作为结语?当然可以。当达到高潮时戛然而止,能给听众留下深刻的"最后印象"。不过,高潮是致辞常用的结语方式之一,而不能用作所有致辞的结语。

高潮是致辞着力绘就的奇峰狂澜,炫人眼目、撼人心魄。那么,如何构筑高潮?关键在于旨精、情炽、辞盛。高潮是主旨升华之巅,它将精美的主旨昭示于人,以巨大的说服力把听众带入一个更深邃、更崇高的境界。欲求旨精,必须立足现实、精心提炼、富于创见。要从现实生活中人们普遍关心的、亟待解决的问题中确立主旨,在高潮处作出确切的解答;要从全部材料出发,进行表里剖视、纵横比较、因果探究以及角度选择,在高潮处闪射理性升华之光;要凭借自己的胆识和才华将对生活的深刻感悟熔铸成不同凡响的主旨,在高潮处提出独到的见解。同时,情感的流动贯穿致辞的始终,当行至高潮则越发炽烈,有强烈的感染力。对于演讲者来说,这是最动情的地方。那激昂的话语,辅之高亢的声音、丰富的表情、有力的手势等,使蓄积于胸的情愫得以尽诉,恰似火山瞬间爆发呈现出瑰奇壮观之象。对于听众来说,这是最激奋的时刻。他们深深地被演讲者的激情所打动,进入了"快者掀髯,愤者扼腕,悲者掩泣,羡者色飞"的佳境,继而产生奋发向上的力量。如果说精美的主旨和炽烈的情感是致辞高潮的内部要素,那么气势强盛的言辞就是其外部的表现形式。辞之盛,即以铿锵有力的言辞营造酣畅遒劲之势,产生强大的震撼力。它表现在手段的多样性和节奏的鲜明性两个方面。高潮以辞造势涉及语音的调配、词语的锤炼、句式的选择、句群的组织、辞格的使用诸多方面,需要调动各种手段使之强化。比如,短句明快活泼、整句和谐贯通、紧句紧凑急迫,都有助于加强语势。至于节奏,要根据高潮显旨传情的需要酌定。一般说来多显急骤,如江河倾泻尽显强劲;有时也愈见舒徐,似冰峰融滴极现沉雄。还要对节奏进行有效的控制,做到平仄相间、轻重适宜、抑扬顿挫、疾徐有致、行止自如。

4.结尾

结尾,又称结语。致辞开场白贵在精彩别致,收场应当力求自然有力。

结尾的方式多种多样,但"结尾无定法,妙在巧用中"(邵守义:《实用演讲学》)。

好的结尾有三个特点：

其一，令人悟旨。结尾是画龙点睛之语，即使三五分钟的致辞，展开中也要把范围扩大，收场时要聚集到主旨上。尽管有时在前面已经交代，但这里并不是做简单的重复，而是站在一定的高度将其升华，突出重点，揭示规律，从而加深听众的印象。对比、警句等都是突出主旨的好方法。

其二，耐人寻味。有时不要把话说尽，给人留下回味的余地。提出问题，引人思考；在吟诗歌唱中结束，曲终意远，抒情性极强；用幽默的手法作结，富有趣味。

其三，促人奋起。致辞的鼓动性在收场时得到充分体现，给人以目标和信心，使其奋然而前行。有的以预言示现作结，描述其前景；有的提出希望，发出号召；有的表示决心，立下誓言等。

（六）致谢语

在一般情况下，演讲者讲完要道谢。如"谢谢"、"谢谢各位"、"谢谢大家"。

（七）日期

大多不写日期。如有必要，可以置于标题之下，有时放在正文右下方。

七、基本要求

（一）针对性

撰写致辞时，首先要针对听众，了解听众的性别、年龄、职业、收入、文化程度、心理状况等，回答他们所关心和迫切需要解决的问题，这样才能有的放矢，收到显效。

（二）情理性

致辞的写作目的在于宣传与沟通，必须以情感人、以理服人。所以，演讲者要爱憎分明、见解透辟，最终以深厚的情感打动听众、以深刻的道理说服听众。

（三）精巧性

在构思上，要力求周密、完整、灵活。开场白定调提神，贵在简短新颖；展开起伏蓄势，应当讲究层递和波澜；高潮达到顶峰，旨、情、辞均呈最佳；结语巧妙，妙在善变。

（四）美感性

这是对致辞语言的要求。演讲的语言要口语化，讲起来上口、听起来入耳，因而具有美感。要在学习人民群众语言的基础上认真加工、反复推敲，使其呈现诗意、简洁、幽默等美感，从而突出致辞的审美功能。

八、特别提示

（一）恪守规则

符合有关法律、法规、规章，符合国内礼仪规范和外事规则，这是致辞写作必须遵守的基本原则，不能违反相关规定和习俗。

（二）合乎情理

从某种意义上说，致辞重在情理相融。在构筑情、理攻势时要换位思考、把准基调、掌握分寸，切不可出现偏颇。

九、写作训练

请仔细阅读华中科技大学校长李培根的致辞，设定某种情境并借鉴其写法写一篇致辞。

牵　挂
——在 2009 届毕业生典礼上的讲话
（二〇〇九年六月二十四日）
李培根

亲爱的09届毕业生同学们：

你们好！

四年前，我迎来了你们中的大多数人。今天，在你们毕业之际，在你们即将踏上新的征途的前夕，我想对你们说两个字，那就是"牵挂"。

今年对于整个世界来说都是困难的一年。世界的金融危机也影响到中国的经济形势，乃至就业形势。同学们，你们是否都找到了合适的工作？我们牵挂着。

你们中的一部分人，即将踏入工作的社会，那可是没有在学校那么简单和单纯。你既需要充分地展示自己，又不能过分地表现自己；你既需要尊重领导和前辈，又不必刻意去逢迎；你既需要有理想和目标，又不能刻意追求、过于功利；你既需要与同事竞争，更需要与他们协同。亲爱的同学，你准备好了吗？我们牵挂着。

也许你将走在一条大道上，在大城市，在名单位……大道上有千军万马，当你意气风发、策马奔驰的时候，可要当心，那里非常拥挤，脚下甚至还有石头。亲爱的同学，竞争的路上，千万别摔倒，我们牵挂着。

也许你将走在一条小道上，在乡村，在城镇，甚至在西部……一条小路曲曲弯弯细又长，一样通向理想的远方。小道旁时而风景可人，或许有溪流奏响，或许有百鸟鸣唱，还有万紫千红竞芬芳。小路上时而泥泞，时而杂草丛生，甚至蛇蝎横行。当风景迷人时，不要太迷恋；当小路难行时，千万别退缩。纵使山穷水尽之际，只要坚持，相信会有柳暗花明之时。亲爱的同学，你有思想准备吗？我们牵挂着。

也许你将走在崎岖的山路上，为学术，为创业……那是一条攀登之路。你不仅需要优化方向，选择好路径，你还需要看清脚下的每一步。攀登悬崖峭壁时，可不能有一步的闪失。一步不慎，多年的心血，可能功亏一篑。亲爱的同学，你可有思想准备？我们牵挂着。

亲爱的同学，也许此刻你豪情满怀，踌躇满志。你希望未来挥毫于江河，画笔于大山。的确，中华崛起的蓝图在期待着你，你可以留下激扬之文字，你还可以指点江山。然而，你也要常常低下头，脚踏实地。同学，你意识到了吗？我们牵挂着。

亲爱的同学，也许你此刻正感到迷茫，不知路在何方。大学的几年，你或许后悔那糟糕的成绩，甚至痛心没有拿到那一纸文凭。同学啊，你不用灰心，不能消沉。路，其实就在脚下。人生的路是数不清的，通向成功的路也有千万条。低下头，从脚下最不起眼的路起步，昂起头，仰望天空，太阳、月亮和星星对你和他人一样明亮。同学啊，你未来的人生依然充满希望。你意识到了吗？我们牵挂着。

亲爱的同学，其实，牵挂你的人还有很多。你含辛茹苦的父母永远会牵挂着你，他们牵挂着你的一切。你的老师，包括中小学老师，会牵挂着你；你的同学将牵挂着你……同学，能否不吝啬你的牵挂？

亲爱的同学，请不要吝啬你的牵挂。把牵挂给予你的父母、亲人，他们为你付出太多。城里节奏太快，中年的他们似乎显得更加疲惫；在田野里劳作的父母，他们的背也可能开始驼了，甚至他们可能还在盘算，什么时候才能还清为你求学所欠的外债。不时给他们一个电话，常回家看看。看看他们的生活，惦着他们的健康。同学，你会牵挂着吗？

亲爱的同学，请不要吝啬你的牵挂。把牵挂给予你尊敬的老师，给予你尊敬的辅导员。你的成长中，他们也倾注了心血。他们曾经对你的表扬或者批评，都可以成为你牵挂的理由。你只需要偶尔在网上，在电话里，一个简单的问候足矣。同学，你会牵挂着吗？

亲爱的同学，请不要吝啬你的牵挂。把牵挂给予你的同学。同学中有你要好的朋友。同学之间的友情是最值得珍惜的，因为没有任何功利的目的。也许某一个同学与你有过争吵，但是那也没有本质的怨仇，一笑便泯灭。同学中可能还有你的初恋，即使未能终成眷属，初恋也是不能忘怀的，因为那是纯洁的。同窗的友情，可笑的争吵，难忘的初恋，都可以成为牵挂的理由。请把照片留着，把邮箱地址和电话号码留着。同学，你会牵挂着吗？

亲爱的同学，请不要吝啬你的牵挂。把牵挂给予你未来的同事和朋友。多设身处地为别人想想，关心、帮助别人，你将有更多的朋友，也会得到更多人的帮助。同学，你会牵挂着吗？

亲爱的同学,请不要吝啬你的牵挂。留一些牵挂给你素不相识的人。5.12地震中伤残的人们怎样了? 地震后幸存的人们生活和心理状况如何? 那些从事城市建设的民工们怎样挣扎在贫困线上,还有那些在贫穷乡村的中老年农民们如何绝望地守着那几分贫瘠的土地……要做一个善良的人,善良就是这种牵挂的理由。同学,你会牵挂着吗?

亲爱的同学,请不要吝啬你的牵挂。留一些牵挂给你的母校。在这里,你毕竟度过了人生成长的最重要的岁月。在这里,你学到了知识,得到了能力培养与锻炼。你会牵挂吗? 若干年后,你的学科是否已经一流,母校是否已经国际知名? 你会牵挂吗? 也许在母校你有过不愉快的经历,但对于你的成长未必不是一件好事。你会牵挂吗? 你在校期间,学校有很多不尽如人意的地方,很多事情令你不快甚至愤怒,但那只是培根的不力,却不是母校的丑陋。你会牵挂吗? 瑜园夏日的荷塘是否还是阵阵清香? 秋日月下的瑜园中是否依然浮动着桂香? 同济校区里裘法祖之树一定更加苗壮,你和恋人常坐的石凳是否还是老模样? 当你牵挂时,常到网上看看,偶尔回母校走走。

亲爱的同学,我牵挂着,你牵挂着,他也牵挂着。让我们彼此牵挂着,让牵挂成为一种永恒的记忆。

第二节 贺 词

一、名称解释

贺词,又称贺辞、祝词、祝辞,是在喜庆仪式上表示祝贺的致辞。

贺词的适用范围十分广泛。按对象分,有对单位、对群众、对个人的贺词。其中,对单位的贺词,有祝奠基、开业、落成,祝庆功、颁奖、重要纪念日、会议召开或闭幕等;对群众的祝词,是国家或单位的主要领导人在重要节日(比如元旦、春节)向广大群众或员工表示问候和祝福;对个人的贺词,有祝寿或生日、新婚或结婚纪念、生男添女、升学或毕业、晋升职务或职称、获奖、病愈等。

二、主要特征

(一)贺词不同于贺信、贺电

贺信通过邮寄或在新闻媒体上登出,贺电用电报拍发,而贺词在有关仪式或广播电视上宣读;贺信、贺电多用书面语,而贺词以口语为主。

(二)贺词不同于庆典启事

庆典启事多用于机关、团体、单位,而贺词还可以用于个人;庆典启事的作者是本机关、团体、单位,而贺词的作者除此之外多是上级领导、社会名流、亲朋好友;庆典启事发于庆典之前,而贺词讲在庆典之中。

三、内容、格式及写法

(一)标题

有单标题和双标题。

单标题有两种写法:一是公文式,包括演讲者＋场合＋文种,如《马克思在〈人民报〉创刊纪念会上的演说》;场合＋文种,如《在凯旋门广场上的演说》;事由＋文种,如《为庆贺朱总司令六十大寿的祝辞》。二是主旨式,如《共同推进人类和平与发展的崇高事业》。

双标题,大多正题写主旨或意义,副题交代演讲者、场合、文种,如《共同创造美好的新世纪——二○○一年新年贺词》。

即兴而发的贺词,也可以不拟标题。

(二)具名

大多放在标题的正下方。有时在演讲者的姓名之前写其所在单位、职务或职称。

(三)称谓

除类称、泛称外,有时需要写某人的姓名,还在前面加"尊敬的"、在后面加职务或职称以及"女士"或"先生"等。

(四)问候语

根据情况确定,有时不设此项。

(五)正文

包括开头、主体和结尾。开头,用简洁的文字表示祝贺,还可以交代缘由。主体,一般写祝贺的内容、意义、作用,有的还回顾演讲者与祝贺对象的友谊。由于贺词的种类很多,在主体的安排上应当依具体情形灵活处理。比如,祝寿词往往写寿主的品德、成绩、贡献,有时概述其经历,表示敬意和谢意;祝婚词则褒扬一对新人的人品、成绩和爱情,祝福他们婚后生活美满。结尾,展望未来,提出希望,再次表示良好的祝愿。

(六)致谢语

一般写"谢谢"、"谢谢各位"。

(七)日期

大多不写。如设此项,将其置于标题之下或正文之后。

四、范文评析

[原文]

在中国海洋大学校庆大会上的贺辞

展　涛

各位嘉宾、朋友们：

我非常荣幸代表山东大学，应邀出席这样隆重而盛大的庆典，分享成就和喜悦。在这激动人心的时刻，又能作为国内学校的一个代表致辞更是莫大的荣幸。请接受来自国内高校的朋友们，来自山东大学六万名师生员工最热烈的祝贺、最崇高的敬意和最美好的祝福！

作为山东大学的一员，前来参加海洋大学校庆典礼，心中最深切的感受就是亲切，因为山大海大，46年前山中有海，山海相依，我们原是一家！

上个世纪中叶我们离海而去，向着泰山的方向，西进济南，从此山大近山，不再以海为伴；从此，山海相望，海大山大成为分处两地、遥相牵挂的兄弟，成为相互支持共同发展成长的挚友和伙伴。我们总是怀着关切和羡慕的心情遥望大海，怀着一份特殊的情感注视海大。

你们取得的每一个辉煌都让我们同样欣喜和骄傲。从学院到大学，从青岛海洋学院到山东海洋大学再到中国海洋大学，你们的名气和影响与日俱增。在我们至今还为学校如何形成特色苦苦追寻和徘徊时，你们以鲜明的海洋特色在国内独树一帜。当我们为趵突泉的复涌欢呼雀跃的时候，你们却从不担忧大海和这座美丽城市的永恒魅力。今天的海大以她深厚的文化底蕴、鲜明的学科特色和地域优势，成为中国大学的一颗耀眼的明星。我们对尊敬的管华诗校长和海大的朋友们敬佩和羡慕不已。

我们羡慕海大，我们向往大海。我们虽然近山，依然有大海一样的胸怀；你们伴海，同样有高山一样的品格。在培育民族精神、服务社会发展、探索科学真理、引领文明进步的共同追求中，在实现中华民族复兴的伟大事业中，我们愿与海大的朋友一起，加强合作与交流，让我们的友谊结出更加丰硕的果实，祝愿中国海洋大学创造更加灿烂的辉煌！

[简析]

该文是时任山东大学校长展涛在中国海洋大学校庆大会上所致的贺词。正文先向海大校庆表示祝贺，继而回顾"山大"、"海大"的渊源与友谊，接着赞扬"海大"所取得的成就，最后表达希望与祝愿。该文从"山大"、"海大"两校的关系联想到地域特征——"大山"、"大海"，使其人格化，构思精巧新颖，语言富有诗意。

五、病文会诊

在贺词写作中经常出现主旨不集中、层次不清晰、评价不恰当、套话连篇等问题。

[原文]

尊敬的女士们、先生们：大家好①！

今天是×××先生和×××小姐新婚大喜的日子，我在这里祝福新郎、新娘新婚愉快，幸福美满，白头到老。

×××同志作为市委办公室副主任，工作积极向上，勤奋好学，思想进步，是不可多得的人才②。今天是你们喜庆的日子，也是难忘一生的日子③。愿你俩百年恩爱双心结，千里姻缘一线牵，海枯石烂同心永结，地阔天高比翼齐飞，相亲相爱幸福永，同德同心幸福长。愿你俩情比海深④！

希望两位新人在今后的生活中孝敬父母，互敬互爱，共同创造两人美好的未来。

在此我祝愿新郎、新娘：在工作上相互鼓励；在事业上齐头并进；在生活上互相关心、互敬互爱；在困难上同舟共济、共渡难关。新娘要孝敬公婆、相夫教子；新郎要爱老婆如爱自己，但不要演变成怕老婆。最后再次祝福新郎×××先生、新娘×××小姐：你们要把恋爱时期的浪漫和激情，在婚姻现实和物质生活中，一直保留到永远。永结同心、白头到老⑤。

愿在座的各位亲朋好友共同分享这幸福的时刻，尽兴而归。多谢各位⑥！

[评析]

①问候语"大家好"要另起一行。

②应当将"工作积极向上，勤奋好学，思想进步"改为"思想进步，工作积极，勤奋好学"。

③"难忘一生"的语序要调整，改为"一生难忘"。

④祝愿语用的是套话，缺少个性。另外，"双心结"与"同心永结"、"同心永结"与"同德同心"、"海枯石烂"与"情比海深"、"幸福永"与"幸福长"重复或交叉，显得累赘，应当酌情修改。

⑤此段的"互敬互爱"、"白头到老"、"同心"与前文重复，"新娘要孝敬公婆"与前段的"孝敬父母"相同，应当删改。

⑥将"尽兴而归"后面的句号改为叹号。"多谢各位"是致谢词，最好另起一行。

六、特别提示

（一）有祝贺性

这是贺词的根本特征，要用富有感情色彩的语言表达衷心的祝贺，营造喜气洋洋的氛围。

（二）有鼓舞性

贺词除了祝贺外还能催人上进,要用鼓舞性的话语激励人们进一步加强团结和合作,取得新的更大的成就。

七、写作训练

下面是在黄河口模型试验基地建设奠基暨黄河水利委员会黄河河口研究院揭牌仪式上宣读的中国水利学会贺信的正文,请将其改写成一篇贺词。

欣悉黄河口模型试验基地建设奠基暨黄河水利委员会黄河河口研究院揭牌,我会谨向你们致以热烈的祝贺!

去年 3 月 21—25 日,我会与黄河研究会在东营市共同举办了"黄河河口问题与治理对策研讨会",与会专家提出了"应加大黄河河口治理科学研究力度,尽快建设河口模型试验基地"的建议。这一建议受到了水利部领导有关司局的高度重视,也受到了山东省人民政府、东营市委、东营市人民政府及胜利油田的大力支持。经过黄委会和有关各方的共同努力,今天黄河口模型试验基地的正式奠基,黄河河口研究院也正式成立,是治黄历史上的一个新的里程碑,也是我国水利史上的一件大事。

黄河是世界上年输沙量最大的河流,水沙条件十分复杂,河口尾闾淤积、流路多变、海岸线蚀退、生态环境脆弱,是黄河治理的重大难题,已经制约经济社会的可持续发展。黄河口模型试验基地的建设和黄河河口研究院的成立,必将揭开黄河河口的神秘面纱,树起一座新的治黄丰碑。

我们必须树立科学的发展观,坚持用人与自然和谐相处的理念指导黄河河口的研究工作。河口模型试验的原则是实事求是,试验的成果是研究的基础,而研究水平的高低取决于科学的理论和先进的技术,归根结底取决于参与研究的科技工作者。中国水利学会是水利科技工作者之家,中国水利学会义不容辞为黄河河口研究提供技术和人力支持,做你们的坚强后盾。我们坚信,黄河河口模型试验和科学研究在不久的将来必将取得累累硕果,并创造一个人与自然和谐相处的典范!

第三节　欢迎词、欢送词

一、名称解释

欢迎词,是在迎接宾客、新成员、与会代表的仪式上,主人对其光临或加入表示热烈欢迎的致辞。其宾客,有外宾、内宾两种;新成员,主要指新生入学、新兵入伍、单位新增成员;与会代表,是指参加重要会议的正式代表、列席代表。

欢送词,是在送别宾客、内部成员、与会代表的仪式上,主人对其离去表示热情欢送的致辞。其宾客,是指来访的客人;内部成员,是指毕业生离校、军人退役、单位成员外出参加重要活动或调离、出国;与会代表,是指参加重要会议的正式代表、列席代表。

二、主要特征

(一)礼遇性

迎来送往是交际活动的主要内容之一,已有特定的礼仪规范或习俗。致辞是迎送仪式上的"重头戏",使对方感受到主人的尊敬有礼。

(二)欢愉性

无论是欢迎词还是欢送词,都聚焦于一个"欢"字。演讲者要以真挚的情感、亲切的语气,让人感受到热烈而温馨。

三、内容、格式及写法

(一)标题

有单标题和双标题。

单标题有三种写法:一是演讲者+场合+文种,如《向警予在欢送第八届留法勤工俭学学生会上的致词》;二是场合+文种,如《在新兵入伍仪式上的欢迎词》;三是文种,如《欢送词》。

双标题,正题写主旨或意义,副题交代演讲者、场合、文种,如《社会不会等待你成长——在北京大学法学院 2003 届本科生毕业典礼上的致辞》。

即兴而发的欢迎词、欢送词,也可以不拟标题。

(二)具名

大多写在标题的正下方。有时还要标明演讲者的身份。

(三)称谓

宾客有主宾、重要宾客、其他到场者等,均应按照次序说明,经常加"尊敬的"、"阁下"、"女士"、"先生"等敬语;新成员或内部成员,写其类称或姓名、职务或职称;与会代表,则用类称。

(四)问候语

根据语境酌定,有时不设此项。

(五)正文

包括开头、主体、结尾。欢迎词的开头对宾客的光临、新成员的加入、与会代表的到来表示欢迎;欢送词的开头对宾客、内部成员、与会代表的离去表示欢送。欢迎词的主体,迎接宾客先交代宾客来访的背景、意义、作用,回顾双方交往的历史、友谊以及合作的成果,赞颂宾客的业绩和品德,然后说明面临的形势,表示加强合作、完成任务的信心;迎接新成员,评价新成员的特长及其他优点,并概要介绍本地或本单位的情况;欢迎与会代表,往往写此次会议的意义、主旨、指导思想、其他有关情况。欢送词的主体,欢送宾客一般回顾欢聚的美好时光,评价彼此之间的友谊、合作的意义以及所取得的成绩,表明发展友好关系所持的原则、立场,委婉地指出一些分歧和消除分歧的办法,邀请宾客再次来访;送别内部成员写将要参加活动的重要意义,预测成果,或者评价即将调离人员的人品、特长及贡献,表示对友谊的珍惜;送别与会代表对此次会议的意义和作用予以高度的评价,对各位代表的贡献表示感谢,并表达依依惜别的心情。欢迎词的结尾一般是向宾客、新成员、此次会议及与会代表表示祝愿,比如祝成功、愉快、健康,有时对来宾再次表示欢迎;欢送词的结尾大多表示祝愿,比如祝万事如意、一路平安。

（六）致谢语

根据具体情形灵活处理。因为欢迎词、欢送词多以祝愿作结,也可以不设此项。

（七）日期

一般不写。如有必要,可以将其置于标题之下或正文之后。

四、范文评析

（1）

［原文］

在第十届中国国际光电博览会开幕式上的致词

高国辉

尊敬的各位来宾,女士们、先生们,朋友们:

十年高速发展,今朝再创辉煌。举世瞩目的北京奥运刚刚过去,我们又在这个美好的时节迎来了光电产业界的盛会——中国国际光电博览会的隆重开幕。在此,我谨代表深圳市委、市政府,向中国光博会的十周年庆典表示热烈的祝贺,向出席开幕式的各位领导、嘉宾和新闻界的朋友们表示热烈的欢迎和衷心的感谢!

今年是改革开放三十周年。伴随着改革开放的步伐,深圳会展业也经历了近三十年的风雨发展道路,从一个特殊的角度深刻记录着深圳政治、经济和观念的变迁。伴随着深圳产业经济的繁荣,深圳的会展业正在以超乎想象的速度发展起来,深圳已经初具"会展之都"的效应特征。以高交会、光博会为代表的科技型展会以及家具、安防、服装、电子等各传统领域的专业大展,构成了具有深圳特色的会展品牌体系。深圳会展经济已经初具规模,各大展会举办时汇聚的巨大的信息流、技术流、商品流和人才流直接刺激和推动着深圳经济的发展。同时,会展业对运输、物流、广告、咨询、旅游、金融等相关产业的强劲辐射力和拉动力越来越明显。政府也在政策平台、资金支持、人才引进与交流、品牌和知识产权保护、场馆建设、宣传推广等方面加强对会展产业的扶持力度,为会展业的健康、持续、快速发展营造良好的产业环境。

中国光博会的十年发展,可以看做是国内科技型专业展会发展的成功缩影。作为深圳的知名品牌展会之一,光博会与其他各专业展会一起,为深圳会展经济的进步作出了重要贡献,同时也为中国光电企业与国际光电企业的交流与融合方面提供了广阔的国际舞台。

在这里,我再次祝贺中国光博会的十周年庆典,希望光博会在新的经济形势下能够抓住有力的发展机遇,更高、更快、更好地发展,真正将光博会打造成为世界一流的全球光电产业的交流、沟通、展示平台。

最后,希望大家的深圳之行愉快。深圳欢迎你!

谢谢!

[简析]

这是深圳市人民政府副秘书长高国辉代表举办地向第十届中国国际光电博览会致的欢迎词,略有改动。文章由标题、具名、称谓、正文、致谢语组成。正文起笔以"十年高速发展,今朝再创辉煌"高度赞扬中国国际光电博览会所取得的成绩,对此次盛会表示祝贺并对在座的各位领导、嘉宾和新闻界人士表示欢迎和感谢;接着简要回顾深圳会展的发展过程、现在的规模以及政府所做的扶持,评价中国光博会这一"国内科技型专业展会发展的成功缩影"的影响力;最后再次祝贺,提出希望,并用"深圳欢迎你"作结。

(2)

[原文]

担负起建设新农村的重任
——在欢送第三批高校毕业生到村(社区)任职大会上的讲话
(2009 年 6 月 28 日)

梁保华

今天,省委、省政府在这里隆重举行大会,热烈欢送第三批高校毕业生到农村、社区任职。省委、省人大、省政府、省政协领导同志一起为大家送行,对大家到基层任职表示热烈的祝贺!向全省大学生村官致以亲切的问候!

选聘高校毕业生到农村任职,是党中央作出的一项重大决策。胡锦涛总书记指出:"此事具有长远战略意义。"省委、省政府决定实施"一村一社区一名大学生"计划,2007 年以来,已经选聘了 2600 多名高校毕业生到农村担任村官,连同此前在农村工作的高校毕业生,到村任职的大学生已有 7000 多人。今年省、市两级又从省内外高校选拔5010名应届毕业生到农村、社区任职，全省到农村、社区任职的高校毕业生总数将超过12000人。大学生村官为发展农业、致富农民、建设新农村贡献自己的智慧和力量，在艰苦磨炼中经受了锻炼、增长了才干，以实际行动赢得了广大干部群众的欢迎和赞誉。实践表明，高校毕业生到农村、到基层工作大有作为。

当前，全省上下正在深入贯彻党的十七大精神，积极应对国际金融危机带来的挑战，坚定不移地推动科学发展，向着"两个率先"的目标奋勇前进，努力把江苏的明天建设得更加美好。实现这一奋斗目标，关键在农村，难点也在农村。广大农村正在经历从传统农业向现代农业、传统农民向现代农民、传统农村向现代农村的历史转变，迫切需要大批能够担当建设新农村重任的优秀人才。高校毕业生到农村去、到基层去，是时代的呼唤，是事业的需要，是群众的期盼，省委省政府对你们寄予厚望。

在大家临行之前，我提四点希望：

一要坚定信念，勇于实践。实践出真知，实践出人才，深入实践是成长成才的必由之路。胡锦涛总书记指出："对青年学生来说，基层一线是了解国情、增长本领的最好课堂，是磨炼意志、汲取力量的火热熔炉，是施展才华、开拓创新的广阔天地。"大学生到基层一线工作，从学校到社会，从城市到农村，环境变了，身份也变了，遇到的第一个考验就是要适应艰苦的环境、承担艰巨的工作。面对新环境新任务，不仅要有满腔热忱，而且必须有不怕艰难困苦的思想准备，始终保持积极进取、奋发向上的精神状态，坚定自己的人生选择，真正做到遇到困难不后退，遇到挫折不气馁，遇到压力不动摇。"艰难困苦，玉汝于成"。希望大家倍加珍惜在农村工作的机会，积极投身农村改革发展的实践，脚踏实地做好本职工作，从具体事情做起，从农民群众欢迎的事情做起，抓紧每一天，做好每件事，走好每一步，为建设社会主义新农村贡献自己的聪明才智和青春力量。

二要服务群众，甘于奉献。农村基层工作千头万绪，农民群众中蕴藏着丰富的经验和智慧。培养与人民群众的深厚感情，是做好基层工作的思想基础。到农村工作，要与农民群众打成一片，尽快熟悉农村情况，深入了解农民群众的期盼，全心全意为农民群众办实事，在与群众同甘共苦中增进感情、赢得信任，在艰苦环境磨炼中增长才干、练就做好本职工作的过硬本领，在服务群众、造福百姓、奉献社会中实现人生价值，真正成为群众的知心人、贴心人。

三要自强不息，创业创新。创业、创新、创优是新时代的江苏精神，广大农村是青年们创业和创新的广阔天地、施展才华的大舞台，希望大家大力弘扬"三创"精神，在农村改革发展的实践中充分运用自己学到的知识和专长，积极推动发展思路创新、技术创新、制度创新，带头艰苦创业，带领农民创业致富，带动农村科技兴农。成千上万青年的创业创新实践，必将汇成建设社会主义新农村、又好又快推动"两个率先"的巨大力量。

四要勤奋学习,与时俱进。"立身百行,以学为基"。勤奋学习是人生进步的重要阶梯。知识的积累不仅要向书本学习,而且要善于在实践中学习,虚心向干部群众学习。要深入学习中国特色社会主义理论,用科学发展观武装头脑、指导工作、解决问题。农村基层工作涉及方方面面的政策和知识技能,要认真学习党的农村政策,学习现代农业、市场经济、实用技术以及依法办事、民主管理等方面的知识,不断提高做好基层工作、服务群众的实际能力。

各级党委政府要关心大学生村官的成长进步,政治上充分信任,工作上积极支持,生活上热情关心,使他们干事有劲头,创业有舞台,发展有空间。要建立健全大学生村官激励保障长效机制和竞争择优制度,确保大学生村官下得去、待得住、干得好、流得动,真正把他们培养成为新农村建设的骨干力量。要大力宣传大学生村官先进事迹,为高校毕业生到农村去、到基层去营造良好的舆论环境和社会氛围。

同志们,建设社会主义新农村的伟大事业召唤着我们,江苏美好明天的光辉前景激励着我们。大学生村官使命光荣、责任重大。我们相信,同志们一定会不负重托、不辱使命、不畏艰难,扎根基层,扎实工作,历练人生,施展才华,用自己的智慧和汗水谱写壮丽的青春篇章!

[简析]

2009年6月28日,中共江苏省委、江苏省政府在南京人民大会堂隆重举行欢送大会,为5010名到村(社区)任职的大学生壮行。该文是中共江苏省委书记梁保华致的欢送词。正文分四层:第一层,点出送行主旨,表达祝贺和问候之情;第二层,阐述选聘高校毕业生到农村、基层任职的重要性,强调"高校毕业生到农村去、到基层去,是时代的呼唤,是事业的需要,是群众的期盼";第三层,提出"坚定信念,勇于实践"、"服务群众,甘于奉献"、"自强不息,创业创新"、"勤奋学习,与时俱进"四点希望,并对各级党委政府提出要求;第四层,发出号召。该文显示出很强的时代感和亲切感,是一篇欢送词佳作。

五、病文会诊

在欢迎词、欢送词写作中经常出现跑题、剪裁不当、层次混乱、不切合语境、说空话或套话等问题。

(1)

[原文]

新员工欢迎词①

首先我代表××公司的全体同仁对新同事的加入表示最热烈的欢迎②!

第二,有付出才会有回报,有忠诚才会有信任。××公司会为大家提供一个公平、公开的竞争环境,致力于为大家搭建一个没有天花板的舞台,只要你有能力,只要你能为××公司的发展作出贡献,只要你为××公司付出了长期的忠诚,那么,××公司就一定会记住你,她一定会给你所希望的薪水及荣誉③!

第三,我们向普天之下有志之士打开一扇永不关闭的成功之门,我们希望更多的优秀人才加盟××公司,共建××公司,向着"立团队志气,创销售楷模"这一宏伟目标迈进④!

第四,我希望每一位新同事能尽快地融入××公司,成为××公司密不可分的一分子,同时也希望您在××公司的工作能够胜任、愉快及满意⑤。

最后,我也热切地期望:

您因××公司而自豪,××公司因您更精彩⑥!

[评析]

①标题由对象和文种组成,但读来不顺,可以改为"在新员工欢迎会上的致辞"

②缺称谓和问候语。无需用"最"修饰"热烈",可以删去"最"字。

③"有付出才会有回报,有忠诚才会有信任"两个分句前后位置最好互换。可以删去"致力于为大家搭建一个没有天花板的舞台"。三个"只要……"前后排列欠妥,"只要"重复。用"她"指代公司不合语境,可以删去"她",该分句主语承前省略。

④第三段应当补充对公司情况的介绍。第三段与第二段的位置互换,先介绍公司,后对新同事提要求。"我们向普天之下有志之士打开一扇永不关闭的成功之门"语气太大,可以删去。

⑤很少用"密不可分"来修饰"分子",可以换个角度写或删去"成为××公司密不可分的一分子"。

⑥第六段应当并入第五段。因为在单位内部致辞,最好将"您"改为"你"。至于各段的语言标志,第一段与第五段可以用"首先"、"最后"领起,可以删去中间的"第二"、"第三"、"第四"。此外,300多字的短文出现12次公司的名称,应当删改;正文之后要加致谢语。

(2)

[原文]

欢 送 词

同志们、朋友们:

今天,我们召开隆重的欢送会,欢送曾经与我们风雨同舟、共同奋斗,如今又奔赴新的岗位开拓创业、勇谋发展的五位战友①。在此,我代表××镇党委、政府、人大及全镇干部、全镇人民向曾经为××镇的发展、建设作出了无私贡献的五位战友表示热烈的欢迎②!

借此机会,我讲三句话③。一是感谢。××镇的发展变化,凝聚了同志们的艰苦创业、辛勤耕耘;凝聚了以××书记为首的××前任领导的深谋远虑,精心谋划④。

同志们卓有成效的工作,创造了××镇今天大好的发展局面,为××镇的发展打下了良好基础,使我们得以站在一个较高的起点,谋求更大的发展,××镇的发展基础如此深厚,发展前景如此美好,是前任领导和同志们创下的基业,我代表新一届党委班子表示诚挚的感谢⑤。二是表态。从前任手中接过建设更加美好、和谐××镇的大业,我深感责任重大,新一届党委班子也深感压力,我们将倍加珍惜来之不易的大好局面,继往开来,不负重托,以对县委、县政府,对全镇人民高度负责的态度,精心谋划××镇未来五年的发展蓝图,着力推进××镇的项目建设,推进××镇的城市化进程,努力提高全镇人民的生活质量,开创××镇经济社会的全面繁荣新局面⑥。三是请求。从我们××镇调出的五位战友,虽然不在同一个战壕里,但仍在一个战场上;虽然没有在××镇这一片屋檐下,但仍在全县工作的同一片蓝天里。我衷心地请求:各位工作在全县不同领域的战友们⑦,能继续关心××镇,支持××镇,为××镇的发展提出宝贵的批评、建议,来××镇看看,来××镇做客⑧。你们的工作岗虽然不在××镇,希望你们的心一直牵挂××镇,××镇永远是你们温馨的家,你们温暖的床,你们工作疲倦时歇息的港湾。

最后,祝同志们、朋友们

工作顺利! 身体健康! 家庭幸福! 万事如意⑨!

谢谢大家!

[评析]

①"风雨同舟"与"共同奋斗"意思相同不能连用,应当换个词语。

②"人大"应在"政府"之前,可以把"全镇干部、全镇人民"缩写为"全镇干部和人民"。该文是欢送词,不宜表示"欢迎",最好将"热烈的欢迎"改为"衷心的感谢"。

③下文所讲的并非三句话,应当将"三句话"改为"三点"。

④"深谋远虑"与"精心谋划"语意相近,不能并用。

⑤在一句话中用五个"发展"显得重复,应当删改。欢送的对象是五个人,只提一位前任书记是不够的,"同志"也不是特指其他四人,需要调整称谓。欢送对象的人品及贡献是本文的重点,这里写得过于笼统、简略。

⑥新任领导的表态是套话,缺乏个性。

⑦"领域"是指学术思想和社会活动的范围,不能在这里代指地点。

⑧一句话中连用五个该镇的名称,有些啰唆。

⑨最好把此段与上段合并,并将前三个叹号改为逗号。

六、特别提示

(一)言之有物

写欢迎词、欢送词易犯的毛病主要是客套话太多,内容空泛,很难收到预期效果。

因此,要根据特定的语境选旨取材,做到具体明确。

(二)恰如其分

欢迎词、欢送词中的评价要切合实际,不能任意拔高。如果与对方的意见相左,要本着求同存异的原则,不谈或少谈分歧,有时可以使用模糊语言。

七、写作训练

请认真阅读下面资料,写一篇欢送词。

2008 年 5 月下旬,湖北省按照党中央、国务院的要求,对口援建汶川特大地震的重灾区雅安市汉源县,接到命令后,湖北省举全省之力,迅速组织力量奔赴汉源县,开展受灾群众过渡安置的活动板房建设。经过湖北 3000 多名建设者两个多月的艰苦奋战,11 月 8 日,该省援建雅安市的 24756 套活动板房任务全面竣工,为雅安市受灾群众的过渡安置和秋季全市中小学全面复课打下了坚实的基础。

受"5·12"汶川特大地震影响,雅安市 89.93 万人受灾,近 10 万人因房屋被毁无家可居,特别是汉源县城老城区基本被摧毁。在此危难时刻,湖北省积极响应党中央、国务院的号召,迅速组建坚强的援建领导班子,紧急调运各类建材物资,派出骨干援建施工队伍,展开过渡安置房建设大会战。短短两个多月时间为雅安市七县一区 420 个安置点搭建过渡安置房 24756 套 477822 平方米,创造了过渡安置房建设的"湖北速度",为雅安市受灾群众 8 月 10 日前全部实现过渡安置作出重大贡献!

60 余个日日夜夜,60 余天披星戴月。湖北建设者加班加点突击生产,昼夜兼程组织抢运,通宵达旦指挥督导,展现了不辞辛劳、连续作战的优良作风;千方百计克服重重困难,冒余震、顶烈日、踏泥泞、历艰辛,穿越崇山峻岭、辗转作战、超常工作,展现了攻坚克难、顽强拼搏的崇高精神;舍小家为大家,不顾自身暴雨灾害,视灾区群众为亲人,视过渡安置房建设为己任,不计得失,倾情付出,展现了顾大局、讲大德、献大爱的高尚情怀;精心组织、科学施工,在保证建设进度的同时,严把各个环节、各道工序,展现了精益求精的职业追求。

8 月 11 日,中共雅安市委、雅安市政府隆重举行湖北省援建四川雅安活动板房建设单位欢送会。

第四节　祝 酒 词

一、名称解释

祝酒词,又称祝酒辞,是在宴会上向人敬酒,表示祝愿、祝福的致辞。

宴会是交际活动中一种较高层次的礼仪形式。一般把国家、党团、机关、团体、单位举办的有一定规模的酒宴称为宴会,私人举办的规模较小的酒宴称为筵席。宴会的种类很多。按规格分,有国宴、正式宴、便宴、家宴等;按餐型分,有中餐宴会、西餐宴会、中西合餐宴会;按用途分,有节日宴会、纪念日宴会、欢迎宴会、答谢宴会、告别宴会、招待宴会等;按时间分,有早宴、午宴、晚宴。通过宴会,可以沟通感情、消除隔阂、求得支持、利于合作。祝酒词多以主人的名义发表,是宴会仪式之一。

二、主要特征

(一)祝酒词不同于贺词

贺词的适用面颇广,而祝酒词仅用于宴会;贺词可利用广播、电视、宴会等多种形式发表,而祝酒词只能在宴会上演讲。

(二)祝酒词不同于欢迎词、欢送词

在欢迎、欢送宴会上所作的演讲有时也称为祝酒词,但欢迎词、欢送词除了宴会以外还可以用于其他场合,而祝酒词专用于宴会。

三、内容、格式及写法

(一)标题

有单标题和双标题。

单标题有三种写法:一是演讲者+场合+文种,如《刘××校长在 2011 年中秋联欢会上的祝酒词》;二是场合+文种,如《在战友聚会上的祝酒词》;三是文种,如《祝酒词》。

双标题,正题写主旨或意义,副题交代演讲者、场合、文种。如《青藏高原,地球科学研究的圣地——在第 15 届 HKT 国际学术会议闭幕宴会上的讲话》。

有的祝酒词不拟标题。

(二)具名

写在标题的正下方。如果演讲者的姓名已在标题中出现,可不再具名。

(三)称谓

依次写主宾、其他宾客的姓名以及有关类称、泛称。大多加敬词。

(四)问候语

根据情况而定,也可以不设此项。

(五)正文

包括开头、主体、结尾和结语。开头写演讲者或者演讲者代表国家或某一党团、机关、团体、单位或某些人向出席者表示欢迎、感谢、问候。主体阐述意义、述说成绩、畅叙友谊,具体内容酌定。结尾展望未来,提出希望。结语常用"现在,我提议(或'为此,我提议'、'请允许我'、'让我们'),为……,干杯"或"为了……,让我们干杯"。

（六）致谢语

根据情况处理。由于祝酒词在结语中已表示祝愿,也可以不设此项。

（七）日期

大多不设此项。如果写,将其置于标题之下或正文之后。

四、范文评析

［原文］

弘扬奥林匹克精神　共创世界美好未来
——在北京奥运会欢迎宴会上的祝酒词
（二〇〇八年八月八日）

中华人民共和国主席　　胡锦涛

尊敬的国际奥委会主席罗格先生,尊敬的国际奥委会名誉主席萨马兰奇先生,尊敬的各位国家元首、政府首脑和王室代表,尊敬的各位国际奥委会委员,尊敬的各位贵宾,女士们,先生们,朋友们:

今晚,北京奥运会将隆重开幕,我们共同期待的这个历史性时刻就要到来了。我谨代表中国政府和人民,对各位嘉宾莅临北京奥运会,表示热烈的欢迎!

在北京奥运会申办和筹办的过程中,中国政府和人民得到了各国政府和人民的真诚帮助,得到了国际奥委会和国际奥林匹克大家庭的大力支持。在这里,我谨向你们并通过你们,向所有为北京奥运会作出贡献的人们,表示诚挚的谢意!

借此机会,我对国际社会为中国抗击汶川特大地震提供的真诚支持和宝贵帮助,表示衷心的感谢! 世界各国人民的深情厚谊,中国人民将永远铭记!

女士们、先生们、朋友们!

2800 多年前在神圣的奥林匹亚兴起的奥林匹克运动,是古代希腊人奉献给人类的宝贵精神和文化财富。诞生于 1896 年的现代奥林匹克运动,继承了古代奥林匹克传统,发展成为当今世界参与最广泛、影响最深远的文化体育活动。在历届奥运会上,各国运动员秉承更快、更高、更强的宗旨,顽强拼搏,追求卓越,创造了一个又一个佳绩,推动了世界体育运动蓬勃发展。

奥运会是体育竞赛的盛会,更是文化交流的平台。国际奥林匹克运动把不同国度、不同民族、不同文化的人们聚集在一起,增进了世界各国人民的相互了解和友谊,为推进人类和平与发展的崇高事业作出了重大贡献。

当今世界既面临着前所未有的发展机遇,也面临着前所未有的严峻挑战。世界从来没有像今天这样需要相互理解、相互包容、相互合作。北京奥运会不仅是中国的机会,也是世界的机会。我们应该通过参与奥运会,弘扬团结、友谊、和平的奥林匹克精神,促进世界各国人民沟通心灵、加深了解、增进友谊、跨越分歧,推动建设持久和平、共同繁荣的和谐世界。

女士们、先生们、朋友们!

举办奥运会,是中华民族的百年期盼,是全体中华儿女的共同心愿。2001年北京申奥成功以来,中国政府和人民认真履行对国际社会的郑重承诺,坚持绿色奥运、科技奥运、人文奥运理念,全力做好各项筹办工作。我相信,在国际奥委会和国际奥林匹克大家庭支持下,我们一定能够共同把北京奥运会办成一届有特色、高水平的奥运会。

现在,我提议:

为国际奥林匹克运动蓬勃发展,

为世界各国人民团结和友谊不断加强,

为各位嘉宾和家人身体健康,

干杯!

[简析]

2008年8月8日中午,国家主席胡锦涛举行隆重宴会,代表中国政府和人民,热烈欢迎来京出席北京奥运会开幕式和相关活动的五大洲贵宾。祝酒词的标题采用双标题,正题点名主旨,副题交代场合和文种。标题之下是演讲日期和具名。称谓次序排列恰当、敬词选用贴切。正文分四层:第一层,对各位嘉宾表示欢迎,对所有为北京奥运会作出贡献的人们表示谢意,对国际社会为中国抗击汶川特大地震提供的真诚支持和宝贵帮助表示感谢;第二层,盛赞奥林匹克运动和奥运会,阐述北京奥运会的意义;第三层,简述北京奥运会的申办、筹办工作,并表达把北京奥运会办成一届有特色、高水平奥运会的愿望;第四层,发出祝酒的提议。该文词约而事丰,礼显而旨明,堪称祝酒词的范例。

五、病文会诊

在祝酒词写作中经常出现主旨不集中、篇幅过长、结构不规范、表达不切合语境等问题。

[原文]

尊敬的各位老师,亲爱的各位同学,你们好①:

在这阳光明媚、花草争艳的季节里,我们一班全体同学与曾经精心培育我们的老师,在分别二十年后,再次相聚在这美丽优雅的××××大酒店,畅叙友情,共话沧桑,共同感受这激动人心的时刻②。

看到这一张张似乎快要淡忘的面容,刹那间我好像又回到了那个我们曾经拼搏过的当年。那时,我们风华正茂,慷慨激昂,丰富多彩的学校生活在我们记忆的长河里留下了深深的烙印。难忘同学情谊、难忘恩师教诲、难忘学校的一草一木、难忘二十年前的点点滴滴③。

二十年前的那个夏天,我们满载母校和老师的期望,满怀对生活的向往,离开了教育培养我们的母校,走向百里油区,奔赴油田第一线。油田的角角落落都有我们繁忙工作的身影,为××油田的发展付出了我们辛勤的汗水④。

年华似水匆匆而过。弹指间,我们离开母校、步入社会,已经二十年。当年的热血青年,如今已步入而立之年,成熟坚定。在这如金的二十年里,同学们在各条战线上默默地工作、默默地奋斗、默默地奉献,经历了创业的千辛万苦、体验了生活的酸甜苦辣。二十年了,我们重新相聚的心情越来越迫切,日夜盼望的时刻终于到来了。在几位热心同学的精心张罗组织下,日夜思念的同学们重新相聚成为了现实,当年的约定得以实现。在此,我代表全体同学向他们表示衷心的感谢⑤!

童年是一场梦,少年是一幅画,青年是一首诗,壮年是一部小说,中年是一篇散文,老年是一套哲学,人生各个阶段都有特殊的意境,构成整个人生多彩多姿的心路历程。友谊是人生旅途中寂寞心灵的良伴,同学友谊更像陈年老酒,时间越久,越醇香甘甜。

今天相聚的场面我感受无限。

首先是非常感动。想不到有这样多的同学为参加聚会克服了重重困难,我深知大家工作忙、事情多,但都放下了,能来的都来了,确实不能来的也都通了电话⑥。

第二是非常高兴。欢聚一堂激动人心的场面让我回想起了二十年前依依不舍挥泪告别的那个夏天,确实我们已分别得太久太久,我们的一生能有多少个二十年啊!今天的重聚怎么能不叫我们高兴万分、感慨万千⑦!

第三是非常欣慰。当年的热血青年如今已被社会这所大学校历练得更加坚强、成熟,成为了各个领域的中坚⑧。

同学们,无论走遍天涯海角,最难忘的还是同窗情。我们分别了二十年,才盼来了今天第一次的聚会。我们要珍惜这次相聚,好好在一起聊一聊、乐一乐,叙旧话新,畅谈过去、现在和未来,共叙工作、事业和家庭。如果我们每个人都能从自己、别人二十年的经历中能得到一些感悟和一些收获,那么我们的这次聚会就是一个圆满成功的聚会!愿我们的聚会能更加增进同学情意,今后的人生征程中互相扶持、互相鼓励,手挽着手、肩并着肩,把我们人生之路走得更辉煌、更美好⑨!

同学们,人生是短暂的,四年的同窗时光是我们友谊的基石,二十年后的聚会也许是生命中永恒的灿烂。今天是我们相聚的日子,也是大家向各位老师汇报的日子。二十年来,我们始终牢记恩师的谆谆教导,个个是成绩斐然。我想,恩师看到了我们的点点成绩进步也会感到欣慰和心宽。虽然有些同学因特殊情况,未能参加今天的聚会,我也希望我们的祝福能跨越时空的阻隔传到他们身边。我衷心祝愿这次聚会能成为我们的新起点,我们的心能更加紧密地联系在一起,通过现代化的网络、电话等手段,加强沟通,加强联系,互相帮助,互相鼓励,共同进步,共同为油田发展添瓦增砖!再一次祝愿全体同学们和老师们家庭幸福、事业发达、身体康健⑩!

尊敬的老师、亲爱的同学们,为我们地久天长的友谊、为我们明天的再次相聚干杯!

谢谢大家!

[评析]

①两次使用"各位"显得重复,可以把"亲爱的各位同学"改为"亲爱的同学们"。对老师称"你们"不尊重,应当把"你们好"改为"大家好",并将这个问候语提行单列。

②"再次"表示第二次,这是毕业 20 年后的首次相聚,应当删去"再次"。"美丽优雅"一般形容人,"美丽"也可以形容景色,用"美丽优雅"修饰酒店欠妥,删去它不影响语意。

③最好将"难忘恩师教诲"移至"难忘同学情谊"之前。

④可以删去"离开了教育培养我们的母校"。"为××油田的发展付出了我们辛勤的汗水"主语残缺,应当是"我们为××油田的发展付出了辛勤的汗水"。

⑤"而立之年"是 30 岁,毕业已经 20 年,显然要超过 30 岁,可以换一种其他的说法。"工作"、"奋斗"、"奉献"不是并列关系,可以删去"默默地工作"。最好删去"重新"。"张罗"表示筹划,"组织"是安排的意思,意思交叉,应当删去其中的一个词。

⑥将"首先"改为"第一";将序数后面的"是"改为逗号,下同。

⑦"万分"、"万千"重复,根据该段的内容,可以删去"感慨万千"。

⑧不能说"成为了",可以删去"了"。"领域"范围太大,可以改为"单位"。

⑨可以删去"和一些收获"。将"同学情意"改为"同学情谊"。"辉煌"常形容成绩、战果等,不宜作"人生之路"的修饰语,可以删去"更辉煌"。

⑩"成绩进步"重复,删去"成绩"、"和心宽"。"沟通"与"联系"语意相近,可以删去"加强联系"。"互相帮助,互相鼓励"与上一段的"互相扶持、互相鼓励"重复,可以将其删去。"添瓦增砖"是"添砖加瓦"的误写,要改过来。"全体"后面不必写"们",最好把"老师"移至"同学"之前,应当将"全体同学们和老师们"改为"各位老师、同学"。此外,该文 1400 多字,显得长一些,最好压缩。

六、特别提示

(一)突出祝愿

紧扣"祝愿"二字做文章,以酒为媒介,用热烈的语言表达衷心的祝愿,为宴会增加和谐友好的气氛。

(二)力求精练

宴会是正式场合,隆重而热烈,因此祝酒词大多篇幅短小。这就要求主旨集中、选材典型、行文紧凑、语言简洁。

七、写作训练

请认真阅读下文,借鉴其写法,从宴会名称、地点、景物、典故等产生联想,巧妙构思,写一篇祝酒词。

中国外交部长李肇星为六方代表致祝酒辞

各位团长、朋友们:

我代表中国政府,欢迎各位来北京参加六方会谈,祝贺会谈的举行。

钓鱼台曾是中国清朝一位年轻皇帝送给他一位老师的礼物,是一个充满善意和可能给这里的人带来好运气的地方。

身处此地,一种历史感会油然而生。

这座花园目睹过许多重大外交事件。在这里,通过对话,冰山可以消融,敌意可以化解,信任可以培育。钓鱼台历史的最好启迪就是:和平最可贵,通过对话争取和维护和平最可靠。

进入新世纪,各国人民更加渴望和平与发展,友谊与合作。但东北亚地区仍未完全摆脱冷战阴影。

朝鲜半岛核问题的发生,在使我们面临挑战的同时,也为有关各方尽释前嫌、实现东北亚持久和平与稳定提供了机遇。

今天的会谈就是各方求同存异、增进互信和和解的难得契机,值得珍惜。

中国有诗云:"任凭风浪起,稳坐钓鱼台。"这里的钓鱼台泛指世界各国的钓鱼台,也包括我们所在的这个钓鱼台。希望并相信各位同事将以自己的远见、智慧、耐心、勇气和对和平事业的诚意寻求共赢。为此,我提议,为北京六方会谈成功,为大家在钓鱼台"稳坐"愉快,为和平、健康干杯。

第五节　告别词

一、名称解释

告别词,又称告别辞,是一种宾客、内部成员离别之前所作的致辞。其中,宾客是指来访的客人;内部成员是指离校毕业生、退役军人、单位调离成员等。

二、主要特征

(一)告别词不同于欢送词

从作者上看,欢送词往往是欢送仪式的举办者,而告别词是欢送的对象;从形式上看,欢送词通常是面对面地述说,而告别词除演讲外还可以采用函电等形式传递信息。

(二)告别词不同于答谢词

告别词与答谢词有相似之处,都表达谢意,都有美好的祝愿。但它们也有一些区别。答谢词可以用于欢迎、欢送、颁奖等多种场合,而告别词只用于离别;答谢词没有严格的时限,而作为演讲的告别词必须在离别前发表。

三、内容、格式及写法

(一)标题

有单标题和双标题。

单标题有四种写法:一是演讲者+场合+文种,如《王××书记在离任送别会的演说》;二是场合+文种,如《在2011届学生毕业典礼上的告别词》;三是事由+文种,如《退役告别词》;四是文种,如《告别词》。

双标题,正题揭示主旨、抒发情感,副题点出演讲者、场合、文种,如《青春无悔——在高中毕业典礼上的发言》。

有的告别词不拟标题。

(二)具名

写在标题的正下方。如果演讲者的姓名已写入标题,可以不再具名。

(三)称谓

根据语境选用恰当的称谓和敬词。

(四)问候语

酌情而定,有时不设此项。

(五)正文

包括开头、主体和结尾。开头,访问的告别词先写在访问即将圆满结束时向主人表示真切的告别之情,内部成员的告别词写在即将毕业、退役、调离时向生活多年的学校、部队、单位告别。主体,访问的告别词回忆访问的经历和成果、感谢主人接待的盛情、抒发告别的情感,内部成员的告别词回忆曾受到的良好教育以及自己的进步与成绩、倾诉感激与告别的深情。结尾,访问的告别词表示重逢的愿望并顺致崇高的敬意,内部成员的告别词写不辜负期望以及在新的工作中取得佳绩的决心并祝福学校、部队、单位。

（六）致谢语

根据语境处理。

（七）日期

一般不设此项。重要人物的告别词大多将日期置于标题之下。

四、范文评析

［原文］

挥一挥手却难说再见

——在毕业晚会上的发言

张雅玲

同学们:

走过恋恋风尘,才知道怀念是人生永远的炊烟,飘荡在你我心灵的春天。纵然岁月之舟将渡我远涉万水千山,今天的你,是我记忆中不老的容颜。此刻,当最后的下课铃声响起,当校园里最后一季玫瑰在天地间开满了火辣辣的离愁,当你我已背起了各自的行囊向往着梦想中的远方,我愿为我们相聚过的这一程作最后一次回首,以我所拥有的心底最深的爱恋。

是的,这四年是我最愿意回首的时光。我愿意记住每一张灿烂如花的笑脸,还有那些冰场上蹒跚学步的日子,那些同一把伞下交流心事的雨季,那些阳光遍地书声琅琅的清晨,还有那些酷暑中掌灯苦读的长夜……因为这一切马上要成为遥不可及的从前。所有的往日都可忆而不可重逢,正如所有的人们相聚都无法拒绝别离。在就要离别的此刻,请你,请你让我深深向你俯首,因为在我心中已充满了深深的感谢。感谢每一位师长,曾给予我无私的教诲;感谢每一位朝夕相处的姐妹,你细心的关爱曾安慰了我的乡愁;感谢每一位同窗的你,无形中给予了我那么多战胜困难的信心与勇气……是的,感谢生命让我与美丽的你们相识,使我此后寂寂的长路有美好善良的你可资我怀念。

在我们长长的一生中,有许多珍贵的东西胜过我们的生命,有许多难忘的时刻,有许多值得我们多看一眼的风景,有许多铭心刻骨的留恋和我们应该记住的人。然而,岁月里的我们却无论如何拽不住光阴的衣角,终有一天我们都会银丝满首,都会有皱纹装饰着我们曾那么年轻的脸庞。没有人能够告诉我,多年以后的你我将会相遇在哪一条长街的转角,哪一辆午夜的街车。北岛说,所有的相逢都是初识。如果,多年以后,当我们都苍老了容颜,在一个阳光灿烂的秋日的午后,当你匆匆行在熙攘的都市街头,忽然传来一个苍老的声音喊你的名字,你是否会停下脚步,在人潮人海里寻他,然后无悔地在人群里颤颤巍巍地奔向他,握紧他的手,说"是你吗"? 当彼此在人群中擦肩而过时,你是否会为他已不再挺拔的背影而一再回首? 告诉我,你会吗?

　　而今天,当我们在这里欢歌纵舞,当你我还有足够的青春可资挥霍,请你记住今夜的每一个旋律每一张笑脸吧,因为这一切在我们的生命中都不可重逢。挥一挥手却难说再见,逝去的一切亲切又遥远。再见了,这些阳光下的日子和共度这些日子的同学。此刻,当这里缠绵的乐声响起,当最后的晚霞已洒满天际,让我们最后一次紧握手,作别逝去的昨日,并为明天祝福。

　　愿多年以后,今天的旋律化作一只记忆之舟,涉过光阴的积水,载动你我去回忆的山水间漂泊,让我们重回青春渡口。

　　祝福你,幸福到老。

　　[简析]

　　该文分四层:第一层,抒写离愁,愿作最后一次回首;第二层,回顾四年的学习生活,表达对师长、同窗的感谢之情;第三层,写值得珍藏的记忆与作别时刻的难忘之情;第四层,表达祝愿和希望。该文含蓄优美、富有诗意。

五、病文会诊

　　在告别词写作中经常出现主旨分散、分寸失宜、语病较多等问题。

　　[原文]

离职告别词

各位朋友①:

　　一年前的隆冬时节我来到这里,而今即将伴着和煦的春风离去,已过不惑之年的我就要挥别这曾经工作过的地方,即将踏上人生新的征程②。此时此刻,我的心情很不平静。回顾过去的一年,这几日我辗转难眠,有太多的感慨和留恋,依依不舍之情常常浮现在眼前③。这里有我朝夕相处的同事,有给予我无私帮助的朋友,有关怀爱护我的各级领导,有以大局为重支持理解我的同志们④,借此机会,我要向你们致以诚挚的谢意! 谢谢你们!

　　过去的一年里,我从来没有想过我要离开的那一天,我一直觉得它会离我很遥远很遥远,我怎么也没有想到这么快就要和大家说再见了⑤。和大家说再见不是件容易的事,这里有我深爱的团队、深爱的同事,这里的一切是那么的熟悉、那么的亲切,我很满足,在这曾经工作过的地方,在这曾经工作过的地方的日子我都很满足,我喜欢和大家一起的感觉,我还想着我们可以一直一起办公,我还想着我们一起欢庆,我还想着我们的团队、深爱的同事那么的真实亲切⑥。

再工作多久,总还是会有离开的那一刻。我曾经工作过的地方是一家最好的公司,以后也一定还是最好的公司。我们都应该庆幸我们是其中的一员,即使哪天也会离开,我们都曾经拥有过,这就够了。当你走的那一刻,这里一切会让你感慨,会让您留恋的⑦。

过去的你们对我很重要很重要,我在意你们每一位,你们都很优秀很优秀⑧。我尽力了,我做了我能做的。我感谢每一位同事,能和你们共事⑨;我很充实,我会记得你们的每一位……

希望我们继续保持联系,共同努力,共同进步⑩!

[评析]

①从下文看,在场的有领导、同事、朋友,不能在称谓中只写"朋友"。

②两次出现"即将",应当删去后一个"即将"。

③"依依不舍之情常常浮现在眼前"词语搭配不当,抽象的"依依不舍之情"与具体的"眼前"不能组合。前面已说"留恋",可以删去这个分句。

④语序不当,应当按照领导、同事、朋友的顺序叙说。"同志们"与"同事"交叉,"支持"与"理解"应当易序,可以将"有我朝夕相处的同事"、"有以大局为重支持理解我的同志们"合并为"有朝夕相处并且理解、支持我的同事"。

⑤"过去的一年里"前面应当加介词"在"。"很遥远"无需重复,可以删去一个。

⑥可以删去"在这曾经工作过的地方,在这曾经工作过的地方的日子我都很满足"。"我还想着我们可以一直一起办公,我还想着我们一起欢庆"可以改为"我还想着大家可以一起办公、一起欢庆"。"我还想着我们的团队、深爱的同事那么的真实亲切",只说"同事"与前面领导、朋友缺少照应,还没离开就不能说"真实亲切",可以改为"我还想着我们团队的凝聚力和战斗力是那么强"。

⑦不能既说"你"又说"您",应当都说"你"。

⑧"很重要很重要"、"很优秀很优秀",只写一次就行了,不必重复。

⑨从前后的语句看,可以将"我感谢每一位同事"改为"我感谢大家"。

⑩将"共同努力"改为"一起努力",以避免词语的重复。

六、特别提示

（一）切境

告别词是离别之前所作,因此要把准这一特定的时间、处所、主客关系,在选材、谋篇、择技、用语等方面适合语境的需要。

（二）抒怀

古诗云:"相见时难别亦难"。告别词要着力抒发依依惜别的情感,这种情感应当是发自肺腑、积极向上的,能给人以激励。

七、写作训练

请认真阅读下面的新闻,代实习教师写一篇告别词。

×××中学指导××师大实习生工作圆满结束

2009 年 3 月 20 日,×××中学召开送别××师大××分校实习生座谈会。

根据××区教育局基教科的安排,2 月 18 日,××师大××分校中文、数学、计算机等专业 9 名实习生来到×××中学实习一个月。一个月来,他们全身心投入班级管理、课堂教学。他们虚心学习×××中学“一主多辅互动式”课堂教学模式,并在自己的课堂上积极尝试,和×××中学的老师们一起进入教室看课听课,参与辅导学生活动,并出色地运用“一主多辅互动式”教学模式上了一节实习汇报课。

座谈会上,实习教师的代表作了发言,总结他们初为人师的体会,谈在管理与教学中的酸甜苦辣,感谢全校师生的热情关心,流露出了纯真的不舍之情。×××中学×××、××两位指导教师代表也在会上作了交流发言,道出了她们深感责任重大,付出了许多时间与精力。负责这次实习活动的×××老师和××主任对实习生即将走上工作岗位,如何更好更快地进入教师角色进行指导。

最后,×××中学表彰了优秀实习教师、优质课实习教师。××师范大学教务处领导作实习工作的总结,认为×××中学将这次实习组织得非常成功,实习生受益匪浅。他对×××中学的“一主多辅互动式”教学模式表示出浓厚兴趣,将予以深度关注和研究。希望两校长期合作、资源共享,并和×××中学签订了教学实习基地协议。

第六节　颁　奖　词

一、名称解释

颁奖词,是在颁奖仪式上对获奖者的先进事迹所作的评述性致辞。

近年来,中央电视台、一些城市、重要网站等多次举办年度感动中国人物、经济人物、法制人物以及十佳城市、十佳企业、十佳市民、十佳教师等活动,具有社会公益性质,旨在奖掖先进、弘扬正气、反映时代精神。宣读颁奖词是颁奖仪式上的一个重要项目,让公众了解获奖者的先进事迹以及精神风貌,从而收到教育与激励的效果。

二、主要特征

(一)颁奖词不同于褒奖性公文

褒奖性公文(嘉奖令、奖励性决定、表彰性通报)属于法定公文,是官方决定的事项,有法定格式,风格平实,发表于报纸、杂志、网站或在内部下发;颁奖词属于礼仪文书,多由某些组织或媒体并征求民意推选产生,格式灵活,风格多样,在颁奖仪式上宣读。

(二)颁奖词不同于表扬信

表扬信是对某一集体或个人的先进事迹公开赞美,属于书面函件,语言朴实;颁奖词适用范围更广、礼仪性更强,属于致辞,语言生动。

三、内容、格式及写法

(一)标题

一般是单标题,有三种写法:一是年份+事由+文种,如《2006 感动中国颁奖词》;二是事由+文种,如《十佳教师颁奖词》;三是只写文种,如《颁奖词》。

此外,颁奖词也拟小标题,分别标明获奖者的城市、单位名称或个人姓名,有的还对获奖者作点睛式评价,如"2007 感动中国"颁奖词之一,拟小标题《有信延信》赞扬获奖者谢延信信守承诺、延展爱心。

(二)正文

有两种写法:

一是纪实式。即用简洁的文字记录真实的情况,平白朴实。例如,2007 年 4 月 10 日新浪财经"十佳企业"颁奖词之一:

摩托罗拉

它是一个以技术创新而闻名于世的通信业巨人,经历了 1979 年的发展与变革,始终保持着旺盛的生命力。"对人保持不变的尊重"是其企业文化的核心之一。

自从进入中国后,便很快提出"管理人才本土化"的战略,并于 1993 年建立了摩托罗拉大学中国区,通过"中国管理培训计划",使其管理层中中国员工的比例由 1994 年的 11%上升到目前的 90%,人才本土化的程度走在了全球 500 强公司前面。

它在中国设立了"摩托罗拉中国丽人商会",开拓了女性员工的职业发展空间。目前,其中国公司中女性员工占员工总数的 52%,女性在经理层以上职位中占 28%,在总监级以上职位中达 16%。

它倡导顺畅通达的内部沟通,建有"开放式沟通制度",任何员工在有疑问或不满时,都可以直接找上级反映、解决。

面对全球化进程的加快,它正在把中国公司建设成全球的研发和生产中心之一,进一步提出了人才全球化的战略,这让中国员工有更多机会走出中国,走向世界。

二是写意式。即借用国画的一种技法,重在摹神咏怀。例如,"2007 感动中国"颁奖词之一介绍我国炼油催化应用科学奠基人闵恩泽:"在国家需要的时候,他站出来!燃烧自己,照亮能源产业。把创新当成快乐,让混沌变得清澈,他为中国制造了催化剂。点石成金,引领变化,永不失活,他就是中国科学的催化剂!"

（三）附件

有些颁奖词设附件,以便于人们了解获奖者的情况。主要有两种:一是获奖者简介。例如,"2008 感动中国"颁奖仪式上介绍经大忠:"在汶川大地震中,北川县受灾最严重。地震发生时,北川县县长经大忠正在开会,他果断地组织与会人员疏散,并用最快速度将县城里的 8000 多名幸存群众集中在安全区域。全面的救援工作展开以后,经大忠成为北川抗震救灾前线指挥部副指挥长,始终战斗在第一线,3 天 3 夜没有合眼,而他家中的 6 个亲人全部遇难。他没有慷慨激昂的豪言壮语,只有一马当先的身体力行。"二是评委会或推选委员的意见。例如,"2007 感动中国"推选委员彭长城对陈晓兰的评价:"她只是一个弱女子,却挑起了维护医疗环境纯洁的大任,屡遭报复,陷入困窘,依然坚持,无怨无悔,最终推动主管部门出台多个法规性文件。她所做的对得起作为一位医生的良知。"当然,有的介绍城市、单位概况的附件,而且可以制作成视频短片。

四、范文评析

[原文]

2011 感动中国十大人物颁奖词

1. 朱光亚　一生就做了一件事

人生为一大事来。他一生就做了一件事,但却是新中国血脉中,激烈奔涌的最雄壮力量。细推物理即是乐,不用浮名绊此生。遥远苍穹,他是最亮的星。

2. 胡忠、谢晓君夫妇　坚守藏区 12 年支教

他们带上年幼的孩子,是为了更多的孩子。他们放下苍老的父母,是为了成为最好的父母。不是绝情,是极致的深情;不是冲动,是不悔的抉择。他们是高原上怒放的并蒂雪莲。

3. 吴孟超　设身处地为病人着想

60 年前,他搭建了第一张手术台,到今天也没有离开。手中一把刀,游刃肝胆,依然精准;心中一团火,守着誓言,从未熄灭。他是不知疲倦的老马,要把病人一个一个驮过河。

4. 刘伟　无臂钢琴师

当命运的绳索无情地缚住双臂，当别人的目光叹息生命的悲哀，他依然固执地为梦想插上翅膀，用双脚在琴键上写下：相信自己。那变幻的旋律，正是他努力飞翔的轨迹。

5.杨善洲 好书记杨善洲退休后义务植树22年

绿了荒山，白了头发，他志在造福百姓；老骥伏枥，意气风发，他心向未来。清廉，自上任时起；奉献，直到最后一天。60年里的一切作为，就是为了不辜负人民的期望。

6 阿里木 烤羊肉串的阿里木8年资助上百名贫困生

快乐的巴郎，在烟火缭绕的街市上，大声放歌。苦难没有冷了他的热心，声誉不能改变他的信念。一个人最朴素的恻隐，在人群中激荡起向善的涟漪。

7.张平宜 让麻风村孩子受教育

蜀道难，蜀道难，台湾娘子上凉山。跨越海峡，跨越偏见，她抱起麻风村孤单的孩子，把无助的眼神柔化成对世界的希望。她看起来无比坚强，其实她的内心比谁都柔软。

8.吴菊萍 托举生命的最美妈妈

危险裹胁生命呼啸而来，母性的天平容不得刹那摇摆。她挺身而出，接住生命，托住了幼吾幼以及人之幼的传统美德。她并不比我们高大，但那一刻，已经让我们仰望。

9.孟佩杰 恪守孝道的平凡女孩

在贫困中，她任劳任怨，乐观开朗，用青春的朝气驱赶种种不幸；在艰难里，她无怨无悔，坚守清贫，让传统的孝道充满每个细节。虽然艰辛填满四千多个日子，可她的笑容依然灿烂如花。

10.刘金国 烈火锻造的铁血将帅

贼有未曾经我缚，事无不可对人言。是盾，就矗立在危险前沿，寸步不退。是剑，就向邪恶扬眉出鞘，绝不姑息。烈火锻造的铁血将帅，两袖清风的忠诚卫士。

［简析］

标题《2011感动中国十大人物颁奖词》交代颁奖的年份、事由和文种。正文依次排列10位获奖者，在序数后分别拟小标题，点明获奖者和题眼。正文用写意式的笔法，寥寥数语便彰显人物的"闪光点"，旨精情浓、感人至深。

五、病文会诊

在颁奖词写作中经常出现缺乏炼意、构思失当、评价分寸欠妥、语言不通顺等问题。

［原文］

她是个品学兼优的学生，对学习对工作都有强烈的责任心①。学习上勤勤恳恳，一丝不苟,关心同学,乐于助人,成绩名列年级前茅②。工作上,她兢兢业业,认真负责,她用辛勤的汗水换来了班级的洁净。她不管何时何处,始终把责任铭记心间,把责任落实到每一天。愿责任伴随她走向美好的明天③!

[评析]

①"对学习"有"责任心"不合搭配习惯。

②一般用"认真"、"刻苦"等形容学习,但不能说学习"勤勤恳恳"。"关心同学,乐于助人"与学习没有直接的关系。

③"愿责任伴随她走向美好的明天"显得不通顺。该文以"责任"为主旨欠妥,应当重新炼旨,选取最能表现获奖者的"闪光点"来布局用语。

六、特别提示

(一)显意

颁奖词的重点不是叙事,而是通过对获奖者先进事迹的深入发掘,揭示其本质特征,突显城市精神、企业宗旨、人格魅力,给人以启迪。

(二)融情

颁奖词具有很强的情感性,将其融于人、事、理中,对获奖者由衷的赞美,洋溢着崇敬之情,达到以情感人的艺术效果。

七、写作训练

苏州曾获得 CCTV 2006 年度中国十佳魅力城市之首。请根据下面资料写一则颁奖词。

苏州拥有 80% 的太湖水域,是闻名遐迩的鱼米之乡、丝绸之府,素有"人间天堂"之美誉。苏州自有文字记载以来的历史已有 4000 多年,是全国首批 24 个历史文化名城之一。苏州城始建于公元前 514 年,距今已有 2500 多年历史。古时是三吴都会。悠久的历史,孕育了独具魅力的吴文化。苏绣、评弹、昆曲、书画等独树一帜,闻名中外。千百年来,苏州人文荟萃,产生了伍子胥、孙武子、范仲淹、顾炎武、李政道、贝聿铭、吴健雄等一大批杰出人物。

苏州是全国重点旅游城市,全市现有各级各类文物保护单位 538 处,其中国家级 34 处,省级 106 处。成功加入世界遗产城市联盟。苏州古城坐落在水网之中,街道依河而建,水陆并行;建筑临水而造,前巷后河,形成"小桥、流水、人家"的独特风貌。集建筑、山水、花木、雕刻、书画等于一体的苏州园林,是人类文明的瑰宝奇葩,拙政园和留园列入中国四大名园,并同网师园、环秀山庄与沧浪亭、狮子林、艺圃、耦园、退思园等 9 个古典园林,分别于 1997 年 12 月和 2000 年 11 月被联合国教科文组织列入

《世界遗产名录》。目前苏州当地居民有 607 万、外来人口有 380 万。如今,苏州成为长三角的经济中心之一。

第七节　答　谢　词

一、名称解释

答谢词,又称答谢辞,是在公开场合表示感谢的致辞。

答谢词是一种高级的致谢形式。它为被祝贺者在祝贺仪式上(如新人在婚礼上、寿主在寿宴上)、合作者在庆典仪式上、宾客在欢迎会或欢送会上、获奖者在颁奖仪式上、受赠者在捐赠仪式上、死者家属在追悼会上等场合致谢而作。

二、主要特征

(一)致谢性

致谢是答谢词的核心,围绕一个"谢"字,声情并茂,充分地表达诚挚的谢忱。

(二)应和性

致答谢词往往是在致贺词、欢迎词、欢送词、祝酒词、颁奖词、悼词等仪式之后。因此,答谢词是一种礼节性的应和。

三、内容、格式及写法

(一)标题

大多是单标题,有三种写法:一是演讲者＋场合＋文种,如《蔡元培在爱丁堡学生会及学术研究会欢迎会上的演说词》;二是场合＋文种,如《在抗洪抢险总结表彰会上的答谢词》;三是文种,如《答谢词》。

(二)具名

写在标题的正下方。

(三)称谓

写明某机关、团体、单位名称或某人姓名以及在场其他人的类称、泛称,还加相应的敬词。

(四)问候语

根据语境而定,也可以不设此项。

（五）正文

包括开头、主体、结尾。开头，一般是对有关单位及人员表示由衷的感谢。主体，祝贺的答谢词可根据实际情形而定，比如简介个人情况、抒发理念与愿望；合作的答谢词强调双方合作的重要性以及所取得的成果，感谢对方给予的配合，表示将进一步加强合作、再创佳绩的信心；访问的答谢词多回顾对访问地的美好印象，赞扬主人的业绩，感谢主人的盛情接待，表达希望再次访问或邀请主人回访的意愿；颁奖的答谢词多介绍自己的概况、主要成绩及基本观点，表达继续努力的决心。结尾，一般是再次表示谢忱，并表达衷心的祝愿。

（六）致谢语

大多有致谢语，如"谢谢大家"。

（七）日期

如有必要，可以将其置于标题的正下方。

四、范文评析

[原文]

在诺贝尔文学奖金授奖仪式上的讲话

〔美国〕海明威

我不善辞令，缺乏演说的才能，只想感谢阿弗雷德·诺贝尔评奖委员会的委员们慷慨授予我这项奖金。

没有一个作家，当他知道在他以前不少伟大的作家并没有获得此项奖金的时候，能够心安理得领奖而不感到受之有愧。这里无须一一列举这些作家的名字。在座的每个人都可以根据他的学识和良心提出自己的名单来。

要求我国的大使在这儿宣读一篇演说，把一个作家心中所感受到的一切都说尽是不可能的。一个人作品中的一些东西可能不会马上被人理解，在这点上，他有时是幸运的；但是它们终究会十分清晰起来，根据它们以及作家所具有的点石成金本领的大小，他将青史留名或被人遗忘。

写作，在最成功的时候，是一种孤寂的生涯。作家的组织固然可以排遣他们的孤独，但是我怀疑它们未必能够促进作家的创作。一个在稠人广众之中成长起来的作家，自然可以免除孤苦寂寥之虑，但他的作品往往流于平庸。而一个在岑寂中孤苦工作的作家，假若他确实不同凡响，就必须天天面对永恒的东西，或者面对缺乏永恒的状况。

对于一个真正的作家，每一本书都应该成为他继续探索那些尚未到达的领域的一个新起点。他应该永远尝试去做那些从来没有人做过或者他人没有做成的事。这样他就有幸会获得成功。

如果已经写好的作品，仅仅换一种方法又可以重新写出来，那么文学创作就显得太轻而易举了。我们的前辈大师们留下了伟大的业绩。正因为如此，一个普通作家常常被他们逼人的光辉驱赶到远离他可能到达的地方，陷入孤立无援的境地。

作为一个作家，我讲得已经太多了。作家应当把自己要说的话写下来，而不是讲出来。再一次谢谢大家了。

[简析]

这是诺贝尔文学奖获得者海明威的答谢词，由美国大使宣读。全文分三层：第一层，对获奖表示感谢，述说受之有愧，自己是幸运的；第二层，阐述作家在岑寂中孤苦工作的特点以及追求永恒不断探索的理念；第三层，以"作家应当把自己要说的话写下来，而不是讲出来"道出作家的神圣使命，并再次致谢。该文文笔精练、富有哲理。

五、病文会诊

在答谢词写作中经常出现主旨分散、不合礼仪、语病较多等问题。

[原文]

答 谢 词

各位亲朋好友：

各位领导、各位女士、各位先生①：

人生能有几次最难忘、最幸福的时刻，今天我才真正从内心里感到无比激动，无比幸福，更无比难忘②。今天我和心上人×××小姐结婚，有我们的父母、长辈、亲戚、知心朋友和领导在百忙当中远道而来参加我俩婚礼庆典③，给今天的婚礼带来了欢乐，带来了喜悦，带来了真诚的祝福。借此机会，让我俩再一次地真诚地感谢父母把我们养育成人，感谢领导的关心，感谢朋友们的祝福④。

请相信我，我会永远深深爱着我的妻子，并通过我们勤劳智慧的双手，一定会创造美满的幸福家庭⑤。

最后，请大家与我们一起分享着幸福快乐的夜晚。祝大家万事如意、梦想事成⑥。

[评析]

①称谓排序不当，"亲朋"中的"朋"即指朋友，"亲朋好友"与"女士"、"先生"意思交叉，排上下两行也欠妥，可以改为"尊敬的领导、各位亲戚朋友"。

②"无比幸福，更无比难忘"与前面的"最难忘、最幸福"语序不一致，"无比激动"缺少照应，可以改为"人生能有几次最幸福、最难忘的时刻，今天我才真正感到无比幸福，更无比难忘"。

③"有我们的父母、长辈、亲戚、知心朋友和领导在百忙当中远道而来参加我俩婚

礼庆典",不必用"有"字领起;"长辈"与"父母"、"亲戚"交叉,"长辈、亲戚、知心朋友和领导"顺序欠妥;并非所有参与者都是"在百忙当中远道而来";"婚礼"本身就是结婚仪式,后面不能加"庆典"。此句可以改为"我们的父母、亲戚和各位领导、朋友前来参加婚礼"。

④可以删去"再一次地",因为前面没提过感谢。将"朋友们"改为"各位亲戚朋友",不能省略亲戚。

⑤"创造美满的幸福家庭"的"的"字应当移至"幸福"之后。

⑥"梦想事成"是生造词语,应当改为"心想事成"。此句是感叹句,后面要加叹号。还要另起一行写致谢语。

六、特别提示

(一)明礼

向对方致谢,应当以礼为先。要以谦逊、诚恳的态度,用准确、文雅的词句对所给予的关照、支持、帮助等表示感谢。如遇不便明言但又非说不可之处可使用委婉性词句,这样既能保持和谐气氛又能陈述己方的观点。

(二)尚简

答谢词大多篇幅短小,要以答谢为中心命意谋篇,不能漫无边际地闲聊;在语言上,也要力求言简意赅,不可套话连篇。

七、写作训练

请认真阅读下文,回答问题。

答 谢 辞

余秋雨

感谢文化部和上海市委批准我的辞职请求。但是刚才几位领导对我的评价实在太高,就像是把追悼会提前开了。(众人笑)

这些年我确实做了不少事,而且天地良心确实做得不错。(热烈鼓掌)但是,不应该归功于我,而应该归功于势。也就是从社会到学院的大势所趋。我只是顺势下滑罢了。

想起一件事,前些年云南边境战争中的一位排长的身体滚爆山坡上的一个地雷阵,上级决定授予他特等英雄称号。但是他对前来采访的记者说:"那次不是有意滚雷,而是不小心摔了下来了。"记者劝他:"提拔任命的一切准备工作也做完了,你还是顺着主动滚雷的说法吧,这样彼此省力。"但是这位排长始终坚持他是不小心摔下去的。

　　结果,那次获颁英雄称号的另外两位军人现在已经成了省军区副司令,但那位排长很快就复员了,仍然是农民,在农村耕地。有人问他是否后悔,他坦然回答道:"我本是种地的,如果摔一跤摔成了大官,那才后悔呢。"(鼓掌,笑声)

　　我做院长顺势下滑,与那位摔跤下滑类似。因此,他是我的人生导师。(热烈鼓掌)

　　我的另一位导师陶渊明说:"归去来兮! 田园将芜,胡不归?"

　　所不同的是,我没有田园,连荒芜了的都没有。(笑声)因此,我不如陶渊明,也不如那位排长,无法回去,只有去寻找我的田园。

　　找到或找不到,我都会用文字方式通报大家。(热烈的掌声)

　　谢谢! (长时间热烈的掌声)

　　请回答:

　　1.为什么作者写"滚雷"事件? 作者采用了哪种技法?

　　2.该文是怎样前后照应的?

　　3.该文在语言运用上有哪些特点?

第八节 誓 词

一、名称解释

　　誓词,是在宣誓仪式上所发的誓言。

　　誓词的种类很多。按内容分,有入党誓词、就职誓词等;按形成分,有规定誓词、自拟誓词;按宣誓人的身份分,有员工誓词、军人誓词、教师誓词、学生誓词等;按宣誓的人数分,有集体用的誓词、个人用的誓词。

　　宣誓制度是加强管理的一个重要举措,也是促进社会主义精神文明建设的有效方式之一,有利于增强宣誓人的荣誉感和使命感,有利于提高机关、团体、单位以及军队的凝聚力,有利于营造良好的社会风气。入党、入团、参军宣誓作为一种制度长期沿用,收到很好的效果。近年来,誓词的适用范围愈加广泛,尤其是公务员宣誓、员工宣誓、成人宣誓日渐增多。宣誓要选择庄重的场所,大多面对旗帜(如党旗、国旗、军旗),右手握拳上举,集体宣誓时由一人在前面逐句领读誓词。誓词是宣誓的核心,直接关系到宣誓的质量。各地多次举办誓词的征集活动,经过评选后确定正式的誓词。

二、主要特征

(一)誓词不同于保证书

　　保证书是一种带有承诺或担保性质的书面函件,而誓词是为宣誓准备的文稿;保证书多以某一集体或某人的名义作出,而誓词多由党团、机关、单位讨论通过。

（二）誓词不同于誓师大会发言稿

誓师大会发言稿用于军队出征、公安武警执行某一重要任务、工业和交通等行业完成某项重要工作,而誓词是多为新成员、新职务而作;誓师大会发言稿一般由个人或个人代表集体发表,而誓词多用于众人宣誓。

三、内容、格式及写法

（一）标题

大多是单标题,有三种写法:一是地区、行业或机关、团体、单位或身份的名称＋事由＋文种,如《广东省家电下乡中标企业销售服务誓词》;二是事由＋文种,如《入团誓词》;三是场合＋文种,《在北京企业共青团服务奥运动员誓师大会上的誓词》。

（二）正文

一般由开头、主体组成。开头写缘由和领起语。缘由,写宣誓人的身份、宣誓的意义及目的,要根据需要确定是否写缘由;领起语是必设的项目,用"我宣誓"、"为××,我宣誓"、"我们郑重宣誓"、"请举起右拳,让我们宣誓"等,后面加冒号。例如"在此正式成人之际,我以中华人民共和国公民的身份,面对中华人民共和国国旗庄严宣誓"就是包括缘由和领起语。主体写誓言,写法有两种。一是整句式。即用结构整齐、长短划一的句子,具有匀称美。例如《成人誓词》:"捍卫神圣宪法,维护法律尊严;履行公民权利,承担社会义务;人民幸福为先,国家利益至上;热心社会公益,无愧祖国养育;勤勉奋发有为,不负人民厚望;以我火红青春,建设锦绣中华;以我壮志激情,创造崭新未来。"二是散句式。即用结构比较自由、长短不等的句子,显出参差美。当然,整句式与散句式的写法不是孤立运用的,经常交织在一起,整中有散、散中有整,整散结合。例如《南京市中小学教师誓词》:

我宣誓——教师是我光荣的选择!

我懂得:我的肩头从此负有多少生命的重托!

走上神圣的岗位,我的每时每刻都在传承文明的薪火,我的一言一行都应成为下一代的楷模。

我知道:学生对我很重要,我对学生很需要。因此,对放弃责任的诱惑,我必须拒绝;对违背良知的利益,我必须割舍。为孩子付出所有,是我最高的准则。

即使面对误解和委屈,我仍将恪守崇高的职业道德。

用智慧开启智慧,用爱心托起爱心,平等地对待每一位学生,为他们构筑迈向成功的基座。我要始终具备与职业相称的能力,以终身学习完善和超越自我。

光大行知思想!

学习斯霞品格!

忠诚人民的教育事业,是我庄严的承诺!

从总体上看,该文是散句的形式,但具体而言又有多个整句,如"学生对我很重要,我对学生很需要"。"用智慧开启智慧,用爱心托起爱心",自然而善变。

（三）具名

先写"宣誓人"三个字,并加冒号,然后逐一说出姓名。

四、范文评析

[原文]

誓 词

我们郑重宣誓:坚决拥护中国共产党的领导,忠于宪法,忠于国家,忠于人民;依法行政,严守纪律,保守秘密;爱岗敬业,清正廉洁,务实创新;团结协作,勤奋学习,诚实守信;全心全意为人民服务,为祖国的繁荣富强而努力奋斗!

[简析]

该文选自中共四川省委组织部、四川省人事厅联合下发的《关于认真做好新录用公务员宣誓工作的通知》,标题是编者所加。正文以"我们郑重宣誓"领起下面五层文字:第一层写对党、宪法、国家、人民的基本态度,第二、三、四层写职业道德和工作作风,第五层写工作宗旨和目标。该文主旨鲜明、层次清晰、语言精练。

五、病文会诊

在誓词写作中经常出现剪裁不当、顺序欠妥、语言缺乏推敲等问题。

[原文]

管理干部就职誓词①

我是××××人,一切以公司的利益为重。牢记"负责"的格言②,为××××而奉献。

遵守厂规厂纪③,履行自身义务,积极工作,做好表率。忠心爱企业,决心建企业,信守劳动合同,严守技术秘密,维护公司形象,永不背叛④。

[评析]

①"管理干部"表意欠周,要力求准确。

②"牢记'负责'的格言"语意含糊,令人费解。

③"厂规"与"厂纪"意思重复,不能并用。

④"永不背叛"一般用于层次很高的组织、军队等,企业誓词很少使用类似的词语。

六、特别提示

（一）提炼主旨

主旨是誓词的灵魂。要站在时代的高度，结合编写实际，作横向类比和纵向开掘，揭示其本质特征，从而确定具有时代感、精粹性、个性化的主旨，给人以积极向上的力量。

（二）锤炼语言

语言是誓词的物质载体。誓词大多是百字文，对语言的准确性、简洁性提出很高的要求。因此，要对词句反复锤炼，使其言切旨达、言简事丰、言尽蕴长。

七、写作训练

下文是某县信用合作联社的誓词，它在内容、格式、语言上均存在问题，请加以修改。

我保证，认真学习各项规章制度，熟悉并熟练掌握本岗位职责和技能，严格照章办事、合规操作、坚守岗位、忠于职守、爱岗敬业，不办理一笔违规手续、不发放一笔违规贷款、不挪用一分一毫资金，坚决抵制任何违规违法行为，管好印章、管好凭证、管好库款、管好自卫武器，坚持文明服务，维护信合形象，保证圆满完成领导交办的各项任务，支持信用社发展，如有违背，甘愿接受任何行政处分以及法律法规制裁，誓做一名优秀的信合员工。

第九节　悼　词

一、名称解释

悼词，又称悼辞。它有广义和狭义之分。广义的悼词泛指对死者表示哀悼的话或文章；狭义的悼词专指在追悼会上所作的对死者表示哀悼的致辞，一般由机关、团体、单位的领导或有关部门负责人宣读。本书所说的悼词采用狭义说。

现今的悼词由古代的诔辞、哀辞、吊文、祭文等演化而来，适用范围颇广。

从不同的角度，可以将悼词分为若干类，这里仅按表达方式分类。主要有三种：一是记叙类悼词，以记叙死者的生平业绩为主，适当议论抒情，这是目前最常见的悼词；二是议论类悼词，重在评价死者的重要贡献，阐述其社会意义，如恩格斯《在马克思墓前的讲话》；三是抒情类悼词，借用抒情散文的笔法，文学色彩浓厚，如雨果《悼念乔治·桑》。

二、主要特征

(一)悼词不同于讣告

讣告用于机关、团体、单位或个人向社会有关方面报丧,而悼词是在追悼会上表达哀悼之意;讣告以书面的形式登载或张贴,而悼词用来宣读。

(二)悼词不同于丧帖

丧帖仅用来报丧且篇幅短小,而悼词是缅怀死者而且篇幅可长可短;丧帖以死者的家属名义分送,而悼词多由死者生前所在单位领导宣读。

三、内容、格式及写法

(一)标题

多是单标题,有三种写法:一是作者＋场合＋文种,《××在××同志遗体告别仪式上的悼词》;二是场合＋文种,《在××同志追悼会上的悼词》;三是文种,如《悼词》。

(二)具名

一般写在标题之下。如果作者的姓名已写在标题中,可以不再具名。

(三)称谓

是否设称谓,酌情而定。

(四)正文

包括开头、主体和结尾。开头写沉痛的心情,交代此次追悼会的目的,写死者的职务、职称、姓名以及逝世的原因、时间、终年,常用的句式有"今天,我们怀着无比沉痛的心情,在这里悼念……"。主体,缅怀死者,往往先简述死者的生平事迹以及死者对社会的贡献,然后评价死者的思想品质、作风修养以及产生的积极影响。结尾写死者的逝世所带来的损失,指出值得生者学习的要点,勉励生者化悲痛为力量、用实际行动做好工作来纪念死者,句式有"×××和我们永别了,我们要化悲痛为力量……"等。常见的结语是"×××永垂不朽"、"×××精神长存"、"×××安息吧"。

(五)日期

一般不写。有的重要悼词,将日期置于标题正下方。

四、范文评析

[原文]

任长霞式的好民警冯尚益同志追悼会悼词
白云区委常委、区公安分局局长何靖

同志们：

今天，我们怀着无比沉痛的心情，在这里深切悼念我们亲爱的战友、光荣牺牲的优秀共产党员冯尚益同志。

冯尚益同志是白云公安基层战线的一名人民警察，1968 年 7 月 17 日出生于广州市白云区竹料镇，1987 年 7 月参加公安工作，1996 年 7 月加入中国共产党。生前是广州市公安局白云区分局永平街派出所民警，三级警督。2004 年 6 月 23 日凌晨，冯尚益同志在执行处置群体性闹事事件任务中，面对躁动的人群，沉着应对，耐心教育；面对蓄意闹事的不法分子，临危不惧，冲锋在前，不幸遭受穷凶极恶的歹徒袭击，身受重伤，经全力抢救无效，光荣牺牲。

冯尚益同志自参加公安工作以来，爱岗敬业，恪尽职守，秉公执法，疾恶如仇，英勇善战，屡建奇功，参与打掉犯罪团伙近 100 个，破获刑事案件 3000 多宗，抓获犯罪嫌疑人 3000 多人，由于战绩彪炳，先后 9 次受到广州市公安局嘉奖，4 次被评为优秀共产党员，2001 年被评为"广州市公安局人民满意民警"、"广州市人民满意政法干警"，2003 年被评为广州市公安局白云区分局"十大破案能手"。

冯尚益同志牺牲后，省、市、区公安机关及各级党委、政府的有关领导和同志都高度赞扬了他为打击违法犯罪活动，维护社会稳定所作出的突出贡献，对冯尚益同志的不幸牺牲表示深切的哀悼。

为了褒扬冯尚益同志的英勇事迹，中共白云区委追授他"优秀共产党员"的光荣称号。冯尚益同志是白云区公安系统中继谢金来、李扬灿之后，在执行工作任务中英勇献身的又一位英雄，是在开展学习任长霞同志事迹活动中涌现的杰出代表，是新时期人民警察自觉实践"三个代表"重要思想的先进典型。

冯尚益同志的牺牲，使我们警队失去了一位好同志、好战友。我们沉痛悼念冯尚益同志，要学习他对党对人民无限忠诚的高尚品质；学习他英勇善战、不怕牺牲的革命英雄主义气概；学习他忠于职守、爱岗敬业的优秀职业道德；学习他牢记宗旨、乐于奉献的从警为民之道。要以冯尚益同志为榜样，化悲痛为力量，振奋精神，继续严厉打击各类违法犯罪活动，全力维护社会政治和治安稳定，切实履行职责，不辱使命，全力打造"安宁羊城"，完成英雄未竟的事业。

冯尚益同志永垂不朽！

[简析]

这是为任长霞式的好民警冯尚益同志所致的悼词,由标题、具名、称谓、正文组成。其中,正文开头说明心情的沉痛和悼念的对象,"我们亲爱的战友、光荣牺牲的优秀共产党员"用语恰当;主体概述生平、业绩,交代追授其"优秀共产党员"的光荣称号,并作了高度评价;结尾号召向英雄学习,完成英雄未竟的事业;结语是"冯尚益同志永垂不朽"。

五、病文会诊

在悼词写作中经常出现角度失宜、评价失准、表达失当等问题。

[原文]

悼　词

敬爱的××总经理①:

今天我们全体员工怀着悲痛的心情,向您告别,表示哀悼②!

××总经理,您在领导××公司的 7 年来,一贯勤勤恳恳,兢兢业业,任劳任怨,以超前的意识和锐意改革的精神,带领全体员工,为公司走向新的增长,发起一次又一次冲击,克服了一个个困难,取得了巨大的胜利,得到了全体员工的尊重和爱戴③。

××总经理,您在改革开放的大潮中,发挥了自己的智慧,根据市场经济的理论规律,利用新技术,开发新产品,倡导"开发竞争"精神,在市场竞争中,使公司步入了全市利税千万元效益企业的行列,受到了政府的表彰和奖励,为同行业树立了光辉榜样④。

但是,正在我××公司走向一个崭新地点的时刻,敬爱的××总经理,您先我们而去,与世长辞了。我们失去了一位好领导,经济战线上失去了一名好先锋,企业界失去了一位好朋友⑤。

在这悲痛的日子里,惜别了,您的精神永远鼓舞着××公司奋发腾飞。

敬爱的××总经理,安息吧!

您的精神永垂不朽⑥!

[评析]

①悼词中的称谓是指参加追悼会的人,而不是死者。在悼词中一般称死者为"×××同志"等,不在姓名后面写职务。

②作者应当是有关领导,本公司员工代表的致辞最好不用呼唤式的第二人称,下同。

③"任劳任怨"与前面的"勤勤恳恳"语意交叉,应当删去。最好将"为公司走向新的增长"改为"为公司的发展"、将"得到"改为"赢得了"。"巨大的胜利"修饰语欠妥。

④应当将"在改革开放的大潮中"状语前置。"在市场竞争中"状语多余,可以删

去。应删去"光辉",因为这是溢美之词。

⑤将"我××公司"改为"××公司"或"我们公司"。一般不用"崭新"修饰"地点","时刻"表示时间或经常之意不能用在此处,可以将"崭新地点的时刻"改为"新的阶段"。删去"先我们而去"以及后两个"好"。

⑥"精神永远鼓舞着××公司奋发腾飞"与"精神永垂不朽"、"惜别"与"安息"意思重复或交叉,后三段可以压缩为一段,写"××同志永垂不朽"。

六、特别提示

(一)注意客观评述

从某种意义上说,悼词是对死者一生的"盖棺定论"。要真实地述说死者的生平,准确地评价死者的功绩,做到不夸大、不缩小、不粉饰、不歪曲。

(二)把准情感基调

悼词以真挚而深沉的情感缅怀死者来寄托哀思;同时也勉励生者节哀奋进。因此,不能太悲伤、太消极,应当把落脚点放在化悲痛为力量、继承死者的遗志上,具有激励性。

七、写作训练

下文是一篇悼词佳作,请认真阅读,写一篇赏析性文章。

巴尔扎克葬词
〔法国〕雨　果

各位先生:

现在被葬入坟墓的这个人,举国哀悼他。对我们来说,一切虚构都消失了。从今以后,众目仰望的将不是统治者,而是思想家。一位思想家不存在了,举国为之震惊。今天,人民哀悼一位天才之死,国家哀悼一位天才之死。

诸位先生,巴尔扎克这个名字将长留于我们这一时代,也将流传于后世的光辉业绩之中。巴尔扎克先生属于19世纪拿破仑之后的强有力的作家之列,正如17世纪一群显赫的作家,涌现在黎塞留之后一样——就像文明发展中,出现了一种规律,促使武力统治者之后出现精神统治者一样。

在最伟大的人物中间,巴尔扎克是名列前茅者;在最优秀的人物中间,巴尔扎克是佼佼者之一。他才华卓著,至善至美,但他的成就不是眼下说得尽的。他的所有作品仅仅形成了一部书,一部有生命的、光亮的、深刻的书,我们在这里看见我们的整个现代文明的走向,带着我们说不清楚的、同现实打成一片的惊惶与恐怖。一部了不起的书,他题作"喜剧",其实就是题作"历史"也没有什么,这里有一切的形式和一切的风格,超过塔西陀,上溯到苏埃通,越过博马舍,直达拉伯雷;一部既是观察又是想象的书,这里有大量的真实、亲切、家常、琐碎、粗鄙。但是有时通过突然撕破表面、充分揭示形形色色的现实,让人马上看到最阴沉和最悲壮的理想。

愿意也罢,不愿意也罢,同意也罢,不同意也罢,这部庞大而又奇特的作品的作者,不自觉地加入了革命作家的强大行列。巴尔扎克笔直地奔向目标,抓住了现代社会进行肉搏。他从各方面揪过来一些东西,有虚像,有希望,有呼喊,有假面具。他发掘内心,解剖激情。他探索人、灵魂、心、脏腑、头脑和各个人的深渊,巴尔扎克由于他自由的天赋和强壮的本性,由于他具有我们时代的聪明才智,身经革命,更看出了什么是人类的末日,也更了解什么是天意,于是面带微笑,泰然自若,进行了令人生畏的研究,但仍然游刃有余。他的这种研究不像莫里哀那样陷入忧郁,也不像卢梭那样愤世嫉俗。

这就是他在我们中间的工作。这就是他给我们留下来的作品,崇高而又扎实的作品,金刚岩层堆积起来的雄伟的纪念碑!从今以后,他的声名在作品的顶尖熠熠发光。伟人们为自己建造了底座,未来负起安放雕像的责任。

他的去世惊呆了巴黎。他回到法兰西有几个月了。他觉得自己不久于人世,希望再看一眼他的祖国,就像一个人出门远行之前,再来拥抱一下自己的母亲一样。

他的一生是短促的,然而也是饱满的,作品比岁月还多。

唉!这位惊人的、不知疲倦的作家,这位哲学家,这位思想家,这位诗人,这位天才,在同我们一起旅居在这世上的期间,经历了充满风暴和斗争的生活,这是一切伟大人物的共同命运。今天,他安息了。他走出了冲突与仇恨。在他进入坟墓的这一天,他同时也步入了荣誉的宫殿。从今以后,他将和祖国的星星一起,熠熠闪耀于我们上空的云层之上。

站在这里的诸位先生,你们心里不羡慕他吗?

各位先生,面对着这样一种损失,不管我们怎样悲痛,就忍受一下这样的重大打击吧。打击再伤心,再严重,也先接受下来再说吧。在我们这样一个时代里,一个伟人的逝世,不时地使那些疑虑重重受怀疑论折磨的人对宗教产生动摇。这也许是一桩好事,这也许是必要的。上天在让人民面对崇高的奥秘,并对死亡加以思考的时候,知道自己做的是什么;死亡是伟大的平等,也是伟大的自由。

上天知道自己做的是什么,因为这是最高的教训。当一个崇高的英灵庄严地走进另一世界的时候,当一个人张开他的有目共睹的天才的翅膀,久久飞翔在群众的上空,忽而展开另外的看不见的翅膀,消失在未知之乡的时候,我们的心动中只能充满严肃和诚挚。

不,那不是未知之乡!我在另一个沉痛的场合已经说过,现在我也永不厌烦地还要再说——这不是黑夜,而是光明! 这不是结束,而是开始! 这不是虚无,而是永恒! 我说的难道不是真话吗,听我说话的诸位先生? 这样的坟墓,就是不朽的明证! 面对某些鼎鼎大名的与世长辞的人物,人们更清晰地感到这个睿智的人的神圣使命,他经历人世是为了受苦和净化,大家称他为大丈夫,而且心想,生前凡是天才的人,死后就不可能不化作灵魂!

建议:

从主旨、构思、语言、艺术风格等某一侧面进行赏析,着力突显其特色。

第六章　楹　联

第一节　楹联概说

一、名词解释

楹联是对联的雅称。楹,原指堂屋门前的柱子,联,即对联。楹联是指挂或贴在楹柱上的对联,如褚人获云:"赵某自题楹柱一联"(《坚瓠集》);后来泛指各类对联。楹联,古称桃符,俗称对联、对子、联对、联语、楹句、楹语等,简称联,它是由上联和下联组成的对偶语句。楹联是我国人民喜闻乐见的民族文学形式之一,也是我国交际礼仪的一颗璀璨明珠。

二、沿革

关于楹联的起源,说法不一。研究者普遍认为,早在战国时期中原地区春节时就有悬持桃符的习惯,将神荼、郁垒两位神的名字或画像悬挂在门的两旁,以驱鬼压邪,这是楹联的雏形。史书记载最早的楹联是五代后蜀主孟昶所撰的春联"新年纳余庆;嘉节号长春"。宋代以后,民间新年悬挂春联相当普遍,"千门万户曈曈日,总把新桃换旧符"(王安石:《元日》)就是其盛况的真实写照;同时楹联开始用于文学作品之中,元末明初章回小说的标题也用对联,《三国演义》、《水浒》即是。到了明代,明太祖朱元璋大力提倡对联,命令官员老百姓家在除夕前都必须书写一副对联贴在门上,当时的文人也把题联作为雅事,出现解缙、唐寅、徐渭等撰联高手。入清以后,楹联愈益兴盛,不仅产生孙髯、袁枚、纪昀、林则徐、曾国藩、康有为等联家,还出现钟云舫"拟题江津临江楼联"这一长达 1612 字的长联之最以及梁章钜所编著的我国第一部系统研究楹联的著作《楹联丛话》。民国以后,受新民主主义革命的影响,楹联的战斗性明显增强。刘师亮的讽刺谐联别开生面,孙中山、李大钊、毛泽东等革命家以及蔡元培、于右任、陶行知等文化人士均有名联传世。但由于社会动荡,楹联创作很不稳定,历经盛衰之变。在当代,特别是党的十一届三中全会以来,楹联进入振兴时期。中国楹联学会成立,地方楹联组织如雨后春笋,创办楹联报刊,建立楹联网站,举办征联、联赛、函授、讲座、研究等多项活动。如今,楹联已成为社会活动中的一道亮丽风景,对弘扬中华民族的传统文化、促进社会主义精神文明建设发挥着重要作用。

三、主要特征

(一)整体性

每副楹联均由上联、下联两部分构成,上下联从形式到内容均相辅相成。讲对仗、调平仄、重意境,具有形体美、音韵美和诗意美。

(二)文学性

楹联从诗歌脱胎而来,带有鲜明的诗歌印记。片言含理、情感充沛、想象丰富、韵律和谐、意境优美,故有诗余、二行诗、诗中之诗等别称。可见,它是一种特殊的文学样式。

(三)交际性

楹联也是交际活动的有效方式之一。它可用来明理述志、摹景寄情、吊古感今、览胜觅奇、歌功颂德、鞭笞丑恶,具有庆贺、赞颂、抚慰、勉励、联谊、讽刺等多种功能。

四、种类

(一)按内容分类

有节日联、行业联、喜联、挽联、景物联、格言联、谐趣联等,后面将逐一介绍。

(二)按适用范围分类

有通用联、专用联。前者普遍使用,不受时间、地点、作者、读者的限制;后者专供某种需要或某个行业、某类人使用,有特定的范围。

(三)按字数分类

有长联、短联。前者字数较多,联中大多断句,目前最长的楹联超过千字;后者字数较少,联中无需断句,以五、七言为主,最短的是一字联。

(四)按语言特点分类

有文言联、白话联。前者用文言文撰写,典故较多;后者用白话文写成,语言通俗。

(五)按创作方法分类

有撰联、仿联、改联、集联、征联。撰联,是指作者独自创作的楹联;仿联,是指仿照范文而写的楹联;改联,是指改写其他作品的楹联;集联,是指集萃其他诗文词句的楹联;征联,是指通过征集活动而得的楹联。

五、作用

（一）审美作用

楹联是综合性的艺术，与诗歌、书法、美术等紧密结合，具有愉悦、启迪、感化等审美功能。秦牧曾作过这样的描述："美妙精彩的对联，有时一经接触，就使人的心灵被一支鹅毛羽撩拨过似的，感到非常舒畅，而且令人'一曲难忘'，真正地获得艺术上美的享受。"（《美妙的对联艺术》）

（二）沟通作用

楹联具有较强的宣传鼓动性，它有利于传播知识、辨清是非、陶冶性情、激发斗志、增进友谊、扩大影响。比如，行业联以凝练、生动的语言推销商品、服务和理念，是塑造行业形象、满足公众需求的有力工具。

六、写作知识

（一）对仗

1.概述

楹联的对仗，要求字句对等、词性一致、结构对应、节律对拍、平仄对立、语意相关。这是楹联在构造上的突出特点。

对仗有工对、宽对之分。工对，又称严对，是工整的对仗；宽对，是大致的对仗。撰联以工对为佳，不过要根据语境灵活安排，有时宽对亦可。例如，岳阳楼联"水天一色；风月无边"，"水天"、"风月"自对且上下相对属于工对，而"一色"、"无边"显然是宽对。

这里强调两点：一是词性。原则上按现代汉语语法学体系的词性分类属对。从历史上诗联家创作、鉴赏实践来看，允许异类相对的范围大致包括：形容词和动词（尤其不及物动词）；在以名词为中心的偏正词组中充当修饰成分的词；按句法结构充当状语的词；同义连用字、反义连用字、方位与数目、数目与颜色、同义与反义、同义与联绵、反义与联绵、副词与连介词、连介词与助词、联绵字等常见形式；某些成序列（或系列）的事物名目，两种序列（或系列）之间相对，比如自然数列、天干地支系列、五行、十二属相，以及即事为文合乎逻辑的临时结构系列等。当然，巧对、趣对、借对（或借音或借义）、摘句对、集句对等允许不受典型对式的严格限制。二是语意。其形式有以下三种：正对，即上下语意相近，互相映衬；反对，即上下语意相反，对照效果突出；流水对，又称串对，即上下联的转折、递进、条件、因果等逻辑关系明显。

2.注意事项

忌不规则重字。是指上下联不能字重复。如"春风杨柳神州笑；丽日桃花大地春"，应当将后一"春"字改为"香"。

忌合掌。即上下联不能语意重合。如"云泽清光满；洞庭月色深"，"云泽"本是"洞庭"的旧称，"清光"指的就是"月色"，"满"与"深"意思相同。

忌对开。上下联应当共同表达一个完整的意思，不能各吹各的号。但无情对例外，即上下联意思毫不相关，却对仗极工，如"陶然亭；张之洞"、"庭前花始放；阁下李先生"。

3. 主要技法

离合法。它是通过字的笔画增减、结构拆合、字形变化来构成楹联。主要有：拆字，将一字或多字拆开，如"议论吞天口；功名志士心"；合字，将一字或多字合成，如"口十心思，思妻思子思父母；言身寸谢，谢天谢地谢君王"；变形，将原文字的基本字形加以变化，构成新字形，如"细雨沉沉，两沈钻头不出；雷声阵阵，二陈伸脚勿开"；置换，将某个字置于他字中，换出他字的部分字形，组成新字，如讽刺袁世凯称帝联"或入圜中，拖出老袁还我國；余临道上，不堪回首问前途"。

嵌字法。将人名、地名、物名、单位名称等嵌入联中。从形式上看，有整嵌、分嵌和复嵌。整嵌是名称在联中保持完整性，如关帝庙联"师卧龙友子龙龙师龙友；弟翼德兄玄德德弟德兄"。分嵌是将名称拆开有规律地嵌入。分嵌又有竖嵌，即将两个名词分别在上下联内嵌完；横嵌，即将一个名词拆开分别嵌入上下联；合嵌，将一个名称断续嵌入全联，如"民犹是也，国犹是也；总而言之，统而言之"。复嵌，是整嵌、分嵌的综合运用，多用于长联。从嵌字技巧上看，有顺嵌、逆嵌和混嵌。顺嵌是从上到下嵌入；逆嵌是从下到上嵌入；混嵌是顺嵌和逆嵌的结合，如杭州西湖联"灵鹫向云中隐去；奇峰自天外飞来"，顺嵌"灵隐"、逆嵌"飞来峰"。此外，在长期的写作中，逐步形成对所嵌字位置限制的联格，有凤顶格，又称藏头格、并头格等，是上下联首字嵌，如上海韬奋纪念馆联"韬略终须建新国；奋飞还得读良书"；叶底格，又称燕颔格，是五言、七言联次字嵌；鹿颈格，又称鸢肩格，是七言联第三字嵌；蜂腰格，又称合欢格，是五言联第三字、七言联第四字嵌；鹤膝格，又称合趼格，是七言联第五字嵌；雁翎格，又称凫胫格、长胫格，是五言联第四字、七言联第六字嵌；凤尾格，又称雁足格、并蒂格，是上下联尾字嵌。如树山亭联"坐看流水长亭树；远望斜阳去路山"。此外，还有云泥格、魁斗格、蝉联格、鼎峙格等多种。

偏旁法。利用汉字构成的特点，以偏旁部首对应为构思方式。上下联的偏旁部首可以相同，如"湛江港清波滚滚；渤海湾浊浪滔滔"；也可以不同，如"纺纱细线缝绫缎；江浦波涛浸沙洲"。

复辞法。为了表达的需要，重复使用某个词、短语、句子，并将重复的部分同位照应。其方式一般为"ABAC，DEDF"等，如秋侠女祠联"六月六日，秋雨秋风"。在实际撰联中可以灵活安排，如"望江楼望江流，望江楼上望江流，江楼千古江流千古；印月井印月影，印月井中印月影，月井万年月影万年"。

叠辞法。通过叠字、叠词、叠句来叙事、绘景、抒情,以加强语势。如“冷冷清清雪;茫茫渺渺峰”、“佛云不可说不可说;子曰如之何如之何”。

（二）平仄

1. 概述

楹联讲究平仄对立。联文用词缀句按节奏安排平仄交替;上下联对应节奏点位置的用字平仄要相反。对于单边两句及两句以上的复句联,每句句脚之平仄按音步递换,句脚拼节形成“仄顶仄,平顶平”的格局。

汉语声调有平声、仄声两类,平仄的相互交替构成了楹联的声调。这里主要强调四点。一是用字的平仄声调遵循汉语音韵学的成规。在近古与近代通行的韵书中,字分四声,平声不分阴阳,统称为平,上声、去声、入声三种声调为仄;现代汉语字音以阴平、阳平为平,上声、去声为仄。判别声调平仄遵循“双轨制”,但旧声、今声在同一联文中不得混用。二是语句的平仄结构以两字（两个音节）或一字（一个音节）为一个节奏,节奏点在每个节奏的第二字（一字节奏,节奏点即为该字,诵读时各占一节奏）,以此安排平仄重复交替。三是节律。指联文语句的语流节拍,上下联要一致。语句的语流节律按二字而节的常规节奏安排;在其与句法结构的语意节拍不一致时,平仄结构是不变的,可据联文表达需求、作者态度表现与诵读需要组织或划分为种种相应的语意点顿句式;一副楹联,或依节奏,或依意顿,只用一种方式,上下联要一致;使用领字,在上下联相应位置要一致,词性要相同,允许不拘平仄相反律,且不与被领词语一起计节奏。四是仄起平收。即上联收于仄声、下联收于平声。

2. 注意事项

忌孤平。在五、六、七言的下联,若依照“一、三、五不论”的说法去遣字,容易犯除了尾字外只有一个平声字的错误,如遇此种情况,应当加以调整。

忌上联尾三仄、下联尾三平。即上联末尾三字都是仄声字,下联末尾三字都是平声字,需要拗救。如“爆竹声声除旧岁;红梅朵朵迎新春”,下联“迎新春”都是平声,应当把“迎”改为“报”或“艳”。

忌一平到底或一仄到底。如“四化路上齐努力;三千江山奋图强”,上联只有“齐”是平声、下联只有“奋”是仄声,读起来不上口。

3. 主要技法

同韵法。字的同韵,有韵律美。如纪念毛泽东百年诞辰联“柏坡翠柏百年翠;梅岭红梅每度红”。

谐音法。谐音双关,可产生巧妙风趣之效。如讽刺联“民国万税;天下太贫”。

异音法。多音字的恰当使用,能提高表达效果。如故宫联“乐乐乐乐乐乐乐;朝朝朝朝朝朝朝”,上联1、3、5、6字读 yuè,2、4、7字读 lè;下联1、3、5、6字读 zhāo,2、4、7字读 cháo。

押韵法。如能押韵,更显得上口、悦耳。如"客来醉客去睡老天所事吁可愧;论学粗论政疏诗不成家聊自娱"。

拟声法。以声音传情达意,逼真生动。有模拟动物和物体的声音、模拟人和神的声音两种。如"播谷禽鸣,催起农夫忙播谷;提壶鸟语,唤醒酒客乐提壶"就是模仿布谷、鹈鹕两种鸟的声音。

回文法。词语回环反复,声音和谐,趣味横生。它有部分回文、全部回文之分。如"景中景,非关招鹤放鹤;山外山,尽是白梅红梅"、"画上荷花和尚画;书临汉字翰林书"。

(三)意境

1.概述

意境是楹联的核心问题。它在尺幅寸篇里将丰富的思想情感包孕于具体的形象中,构成一个神形兼备的完整画面,引导读者体味"画外之音"。因此,楹联以意境为工,把诗意美作为最高规范。

2.基本要求

情景交融。在撰联中,作为主体的作者与作为客体的审美对象是辩证的统一,二者的有机结合创造出一个诗意飞扬的审美世界。这在情景交融上表现得尤为明显。谢榛对此有精辟之论:"景乃诗之媒,情乃诗之胚,合而为诗,以数言而统万形,元气浑成,其浩无涯矣。"(《四溟诗话》)寓情于景,使本来不可名状的情感具象化;化景为情,让原属自然界的景物人格化。情与景的相互融合,楹联就会充满诗意。例如,"月似丹光出高岭"、"一池明月水心清"、"月光留客横拦路"、"明月清风是故人",同是咏月联,皎洁的月色中透出欢跃、恬淡、挽留和思恋,可谓景语皆情语。

意蕴扩展。楹联的意境具体可感,却又是幻化飘拂的。它由初步的情景交融拓展衍生,从实到虚、从有到无,进入一个美妙无垠的境界。这样就超出了意象本身的含义,经过读者的想象升华出更为深广的意蕴。如同朱承爵所说"作诗之妙,全在意境融彻,出音声之外,乃得真味"(《存余堂诗话》),这正是意境的本质之所在。空白、简约、朦胧等都可进入"音声之外"的妙境。例如,太原晋祠联"桐叶自当年剪得;凤凰于何日飞来",巧置设问而无答词,令人玩味再三;斋室梅庵联"梅花数点;月色一寮",仅两景八字,以"梅"、"月"自喻,写淡泊名利、胸怀坦荡的人格,真是言约意丰;剑川石宝山联"云飞疑石走;霞敛觉山空",描述一个云霞氤氲的缥缈之境,令人流连。

时空转换。作者在撰联时飞翔心灵的翅膀触摸古今、游历寰宇,挣脱了时空的束缚,联语中自然跳动着诗意。这里,时空总是结伴而行,相互交织。例如获"京杭大运河颂"征联一等奖作品"发京津,穿冀鲁,五小沟通,浩荡过天堂,枢纽北南数千里;起吴越,历沧桑,万民修凿,情波泽盛世,人工今古第一河",以"京杭大运河"这一彩线编织空、时经纬,透出恢弘的气势。不仅如此,时空转换也是常见的。例如两副长城联:"万岁千秋献身原野,曾将山海沉雄、居庸陡峭、雁门险阻、嘉峪浑涵,组成铁壁铜墙,顿教万里关河金汤永固;长年累月昂首云天,惯让西陲爽气、南国春风、北漠晴沙、东方旭日,炼就奇姿异态,遂使长城内外秀色可餐"、"仰承日月千秋照;俯阅江河万古流"。前者借"献身"、"昂首"将时间序列空间化,后者用"仰承"、"俯阅"把空间之景"日月"、"江河"时间化,以突出长城这一中华民族之象征的永恒意义,散发出雄浑的诗意。

3.主要技法

比喻法。通过打比方来描述说理,生动形象,易于理解。如扬州新月楼联"蝶衔红蕊蜂衔粉;露似珍珠月似弓"。

比拟法。把甲、乙事物互换来写,具有活灵活现之妙。如"春风放胆来梳柳;夜雨瞒人去润花"。

夸张法。故意言过其实,对事物进行夸大、缩小、超前的描述,便于揭示事物的本质,表达强烈的情感。如庐山瀑布联"横奔月窟千堆雪;倒挂银河万道雷"。

借代法。借用与本体事物有密切关系的事物代替本体事物,特征鲜明、启人联想。如旅店联"未晚先投廿八;鸡鸣早看卅三"。

双关法。通过谐音或相关语意,达到一箭双雕。如"春到杜鹃山花香鸟语;秋游白石寨画意诗情"。

衬托法。用相似或相反的事物来陪衬主要事物,能突出重点,创造意境。如李清照纪念堂联"大河百代,众浪齐奔,淘尽万个英雄汉;词苑千载,群芳竞秀,盛开一枝女儿花"。

排比法。内容、结构、语气和谐,短语、分句较多,因而内涵丰富、节奏鲜明、语势强烈。稍长的楹联常用这种方法。如桂林小广寒楼联的部分语句"甲天下名不虚传:奇似黄山,幽如青岛,雅同赤壁,佳拟紫金,高若鹫峰,穆方牯岭,妙逾雁荡,古比虎丘"。

用典法。引用历史事实或古代诗文名句等典故,可以深化意蕴,具有说服力。如扇店联"右军五字增声价;诸葛三军听指挥"。

集句法。从古今诗文中摘取现成的名句,拼集成一副楹联,既显高妙,又能出新。如"彩笔昔曾千气象;流年自可数期颐"分别集自杜甫《秋兴》和苏轼《次韵子由三首》。

七、基本要求

(一)时代感

楹联有鲜明的时代印记。目前有不少楹联照搬旧作,毫无新意,撰联必须符合社会现实的需要,体现时代精神。例如,春联若写"又是一年春草绿;依然十里桃花红"就难免落入俗套,而"东风有韵歌新纪;瑞雪无声润壮猷"就新意顿出。因此,要在楹联中绘时代之画卷、发时代之先声。

(二)个性化

个性是楹联的生命。在各类信息瞬息万变的今天,撰联必须亮出自己的"旗号"。

不能像"热心接待三江客;笑颜迎送四海宾"那样千联一面。这就要求量身定做,从炼意、选材、择技、遣词等方面进行全新包装,使其神采飞扬。

（三）艺术性

楹联的艺术性,主要是就形象和意境而言的。形象是艺术性的依托,唯有具体可感的形象,方能绘出生动的画面;意境是艺术性的核心,营造优美的意境才能真正收到悦目、怡情、悟旨的审美功效。撰联应当借鉴作诗的方法,使之具有较高的审美价值。

八、特别提示

（一）体现传统文化与先进文化

楹联是我国民族文化的一种载体,它既根植于传统文化的沃土之中,又反映当今的先进文化。因此,既要从优秀的传统文化中吸收营养,又要突出先进文化的特点。

（二）遵守《联律通则(试行)》

楹联是传统的格律文学,具有鲜明的格律性。为此,中国楹联学会发布了《联律通则(试行)》,该通则自 2007 年 6 月 1 日起试行。撰联时必须遵守这一通则,符合联律的基本要求。

九、写作训练

请欣赏中国书法家协会主席张海书写的两副楹联,结合此例写篇短文,谈楹联的审美作用。

注:左侧联语是"浪花无际;沙岸有痕";右侧联语是"社会和谐容五岳;春光美妙暖三江"。

第二节 节 日 联

一、名称解释

节日联,是在传统节日、重要纪念日所用的楹联。主要用于元旦、春节、元宵节、花朝节、清明节、端午节、七夕节、中秋节、重阳节等节日和妇女节、植树节、劳动节、青年节、护士节、儿童节、建党日、建军节、教师节、国庆节等纪念日。

在节日联中,流行最广的是春联。春联,又称春帖、春书、门对等,是除夕时贴的喜迎新春、祈福吉祥的楹联。春联已成为春节民俗之一,被红学家周汝昌称为"举世罕有的最伟大、最瑰奇的'全民性文艺活动'"。

二、主要特征

(一)使用的特定性

从适用范围上看,节日联专用于各种传统节日和纪念日,不能在其他场合使用;从写作时间上看,节日联应当在有关传统节日或纪念日临近时撰写,如果搞征集活动可以适当提前。

(二)基调的规定性

各种节日和纪念日因其特定的内涵都有不同的基调。比如,元旦和春节是祝福、清明节是怀念、中秋节是团圆、重阳节是敬老、建军节是纪念等。要把准这一基调来表情达意。

三、技法举要

(一)嵌字法

在节日联中经常使用嵌字法,将节日、地区、单位、建筑物等名称嵌入联中,以示标识。例如,"春色常随梅色至;节声爱伴雪声来"用凤顶格嵌"春节"。此外,春联还嵌干支、生肖、姓氏等。例如,"辛盘献颂新世纪;巳帖赋诗好山河",嵌 2001 年的天干和地支"辛巳";"鼠去牛来欣大治;龙腾虎跃奋新程",上联第 1、3 字嵌入 2008 年、2009 年的生肖"鼠"和"牛";"东海曼倩扬正气;北溟成龙起廉风",借家族中代表性人物于定国(字"曼倩")和于成龙(字"北溟")嵌入撰联者的姓氏。运用嵌字法,要准确选词、镶嵌恰当。

(二)复辞法

同位使用某个词、短语、句子,用来强调说明。例如,"千江有水千江月,万里无云万里星",两次使用"千江"与"万里",极显东林寺中秋月夜辽阔而高远的意境;"翠竹摇风,喧千林翠鸟;红梅映日,吐万树红霞"是植树节联,色彩词"翠"、"红"为复辞,描摹绿化的美景,令人神怡。运用复辞法,要确有必要、位置适宜。

（三）叠辞法

以叠字、叠词、叠句的形式来加强语势。例如,重庆巫峡瑶联"月月月明,八月月明明分外;山山山秀,巫山山秀秀非常",运用叠字法突出"月到中秋分外明"的特色,与巫山秀色相映衬,可谓珠联璧合。运用叠辞法,要切合语境、注意衔接。

（四）烘托法

通过周围的环境、景物、其他物品来烘托,以突出节日气氛。例如,"玉树银花,万户当门观瑞雪;欢歌笑靥,千家把酒赏花灯",仅用22字便勾勒出元宵节之夜观雪赏灯的热闹场面,这得益于"玉树银花"和"欢歌笑靥"的烘托;建军节联"军号嘹亮将军志;杜鹃花红战士心"则精选"军号"、"杜鹃"来表现将士卫国爱民的情怀。运用烘托法,要精选材料、把握分寸。

（五）比喻法

用比喻的形式作具体形象的说明,能给人留下深刻的印象。例如,教师节联"似黄牛耕耘知识土壤;如蜡烛照亮美好心田"中,"似黄牛"、"如蜡烛"是明喻,而"乐做人梯通大厦;甘当绿叶托红花"中,"人梯"、"绿叶"是借喻,对教师作了至高的赞美。运用比喻法,要找准相似点、贴切新颖。

（六）用典法

根据所写节日的需要,在联中引用典故,能丰富内容、增加趣味。例如,七夕节联"牛女二星河左右;参商两曜斗西东",借牛郎织女、参商永隔的传说发出感慨;重阳节联"孟参军龙山落帽,陶居士三径衔杯"则取自孟嘉落帽、陶潜归隐的史实,说明老年人应有的非凡气度和平淡心态。运用用典法,要言之有据、切忌生僻。

四、范文评析

[原文]

2005 年中央电视台春节联欢晚会楹联

横批一:盛景争春

(1)三海九门京华迎奥运(北京)
　　一江两岸世博靓申城(上海)

(2)朝天门喜迎天下客(重庆)
　　塘沽港笑纳万国风(天津)

(3)车轮飞转东西南北追风去(吉林)
　　钢水奔腾春夏秋冬入眼来(辽宁)

(4)雪域春秋扎西德勒(西藏)

　　天山南北乌鲁木齐(新疆)

横批二:世间同春

(5)南海风清讲述春天故事(广东)

　　漓江水碧飘来三姐新歌(广西)

(6)孔子仁关公义人文典范(山东)

　　泰山日壶口烟天地奇观(山西)

(7)八百里洞庭凭岳阳壮阔(湖南)

　　两千里赤壁览黄鹤风流(湖北)

(8)万里长城山海关龙头为首(河北)

　　独门绝技少林寺天下无双(河南)

横批三:联袂贺春

(9)苗寨黔山黄果树酒香赤水(贵州)

　　川肴蜀绣锦官城花径草堂(四川)

(10)饮龙井茶品江南丝竹(浙江)

　　登虎丘塔论天下园林(江苏)

(11)碧草毡房春风马背牛羊壮(内蒙古)

　　苍松雪岭沃野龙江稻谷香(黑龙江)

(12)红黄蓝白黑五珍献瑞(宁夏)

　　字史酒医诗诸圣流芳(陕西)

横批四:欢歌迎春

(13)水泽源流江河湖海(青海)

　　金银铜铁铬镍铅锌(甘肃)

(14)石林自有高材生群峰拔地(云南)

　　琼海独具大手笔五指擎天(海南)

(15)黄山为九州增色(安徽)

　　瓷器与中国同名(江西)

(16)荆花吐艳香江瑞(香港)

　　莲蕊临风镜海清(澳门)

(17)品铁观音香飘两岸(福建)

　　拜妈祖庙情系一家(台湾)

横批五:盛世大联欢

(18)上下五千年太平盛世欣今日听钟乐和鸣八方共饮复兴酒

　　纵横九万里锦绣中华创未来看龙狮劲舞四海同吟发展歌

[简析]

上面18副楹联是2005年中央电视台春节联欢晚会总体方案的艺术再现。以横批为标志,分五个单元。前四个单元,紧扣"春"字分别写"争春"、"同春"、"贺春"、"迎春";第五单元,是总括部分,将晚会推向"盛世大联欢"的高潮。就联语而论,前面的17副楹联彰显34个省、自治区、直辖市、行政特区的特色,注意联律,营造意境;第18副楹联突出主旨、语势强劲。这是广受称赞的节日联佳作。

五、病文会诊

在节日联写作中经常出现概念化、过于陈旧、缺乏个性、不合联律、语病较多等问题。

[原文]

(1)秋奉椿萱茂;菊同兰桂馨①。

(2)桃李及时秀;橘柚应时新②。

(3)海上升明月;天涯共此时③。

(4)敢叫荒山成林海;誓将沙漠变绿洲④。

(5)虎跃龙腾华夏人民多俊杰;莺歌燕舞阳春山水尽朝晖⑤。

[评析]

①此例是重阳节联。一般说来,季节对季节、植物对植物,"秋"与"菊"对不上。可以将"秋"改为"茱萸"的"茱",这样"茱"与"菊"上下对仗。

②此例是教师节联。主要毛病是上下联同字,都有一个"时"字,可以改为"桃李交谊笃;橘柚甘汁浓"。

③此例是中秋节联。从张九龄的《望月怀远》集句而成。但是,将"生"误写为"升",削弱了意境;"明月"与"此时"不是对仗,因此该诗句不是楹联。这里推荐"海上生明月;天涯共素风"的佳联,其中"素风"既指秋风又指纯朴的风尚、清高的风格,既语意双关,又与"明月"对仗。

④此例是植树节联。主旨不错,但属于口号式,缺乏艺术性。楹联应力求思想性与艺术性的统一,"荒山秃岭成昔日;绿海青峰看今朝"、"千里松涛,无山不绿;万顷柳浪,有地皆春"就处理得很好。

⑤此例是春联。关于平仄,这里最好按现代汉语字音处理,可以改为"虎跃龙腾神州多才俊;莺歌燕舞山河尽朝晖"。

六、特别提示

(一)力求新颖

节日联常见的问题是陈旧、雷同。因此,要着力反映时代精神,准确把握新事物、新气象,深入发掘事物的自身特点和本质特征,使联语不同凡响。例如,2005 年中央电视台中秋晚会征联作品"八月金秋,人月共圆期一醉;九州盛会,陆岛同庆贺双赢"就呈现新意。

（二）张贴恰当

节日联多为张贴而作,基本上是竖贴,但人们习惯于将上联贴在门左侧、下联贴在门右侧,有时竟贴反了。张贴时认真读联,在真正明白联句内容和平仄的前提下,还要跟着横批走,即横批从左到右,上联在左下联在右,反之则上联在右下联在左。其他类型楹联的张贴也应参照此法。

七、写作训练

请认真阅读下面的新闻,写出主旨鲜明、合乎联律的对句。

安远:万元征集最佳春联对句

春节来临之际,"中国楹联之乡"——江西省安远县"悬赏"万元,向海内外的楹联爱好者及各界人士征集一个最佳春联对句,这一对联的出句是"三百山脐橙奇,脐出名山,奇香奇味,岂让新奇士"。

地处赣、闽、粤三省交汇处的安远县是"中国楹联之乡",三百山就坐落于此。这里出产的脐橙品质出众,色香味俱全,"三百山"牌脐橙也获得全国唯一的脐橙类无公害农产品认证证书。为弘扬楹联文化,促进果业发展,提高"三百山"牌脐橙的知名度,安远才刊出"三百山脐橙奇,脐出名山,奇香奇味,岂让新奇士"的出句,并重奖征集对句。

第三节　行业联

一、名称解释

行业联,过去曾称百业联,是指各个行业所专用的楹联。它以精练、生动的语言推销商品、服务和理念,塑造行业形象,满足公众的需求,有很强的说服力和感染力。

行业联有通用联和专用联两种。前者适用于所有行业,后者专用于某一行业。

在我国,饭店、客栈、铁匠铺等古已有之,行业联出现也较早。随着社会经济的发展,行业联的内容逐渐丰富。如今,行业分工日趋细密,许多新行业应运而生,因此行业联的适用范围更加广泛。

二、主要特征

(一)行业联不同于节日联

按照流行的说法,春联包括通用联和行业联,在护士节、建军节、教师节等楹联中也有行业联。尽管这种说法有一定的道理,但不能将行业联作为节日联的一种。因为节日联是为某一传统节日或纪念日而作,而行业联的目的在于宣传本行业;节日联只用于各种传统节日和纪念日,行业联在平日也经常使用。

(二)行业联不同于广告联

近年来,广告联颇受欢迎,但不能把行业联与广告联等同起来。广告联是楹联体广告,而行业联是楹联的一种类型;广告联多用于商业性宣传,而行业联除此之外还用于政党、政府、文体科教、军队等;广告联多利用大众媒体广而告之,而行业联一般在内部镌刻、张贴或登出。

三、技法举要

(一)嵌字法

嵌字法在行业联中运用普遍。镶嵌人名、地名、商品或商标名、行业或单位名,能加深印象。嵌字既要讲究联格,又要结合实际情况处理。例如,"新纪扬帆凭鼓浪;良机在网助登峰"用鼎峙格嵌入"新浪网",上联嵌第1、7字,下联嵌第4字,合乎要求;"文运甫兴,万方祝酒;瀛洲已曙,多士登楼",将"文瀛酒楼"4个字分嵌于上下联的首尾,也很恰当。

(二)借代法

在联中,用有关人、事、地点、商品、商标等名称来代替本体,具体而形象。例如,"五彩耀金樽,诚问福求嘉,齐鲁适招祥凤起;三光凝玉液,更争新比美,舜尧宜垮祉麟来",用"齐鲁"、"祥"、"玉液"来代替山东产的祥酒,以突出该商品的产地、商标、质量,令人过目难忘。运用借代法,要注意借体明显、褒贬正确。

(三)诠释法

即对有关内容加以解说,使公众对此有所了解。它分为释名(名称)、释词(其他词语)、释用(用途)、释性(属性)等。例如,望海国际大酒楼联"水连天天连水;楼望海海望楼"、望稼酒楼联"多把芳菲汛春酒;已见沧海为桑田",分别对"望海"、"望稼"仅一字之差的命名作了不同的释义;"报乃良方能盖智;书为妙药可医愚"则解答了图书馆的功用,便于人们的理解。运用诠释法,要解释清楚、语言通俗。

(四)点旨法

点明主旨,让读者有所领悟。有单点、双点、明点、暗点等多种情形。单点,即上联或下联显旨;双点,即在上下联分别点示;明点,即明白无误地揭示;暗点,即虽然不直接点出,但读者仍能理解。例如,老年活动室联"苍龙日暮还行雨;白首秋高更著书"、"夕阳辉晚景;枫叶映霜天",都写老有所乐、颐养天年,前联为单点、明点,后联为双点、暗点,方式不同,均显其旨。运用点旨法,要找准联眼、恰当选词。

（五）双关法

利用一词多义或音同、音近使同一词语关联两个事物。例如,理发店联"虽云毫末技艺;却是顶上功夫",语意双关,强调技艺之精妙;酒店联"仿古仿今仿宫馔,笑访效仿请进;膳山膳海膳时珍,欲善御膳欢迎","笑访"与"效仿"、"欲善"与"御膳"音同,诙谐中透出雅趣。运用双关法,要切合情境、注意语体色彩。

（六）摹状法

对有关事物进行状形、拟声、摹色,使其活灵活现。例如,山西刀削面联"飞刀削面,刀飞面落龙蛇舞;巧手端盘,手巧盘旋日月行"勾勒神妙形态;农机站联"马达高吟春色赋;机声又唱丰收谣"弹拨欢快心曲;印染店联"鹅黄鸭绿鸡冠紫;鹭白鸦青鹤顶红"绘制多彩图画,让读者如临其境。运用摹状法,要根据写作需要而定,力求生动传神。

四、范文评析

[原文]

"京华老字号"征联一等奖作品选

(1)同气同声,济民济世;仁心仁术,医国医人。（同仁堂）

(2)绸可云罗,布堪火浣;瑞臻百福,蚨集千祥。（瑞蚨祥）

(3)人寿年丰,稻香开泰运;月圆花好,春暖惬人情。（稻香春）

(4)大千春色在眉头,鸥波画境;北地风光留倩影,鸿雪因缘。（大北照相馆）

(5)大度誉千家,乐得诚中取利;华堂盈百货,专从微利便民。（大华百货公司）

(6)泉美花香,彼此心同双合盛;气清韵永,精诚力致五星红。（双合盛五星啤酒厂）

(7)全雪羽之绮筵,玉脍金齑重寰宇;聚德星于雅座,凤肝鸾脯自天厨。（全聚德）

(8)腕底走霜锋,镂月裁云,得心应手;案头挥雪刃,雕龙剪凤,快意怡情。（王麻子刀剪）

(9)荣华四宝,妙手丹青,惠尔人间春色;独秀一葩,天工水印,任它古迹重光。（荣宝斋）

(10)

泰必齐,曲必实,湛必洁,器必良,火必得,泉必香,京华古都传统,必严必信,居家

旅行,懿哉君子;

味斯淳,气斯馨,泽斯清,质斯正,形斯雅,品斯精,嘉靖年间风骨,斯诚斯盛,佐餐助酌,莞尔佳宾。(六必居)

[简析]

上面 10 副楹联均是"京华老字号"征联一等奖作品。它们聚焦于历史久远、享誉中外的"京华老字号",从特定的角度、运用不同的技法介绍每个名店或名牌商品,反映其鲜明的特色和深厚的底蕴。比如,尚同怀仁的同仁堂、质高品优能带来祥瑞的瑞蚨祥、精烹全鸭佳肴令食客享受天厨绝技的全聚德、能"镂月裁云"和"雕龙剪凤"的王麻子刀剪、具有君子美德和独特风味的六必居酱菜。每副联都构思精巧、富于想象、文辞优美,实为独具匠心的佳作。

五、病文会诊

在行业联写作中经常出现照搬套用、不合联律、语言不通顺等问题。

[原文]

(1)精心裁锦绣;巧手制衣裳①。

(2)进屋三秋枯柳;出门二月黄花②。

(3)只求世上人无病;哪怕案头药有尘③。

(4)勤政为民众人赞;廉洁自律全家富④。

(5)植树护林栋梁拔地;爱花种草鸟雀谈天⑤。

[评析]

①此例是服装店联。"锦绣"是指精美鲜艳的丝织品,也可以用它做"衣裳",两个交叉性的名词不能对仗。

②此例是美容店联。用对比的方式突出前后变化是一种好方法,可是用"三秋枯柳"来形容顾客会引起对方的反感。修改可以借鉴"不容老气侵华表;敢叫春风荡玉颜"、"缓老回春灵润色;溢香倾国妙生光"的写法。

③此例是药店联。多年来"但愿世间人无病;何妨架上药生尘"、"但愿世间人益健;不愁架上药生尘"、"但愿世间人长寿;不惜架上药生尘"等楹联较多,给人以似曾相识之感,应当另辟蹊径,不能套用。

④楹联的下联收于平声,但"富"是仄声,可以将其改为"福"。

⑤此例是园林联。"植树"与"爱花"语意缺少对应,而且上联语气很强,下联语气太弱。可以改为"栽花种草蜂蝶舞;植树护林鹰燕飞"。

六、特别提示

（一）特色鲜明

既然是行业联，就要着力突出各个行业的特色。目前行业联中按照一般的样式撰制或者仿照佳联而作的现象较多，让人很难看出自己的影子。因此，要弃俗求新，做到内容新颖、布局新巧、语言清新。

（二）语言晓畅

写行业联要考虑读者，首先是让人们看得懂。所以，在文字运用上尤应注意两点：一是尽量少用生僻的行业术语，必须使用的也要加以通俗的解说；二是尽量少用典故，即使用也要用得恰到好处，切忌生搬硬套。

七、写作训练

请认真阅读下面资料，然后为其写一副楹联。

徐工集团成立于 1989 年 3 月，成立 20 年来始终保持中国工程机械行业排头兵的地位，目前位居世界工程机械行业第 15 位，中国 500 强企业第 168 位，中国制造业 500 强第 84 位，是中国工程机械产品品种和系列最齐全、最具竞争力和最具影响力的大型企业集团。"徐工"是行业首个"中国驰名商标"。

徐工集团年营业收入由成立时 3.86 亿元，发展到 2008 年的 408 亿元，年实现利税 30 亿元，年出口创汇 8 亿美元，在中国工程机械行业均位居首位。

徐工集团主要产品有：工程起重机械、筑路机械、路面及养护机械、压实机械、铲土运输机械、重型卡车、高空消防设备、特种专用车辆、工程机械专用底盘等系列工程机械主机和驱动桥、回转支承、液压件等基础零部件产品。七大主机和三大零部件产品市场占有率居国内第一位。其中 70％的产品为国内领先水平，20％的产品达到国际当代先进水平。

徐工集团秉承"担大任、行大道、成大器"的核心价值观和"严格、踏实、上进、创新"的企业精神，建立了以国家级技术中心为核心的研发体系，徐工技术中心在国家企业技术中心评价中名列全国第 15 位。建立了覆盖全国的营销网络，近百个国外徐工代理商为全球用户提供全方位营销服务，徐工产品已销售到世界 130 多个国家和地区。

徐工集团先后获得全国五一劳动奖章、全国机械行业文明单位等荣誉称号。公司党委被中共中央组织部评为全国先进基层党组织。徐工在自身发展壮大的同时，还承担起更多的社会责任，近年来为抗震救灾、建设徐工希望小学、徐工春蕾班等各类社会公益事业共捐款 5500 多万元，捐衣物共计 14 多万件，徐工集团被授予中华慈善奖。

　　徐工集团的企业愿景是成为一个极具国际竞争力、让国人为之骄傲的世界级企业。徐工集团的战略目标是到 2010 年要实现营业收入 500 亿元,进入世界工程机械行业前 10 名;到 2015 年要实现营业收入 1000 亿元,进入世界工程机械行业前 5 名。

　　建议:

　　1.精心提炼主旨,进行艺术构思;

　　2.选用恰当的撰联技法,以 20～30 字为宜。

第四节　喜　联

一、名称解释

　　喜联,又称贺联、祝联、庆联、庆贺联等,是用于祝贺喜庆的楹联。吕云彪在《楹联作法》中说:"遇喜庆,欲表其钦慕颂祷之敬忱,则撰送喜联。"

　　喜联的种类很多。其中最常用的是:婚联,用于祝贺婚姻,有娶媳、嫁女、招婿、再婚、复婚、集体婚礼以及大门、客厅、婚礼厅、洞房楹联;寿联,用于祝寿,有男寿、女寿、男女双寿以及自寿、寿人楹联;其他喜联,用于开业、创刊、奠基、开工、竣工、盛会、升学、乔迁等。

二、主要特征

　　(一)喜联不同于贺信、贺电

　　贺信、贺电是为祝贺他人而作,而喜联既可为他人也可为自己,比如庆典仪式会场联、婚礼厅联多是自撰,自寿联则专为自己而作;贺信、贺电是传统的应用文,而喜联是格律文学;贺信、贺电往往当众宣读,而喜联多用书法作品的形式悬挂或张贴。

　　(二)喜联不同于喜帖

　　喜帖要以主人的名义向有关领导、亲戚、朋友发出,而喜联除少数作品是主人为自己而作外,一般以客人的名义撰写赠送;喜帖的目的在于通知,而喜联是为了贺喜;喜帖有惯用的格式,而喜联自定格局;喜帖用纸较小,多有图案点缀,而喜联用较大的长方形纸,写成书法作品。

三、技法举要

　　(一)嵌字法

　　在联中嵌入有关个人姓名或机关、团体、单位以及宅第等名称,起到标示的作用。

例如"金秋明月夜;桂酒菊花天",用凤头格嵌新郎名"金桂"、用蜂腰格嵌新娘名"明菊",可谓巧妙之至。

（二）岁时法

主要有三种：一是有关人物的年龄或庆典方的纪念周年；二是办喜庆之事的节令，包括传统节日和纪念日；三是喜庆之事的时令，即年份、月份及四季。例如"十一月十一日;八十春八十秋"、"五月十五,五福备至;百年半百,百寿开先"，分别嵌入寿主的生日和寿龄。运用岁时法，要做到准确、自然。

（三）比喻法

喜联还经常用比喻的方法表示祝贺。比如婚联多以乾坤、琴瑟、龙凤、鸳鸯、凤凰、鸾凤、并蒂花(莲)、连理枝、同心结、比翼鸟、双飞燕、青梅竹马等喻男女，寿联常以长生植物椿、柏、萱、兰、灵芝以及长寿动物龟、鹿、鹤等喻寿主，表达美好的祝福。例如，"寿同松柏千里碧;品似芝兰一味清"就是"松柏"、"芝兰"比喻的连用，恰当而形象。

（四）算数法

在喜联中进行加法、减法、乘法、除法或四则混合运算，来表达特定的内容。例如，"十十一百百年偕老;七七四九九州生辉"，通过算数点明结婚日期并表达祝愿；乾隆为一位141岁的老人题联"花甲重开,再加三七岁月;古稀双庆,更多一度春秋"，设迷中透出风趣。运用算数法，应当确有必要、力求准确。

（五）用典法

喜联常引用古代神话、民间传说以及其他古籍中优美动人的故事，以丰富内涵。例如，"雀屏妙选今公子;鸿案清芬古大家"，"雀屏妙选"是唐高祖李渊得窦皇后，"鸿案"指东汉孟光对丈夫梁鸿相敬如宾，以此称赞新郎百里挑一、新娘有大家风范；"人间贤母曾推孟;天上仙姑本姓何"，妙借孟母三迁的典故和神话中八仙之一何仙姑来祝寿，并点出寿主是孟瓶庵夫人何氏，未留丝毫斧凿之痕。

（六）摹状法

对特定的语境加以描绘，具有传神之妙。例如，"翡翠屏开石榴茂盛;鸳鸯池满荷蕊香浓"，写的是夏日结婚的情景，以物喻人，借景抒情；"滚滚黄河,巍巍太行,千载山川毓灵秀;默默恩师,莘莘学子,百年理工树栋材"是河南理工大学百年校庆联，上联对该校的地理位置作了点染，气象恢弘。

四、范文评析

[原文]

(1)文藻传春水;冰心归玉壶。

(2)碧沼荷花开并蒂;绣帏凤侣结同心。

(3)娘子官人,平日无非演戏剧;生哥莺妹,今宵真个做夫妻。

(4)文坛先进;词学宗师。

(5)天边将满一轮月;世上还钟百岁人。

(6)南山峨峨,生者百岁;天风浪浪,饮之太和。

(7)四序吟联留翰墨;千篇寄语拥山川。

(8)泰运常临兴慧业;昌华永耀灿祥云。

(9)蕴千古流光,于今溢彩;携一店浩气,在此成歌。

(10)衡山峻,拔地立天,其来有自,荆楚南北毓文脉;湘水长,通江达海,此去无涯,杏坛春秋颂弦歌。

[简析]

在上面 10 副喜联中,例(1)～(3)是婚联,例(4)～(6)是寿联,例(7)～(10)是贺联。例(1)是冯友兰为吴文藻和冰心结婚而作。"文藻"、"冰心"既是一对新人的名字,又赞新郎文采飞扬、新娘心地纯洁;"春水"以新娘作品代指新娘又喻指其慧眼,"玉壶"则将新郎喻为月亮表现其情真。例(2)上联托物起兴,"荷花"既象征纯洁的爱情又点出婚期为夏日,下联以"凤侣"比喻夫妻恩爱和谐。例(3)是两位戏曲演员的婚联,紧扣职业特点,风趣生动。例(4)是胡乔木为祝著名学者夏承焘 85 大寿而作,只用 8 字便对其功绩准确、全面地作了评价。例(5)上联借明月祝寿,暗指寿主的生日离十五月圆仅差一天,下联点出寿主百岁高龄,景与人谐。例(6)是朱德贺冯玉祥 60 寿辰,以"南山"、"天风"、"太和"为喻赞扬其磊落而潇洒并表达衷心的祝福,意境雄浑。例(7)是中国楹联学会贺四川省楹联学会第四次代表大会联,既点明楹联学会的特点和任务,又用魁斗格标出"四川"。例(8)是贺泰昌公司开业联,用凤头格嵌入"泰昌"一语双关,含有公司名称和祝福之意,"慧业"、"祥云"则是进一步表达良好的祝愿。例(9)是北京国际饭店会议中心工程平顶仪式贺联,极显其建筑千古之韵和该店显赫之名。例(10)是贺湖南师范大学 70 年校庆联,重在赞扬其独特的地理位置和文化渊源,意境阔远、语势酣畅。

五、病文会诊

在喜联写作中经常出现缺少个性化和艺术性、不合联律、用词不当等问题。

[原文]

(1)一生经历真如意；花甲到来好顺心①。

(2)吉日迁居万事如意；良辰安宅百年遂心②。

(3)万里扬帆乘风破浪谱新曲；十载奋斗春华秋实育栋梁③。

(4)金玉满堂，五彩裙襟联合璧；鸳鸯入眷，二仪天地对成双④。

(5)南征北战，不靠文韬武略果敢自信，何来春风得意；东成西就，若无父老鼎力亲友提携，哪得秋菊丰盈⑤。

[评析]

①这不是楹联，除了"一生"与"花甲"、"经历"与"到来"对不上，"如意"与"顺心"意思重复之外，更主要的是缺少艺术构思。

②"吉日"与"良辰"、"迁居"与"安宅"、"如意"与"遂心"意思相同，因此上下联合掌。应当重新构思遣词。

③此联是贺××万里国际学校建校 10 周年联。上下联的第二字"里"与"载"都是仄声，不协调；"乘风"、"破浪"都是动宾结构，而"春华"、"秋实"都是主谓结构，对不上。整副联可以改为"万里扬帆乘风破浪谱壮曲；十年奋斗培桃育李写新篇"。

④"入眷"语意不通，"合璧"与"成双"意思重合，可以改为"金玉堂新人佳偶天造地设；鸳鸯眷吉时良辰珠联璧合"。

⑤将新人名字（文涛、承菊）、经历、状态嵌入，夸新郎、赞新娘、感谢亲友，但"文韬武略果敢自信"与"父老鼎力亲友提携"构不成对仗，应当酌情修改。

六、特别提示

（一）围绕一个"喜"字

"喜"是喜联的核心，选材、构思、遣词都要紧扣"喜"字调动一切手段营造喜庆氛围。用红纸书写，洋溢欢乐祝福之情。

（二）做到一个"切"字

撰联时要充分考虑语境因素，力求切时、切地、切人、切事、切礼，处理得恰到好处。要立足当代，摒弃传统喜联中某些过时甚至是错误的成分；从特定的地点和时间出发，不能将异地、他时随意移植；要客观地评价对象，不可任意抬高；要注意某些忌讳，切忌追求谐谑；遣词用典准确、不能失当。

七、写作训练

夫妻同年同月同日生，青梅竹马，感情和睦；哺育儿女，情深意切；持家度日，历尽艰辛；几经沧桑，同舟共济。近期将度六十大寿。请根据上联对出下联。

出句:花甲重逢,忆往昔,携手共度峥嵘岁月

对句:

第五节　挽　联

一、名称解释

挽联,又称哀挽联,是哀悼死者的楹联。它用于丧亡、祭祀、追悼性纪念活动,以表示吊唁和缅怀。吕云彪在《楹联作法》中说:"挽联为古挽歌之变体……后人由此挽歌而为哀死者之联语,悬之丧幄。"现今的挽联,大多用于追悼会、追思会,还可以在报纸、杂志、网络上发表。

挽联有自挽联、他挽联。自挽联,是人至暮年或辞世之前自撰的挽联;他挽联,是别人挽死者之联。此外,按表达方式分,有叙事挽联、论理挽联、抒情挽联等。

二、主要特征

(一)挽联不同于唁函、唁电

唁函、唁电的作者是他方,而挽联己方、他方均可;唁函、唁电除了向死者致哀之外还慰问死者生前所在的单位或家属,而挽联一般只用于哀悼;唁函、唁电大多平实,而挽联还带有文学色彩;唁函、唁电采用文章的形式,而挽联多是书法作品。

(二)挽联不同于丧帖

丧帖多由死者的亲属发出,而挽联既可自挽也可他挽;丧帖是为了报丧,而挽联是为了表示哀悼;丧帖的写法比较固定,而挽联不拘一格;丧帖的形式类似卡片,而追悼会、追思会的挽联是长幅书法作品。

三、技法举要

(一)嵌字法

在挽联中,嵌入与死者有关的事物(如姓名、住所、话语、作品),能起到提示和渲染的作用。例如,蔡元培挽鲁迅联"著述最严谨,非徒中国小说史;遗言太沉痛,莫作空头文学家",上联取自鲁迅作品《中国小说史略》,下联引用鲁迅遗言"万不可去作空头文学家和美术家",以此概括鲁迅的成就和对后人的劝勉;端木蕻良挽老舍联"此志得舒;为民舍予",嵌老舍之姓"舒"字"舍予",十分恰当。

(二)岁时法

点出死者的年龄、逝世的节令或时令。例如,"一百八晨钟声醒了醒了;七十二逆

旅客归欤归欤"是清道光年间进士庄俊元 72 岁临终自题联,点出其年龄;"爆竹声残殷勤罢献椒花颂;灵萱春萎悲悼争传薤露歌"是通用正月女丧挽联之一,用"爆竹声"标明时令。

（三）比喻法

挽联常用比喻,以增强表达效果。例如,挽周恩来联"心血操尽,革命伟业似巍巍泰山耸寰宇;骨灰撒遍,深海恩情如滴滴甘露润人心",以"泰山"、"甘露"为喻突显敬爱的周总理功高情深。

（四）拟人法

在挽联中,将生物、非生物、抽象化的概念人格化,可以寓情于物、借景抒情,渲染气氛。例如,"群山披素,玉梅含孝意;诸水鸣悲,杨柳动哀情",赋予山水植物以生命,营造哀恸的氛围。运用拟人法,要抓住彼此之间的相似点、切合语境、感情色彩适宜。

（五）用典法

引用典故,可以丰富挽联的内涵。例如,陈寅恪自挽联"涕泣及牛衣,卅载都成断肠史;废残难豹隐,九泉稍待眼枯人",上联"牛衣"借成语"牛衣对泣"暗示自己被打成"牛鬼蛇神",下联"豹隐"引《列女传·陶答子妻》之语写其藏而避害,来抒写对坎坷境遇的慨叹。

（六）幽默法

有的自挽联采取自嘲的方式,幽默的话语中透露出睿智。例如,"这番与世长辞,穷鬼病魔,无须追逐到泉下;此日乘风归去,春花秋月,只当漂泊在异乡",这是名医邓窗栅在病危之时面对亲属的悲啼而挥就的自挽联,表达对生老病死的豁达态度。运用幽默法,要切合人物和场景,做到适度。

四、范文评析

[原文]

(1)安危谁与共;风雨忆同舟。

(2)浮沉宦海为鸥鸟;生死书丛似蠹虫。

(3)磊落坦诚讲真话;冰心玉骨著文章。

(4)痛创新理论失战将;欣永刚精神满人间。

(5)茹旧含新自来俊杰识时务;知微见著毕竟聪明属老成。

(6)文开白话先河,自有勋劳垂学史;政似青苗一派,终怜凭藉误英雄。

(7)一哭尔琢,二哭尔琢,尔琢今已矣,留却重任谁承受;生为阶级,死为阶级,阶级后如何,得到胜利方始休。

(8)常恨随陆无武,绛灌无文,纵九等论交到古人,此才不易;试问夷惠谁贤,彭殇谁寿,只十载同盟有今日,后死何堪。

(9)无松坡则无民国五年,方期采药三山,万口同声延福寿;有克强乃有武昌一役,岂料重光五旋,两贤相继殁东南。

(10)十余载劳苦奔波,秉春秋笔,执教士鞭,仗剑从军,矢忠于党,有志未能伸,此生空热心中血;一家人悲伤哭泣,求父母恕,劝兄弟忍,温语慰妻,负荷嘱子,含冤终可白,再世当为天下雄。

［简析］

例(1)是周恩来挽张冲联,在成语"安危与共"、"风雨同舟"中加"谁"、"忆",借以表达深深的追思。例(2)是纪晓岚自挽联,上联写从政经历,下联写治学生涯。精辟地概括自己的一生业绩,也道出对人生遭际的由衷感叹。例(3)是马识途挽巴金联,上联赞其人品,下联颂其文品。例(4)是挽方永刚联,表达对这位忠诚党的创新理论模范教员的深切悼念,并评论其精神的深远影响。例(5)是谢觉哉挽李鼎铭联,上联用"识时务者为俊杰"的俗语颂其与中国共产党真诚合作,下联以《韩非子》中"知微见著"颂其提出"精兵简政"建议的卓识。例(6)是杨杏佛挽梁启超联,上联论其学术成就,下联怜其政治生涯,评价很客观。例(7)是毛泽东挽王尔琢联,上联三嵌烈士的名字"尔琢",下联三提"阶级",逐层递进,以加强深切哀悼和继承遗志的语势。例(8)是孙中山挽黄兴联,上联借汉高祖文臣武将之憾赞黄兴文武双全,下联以伯夷、柳下惠喻黄兴之忠贞、以殇子喻黄兴早逝,并追思同盟之交。例(9)是刘人熙挽蔡锷、黄兴联,高度赞扬蔡锷发动护国战争、黄兴领导武昌起义的巨大功绩,并对其相继去世深表悲痛,"无"与"有"、"方期"与"岂料"、"延"与"殁"的对应增加了艺术感染力。例(10)是共产党员熊亨瀚在监狱中写的自挽联,道出革命者忍辱负重、对党的事业充满信心坚贞不渝的情操。

五、病文会诊

在挽联写作中经常出现时代感不强、不合联律、语病较多等问题。

［原文］

(1)白马素车愁入梦;青天碧海怅招魂①。

(2)虽殉一躯留九德;更仰七魄荫五代②。

(3)一生磊落,美德永存;终世光明,音容犹在③。

(4)鹤驾竟升仙阙,恶疾无端摧寿数;平生未遂凌云,苍天何不佑英才④。

(5)婀娜靓影,曼妙身姿,正姹紫嫣红,怎料今生多劫难;魄葬秋风,魂归素月,问寒山瘦水,应知此地是归途⑤。

［评析］

①尽管此联符合联律,但"招魂"这一民俗带有封建迷信色彩,不宜提倡。因此,

将此联作为当代通用挽联之一是不合适的。

②一般说来,"九德"是指琴之奇、古、透、静、润、圆、清、匀、芳,"五代"是指后梁、后唐、后晋、后汉、后周,显然不是联语的意思。那么联中"九德"、"五代"的含义是什么,作者并未标明,可能是表示所留之多,但有歧义。此外,上联尾字"德"、下联尾字"代"不合平仄规律。

③"一生"与"终世"、"磊落"与"光明"意思相同,上下联前半部分合掌,应当换个角度撰写。上下联分别以"存"、"在"作结也不合平仄规律。

④如果从宽对的角度看,此联对仗尚可。不过,撰写挽联应当以颂扬励志为重,叹惜英年早逝固然可以,但是把落脚点放在因苍天不庇佑而生怨就有失偏颇。如果以赞英才为主旨,表达效果会更好。

⑤此为挽年轻女子联,写得很有神韵,但过于感伤。其中"婀娜"与"魄葬"、"曼妙"与"魂归"构词方式不一致,而且下联复辞"归"但上联未有照应,应当修改。

六、特别提示

(一)力求思想性与艺术性的统一

写挽联,立旨要有积极意义,与时代精神合拍,赞颂死者的业绩、美德以及对后人的影响,去掉消极的成分,也不能写得过于悲切;还要讲究艺术构思,使用恰当的技法与词语,不能概念化。

(二)注意材料与书写的规范

挽联一般可以写在长幅白纸或长幅白布(绢)上,字体可以是正楷、行书、行草、隶书、篆书等,能让多数人辨认。花圈和祭幛上的挽联,上联题款常用"悼念×××"或"沉痛悼念×××",下联题款常用"×××敬挽"、"×××哀挽"或写单位名称。

七、写作训练

2009 年 4 月 30 日上午,北京八宝山革命公墓 500 余人为中国楹联学会名誉会长、当代著名艺术家马萧萧举行遗体告别仪式。追悼会后,中国楹联学会举行马萧萧生平追思会。40 余位楹联专家、亲友深情回顾了马萧萧 80 多年的壮阔历程和非凡人生。下面选录的是追思会上楹联专家写的几副挽联,请认真阅读,写一篇赏析性的文章。

(1)挥泪别宗师,裂胆撕肝三十万;兴联称舵手,呕心沥血廿余年。

——孟繁锦

(2)神马归天,忽听昊穹和鸣哀响;联坛折帜,纵观中土遍插悲旌。

——刘育新

（3）四爱铸勋名，文坛当代献身者；一生多感慨，联苑三千倚马才。

——谷向阳

（4）廿年幸受教多曾，至今遗泽都为照鉴；万虑惊文悲不已，斯后缅怀只仿升中。

——常治国

（5）神骏萧萧，风采依依，一代宗师情不尽；诗书朗朗，丹青灿灿，千秋雅韵意幽融。

——陈联合

（6）四爱一生竞骋驰，旗猎马萧萧，最忆须翥飞逸展慈容，怀德履仁，琼篇悲绝笔；离歌别恨含哀哽，情凄意切切，尤铭心血泣焚承凤愿，赴征秉志，伟绩慰宗师。

——叶子彤

（7）几番路仄，几次魂游，时来几分闲意，心绪何宁？好凭诗文书画，演绎人间悲喜剧；厚爱如师，慈恩如父，难得坦荡如朋，胸怀甚广！当继仁善诚和，追随马首蠹旗风。

——常江

第六节　景　物　联

一、名称解释

景物联，又称状景联，是描写可供观赏的景致和事物的楹联。各类楹联都可以状景，这里所说的景物联，专指状景摹物的楹联。

按照传统的说法，景物联包括山水联、园林联、胜迹联、宫廷联、廨宇联、会馆联、居室联、戏台联、庙宇联等多种。

二、主要特征

（一）观赏性

我国幅员辽阔、美不胜收。古时君臣、文人多有游览山川胜迹的雅兴，现今旅游是深受人们欢迎的文化活动之一。景物联构思精巧、文笔生动、意境优美，成为一种观景赏物、寄兴咏怀的重要工具，一直盛行不衰。

（二）题赠性

景物联集历史、地理、宗教、文学、书法、镌刻于一体，具有很高的审美价值。撰写景物联不仅是自我欣赏，还用来题赠。从著名风景区到个人宅第镌有很多题联，成为画龙点睛之笔；还可以把景物联赠给友人，邀其共赏。

三、技法举要

(一)先后法

按照上下左右、东西南北、内外、前后、远近的次序来描写景物。例如,洛阳吕祖庙联"东南瞻崿岭,千层翠黛朝凤阙;西北听洪水,万丈波涛出龙门",按东南、西北的顺序来安排;"造物本无私,移来槛外烟云,适开胜境;会心原不远,就此眼前山水,犹见故人",是由远及近、由外到内。运用先后法,要合理排序,一般不能倒置。

(二)历举法

分别举出景物的状态,以突出特征。例如,戏台联"发于声高也明也悠也久也,有同听焉斯为美;奏其乐手之舞之足之蹈之,若是班乎可以观",集四书语句历举发声与奏乐的不同状态。运用历举法,要善于归纳、锤炼词语。

(三)着色法

着色法在景物联中普遍运用。包括一色法和多色法。一色法,即上下联各用同一种颜色词,突出单色美。例如,"省曰黔省,江曰乌江,神曰黑神,缘何地近南天,却占了北方正气;崖称红崖,水称赤水,寨称丹寨,只因人怀古国,就留为今代嘉名",上联着黑色、下联着红色,突显贵州的环境特点。多色法,即用多种颜色,呈现缤纷之景。例如,"绿水搅黄泥,红火黑烟,烧出青砖白瓦;翠湖凌紫阁,丹梁碧栋,俨浮玉殿金宫",上下联各着六色,绘出一幅色彩斑斓的建筑图。

(四)计数法

这种技法可以突出景物的特征。主要有三种:一是数景法。用数字历数景物,勾勒概貌。例如,济南大明湖联"四面荷花三面柳;一城山色半城湖"。二是顺数法。用依次增加的数目来表现。例如,成都武侯祠联"一分二表三分鼎;万古千秋五丈原",上联即是。三是分数法。即用分数的形式。例如,"有亭子翼然,占绿水十分之一;何时闲了,与明月对影成三"的上联。当然,还有其他计数的方法。运用计数法,要注意准确而合理。

(五)联想法

由眼前的景物想到与之相关、相似、相反的事物,可以增加表现力。例如,杭州西湖湖心亭联"亭立湖心,俨西子载扁舟,雅称雨奇晴好;席开水面,恍东坡游赤壁,偏宜月白风清",置身西湖,作者不禁想起将西湖喻为西子的苏轼以及苏轼曾游览的另一名胜赤壁,便以苏轼关于西湖、赤壁的诗文缀联,富于想象、化用自然。

四、范文评析

[原文]

(1)昼夜不舍;天地同流。

(2)云飞疑石走;霞敛觉山空。

(3)耦园住佳耦;城曲筑诗城。

(4)白马秋风塞上;杏花春雨江南。

(5)月映竹成千个字;霜高梅孕一身花。

(6)鱼戏平湖穿远岫;雁鸣秋月写长天。

(7)赤日悬空,烟送远山飞鹤鹭;黄河奔海,气吞高峡走龙蛇。

(8)水木荣春晖,柳外西风花外语;江山留胜迹,秦时明月汉时关。

(9)青烟袅袅,碧海茫茫,波涛滚滚连云碧;白羽翩翩,红霞灿灿,帆影毵毵映月红。

(10)

数万里长江,穿流脚下。放眼遥望,洋洋乎纵横无际。况东连巴蜀,北距乌拉,南接交趾,西毗天竺。今来古往,空余感慨兴亡。趁月色风清,露出她冰肌玉骨;从朝云暮雨,消却了蛮烟瘴雾。只赢得千载积雪,一壁铁台,半湾灵湖,四围花鸟。

十二时景象,幻在胸中。高怀独步,皎皎然俯仰有情。看晓吞红日,夕照霞光,午吐碧岚,夜焕星斗。燕去鸿归,任凭经过寒暑。藉龙吟虎啸,宣扬那帝德神威;于喜霁愁阴,分明着廉吏贪官。更有些三危胜迹,六诏遗碑,西汉船鼓,百世山河。

[简析]

例(1)是太原晋祠难老泉联。上联取自《论语》"逝者如斯夫,不舍昼夜",从时间上赞其延续不断,下联则从空间上颂其与天地共存,以此为其释名。例(2)是剑川石宝山联,描绘一个云霞氤氲的缥缈之境。例(3)是苏州耦园联,写该园的主人夫妇归隐同耕生活,"耦"与"偶"谐音,上下联首尾分别同字,可谓匠心独运。例(4)是徐悲鸿题联,选取四个典型景物,勾勒出塞上、江南各异的景致。例(5)是袁枚题扬州个园联,绘出冬夜竹梅图,酷似"个"字的竹叶恰与园名相符。例(6)是题杭州西湖十景之一平湖秋月联,不仅嵌入景点名,还从视觉"鱼戏"、听觉"雁鸣"绘出颇有动感的神韵。例(7)是郑州邙山极目阁联,仰望"赤日"、俯视"黄河",展示一幅气势雄浑的画卷。例(8)是集句联,措古今、日月、风雨、花木以及关隘于笔端,笔下的万里长城蔚为壮观。例(9)是一幅沧海晨光图,着四种颜色,又六次叠词,使海天景色宏阔瑰奇。例(10)是杨鉴勤题玉龙雪山联,计180字。上联写其气势、位置、特点、名胜,下联道其风光、史迹。全联显出作者状景、叙事、抒情的高超技艺,"冰肌玉骨"拟人的运用尤其为人称道。

五、病文会诊

在景物联写作中经常出现选材不典型、不合联律、技法不当、语句不顺等问题。

[原文]

(1)景如翠洗；亭以竹名①。

(2)风寒斜柳树；雨冷谢桃花②。

(3)慈心浩海通天地，母爱绵绵贯古今③。

(4)夕阳山色三千里；流水人家一万春④。

(5)风声度竹有琴韵；月色临池嵌柳姿⑤。

[评析]

①此例是竹韵亭联。只言"翠洗"不能尽显竹韵，且"翠洗"与"竹名"不是对仗。

②此例是征联作品。出句"风寒斜柳树"尚可，但对句"雨冷"加重了寒冷之气，"谢桃花"的情景更让人感伤。另一个对句"日暖绽桃花"则较好地处理了寒与暖的关系，先抑而后扬。

③此例是望儿山联。上联与下联意思相同，犯合掌之讳。"浩海"与"绵绵"构词方式不一样，对不上。

④此例是怡心亭联。"一万春"不通顺，可改为"夕阳山色千里阔；流水人家万年春"。

⑤月下水中柳影很暗，美感不足，应当选取典型景物。此外，"竹"与"池"、"琴"与"柳"对得不工稳，最好是植物对植物、艺术对艺术。可以改为"风声度竹有琴韵；月色映荷显画工"。

六、特别提示

(一)要抓住景物的特征

大千世界，景物繁多，能否抓住特征是评价景物联优劣的关键。一要细心观察，善于捕捉不同季节、时间、地区景物的色、形、声、味等方面特有的变化；二要选好角度，从最佳的角度予以描绘。

(二)要情景交融

"一切景语皆情语"(王国维)，景物联贵在有情。要选择动情点，实现情与景的焊接。要寓情于景，使本来不可名状的情感形象化；化景为情，让原属自然界的景物人格化。只有这样，才能做到情与景的自然融合。

七、写作训练

请认真阅读下面资料，撰写蓬莱阁联。

蓬莱阁:中国古代四大名楼之一。位于山东省蓬莱市丹崖山巅,下临大海,上凌云霄。始建于北宋嘉佑六年(1061年),为登州知州朱处约兴建,由主阁、东西厢、东西配殿组成,楼阁重楼叠翠,庄重古朴,宋词咏道:"烟漠漠,水天摇荡蓬莱阁。蓬莱阁朱甍碧瓦,半浸寥廓。"自然本真的建筑风格与整个园林相得益彰。一楼内陈列著名瓯塑大师周锦云制作八仙故事一组,二楼内悬挂清代书法家铁保题"蓬莱阁"匾额,原国家领导人董必武副主席、叶剑英元帅题诗,塑有八仙醉酒塑像,蓬莱阁后壁嵌有"碧海清风"、"海不扬波"、"寰海镜清"大型石刻,阁内外共保存古代石刻36方。相传八仙就是在蓬莱阁上醉酒后漂洋过海。因其北海面常现海市,此地也成为观海市蜃楼的绝佳位置。

第七节　格言联

一、名称解释

格言联,是含有劝诫和教育意义的楹联。《宋史·吴玠传》写道:"玠善读史,凡往事可师者,录置座右,积久,墙牖皆格言也。"可见格言具有座右铭的作用。许多格言采用对偶的形式,所以人们称其为格言联。楹联学中有哲理联之说,散见于各类楹联,但主要体现在格言联中。

格言联的种类很多,分法也不一致。清代山阴金先生《格言联璧》将其分为诚意、正心、格物、致知、修身、齐家、治国、平天下八类;王玉彩《格言对联大观》一书将其划分为立志、明理、勤政、处世、修身、交友、齐家、治学、其他等类别。

二、主要特征

(一)哲理性

格言是人生经验和客观规律的总结,它与谚语、名言、警句、箴言有直接的血缘联系。谚语来源于民间,名言出自名人名篇,警句多有警戒性,箴言侧重于规劝,而格言是在此基础上形成的为社会普遍接受的哲理性语句。格言联是格言的基本形式之一,对偶的短句中蕴含着丰富的哲理,给人以有益的启迪。

(二)诫勉性

格言联不仅使人受到教育,还能起到规诫和勉励作用,可以作为人们的行为规范和工作准则。这就是知行合一。不仅知其内涵、辨其是非,还要身体力行。许多单位或个人将格言联镌于门柱、挂在办公室、放在案头,以此自警自励,收到很好的效果。

三、技法举要

（一）对比法

把对立的事物放在一起比较，效果鲜明，说理深刻。有两种方法：一是两体对比，如"风前莫作墙头草；雪后要学山上松"，选取"墙头草"与"山上松"两种植物构成对比；二是一体两面对比，如"莫对失意人而谈得意事；从来有名士不取无名钱"，"失意"与"得意"、"有名"与"无名"各成对比，形成反差。运用对比法，要注意可比性，恰当选用反义词。

（二）类比法

根据两种事物某些相同或相似的性质，推出它们在其他性质上也有可能相同或相似的结论。例如，"醴泉无源，芝草无根，人贵自立；流水不腐，户枢不蠹，民生在勤"，上下联分别将"醴泉"、"芝草"与"人"，"流水"、"户枢"与"民"进行类比，由此得出"人贵自立"、"民生在勤"的结论。运用类比法，要力求前提可靠、结论正确。

（三）发问法

以发问的形式引起注意，启发思考。主要有两种：一是设问法，自问自答。例如，"不为子路何由见；非是文公请退之"是赠岳麓书院学子联，巧嵌古人名，前问后答；二是反问法，加强语气。例如，"欺人如欺天，毋自欺也；负民即负国，何忍负之"，下联以反问作结。运用发问法，要根据需要而问，处理恰当。

（四）比喻法

用打比方的形式可以将抽象的道理形象化，收到深入浅出的效果。例如，"读书心细丝抽茧；练句功深石补天"，以蚕丝抽茧、炼石补天的比喻说明读书心到、作文练功的道理；"居身不使白玉玷；立志宜与青云齐"，用"白玉"、"青云"两个喻体阐发"居身"当洁、"立志"要高的哲理，颇能发人深思。

（五）象征法

象征就是托义于物，将某种思想寄寓特定的形象，富于联想、耐人寻味。例如，"杨柳不随春色老；松柏唯有岁寒知"中的"杨柳"、"松柏"分别寓有蓬勃、坚贞之意，言近旨遥；"白眼观天下；丹心报国家"中的"白眼"象征鄙视、"丹心"象征赤诚，以此表达憎恶鄙俗世风、献身救国救民伟业的信念。运用象征法，要选准凭借物，力求义与物合。

四、范文评析

[原文]

廉政楹联大赛获奖作品选

(1)腐败猛于虎;清廉暖似春。

(2)腐败总伸三只手,廉洁唯有两袖风。

(3)千斤贿玉轻鸿羽;一寸公心重泰山。

(4)悬鱼悬月悬肝胆;正己正人正脊梁。

(5)玉骨冰肌不受尘埃半点;忠肝义胆能添日月双辉。

(6)警钟绕耳,和谐社会铭荣耻;利剑扬眉,正气长歌贯古今。

(7)贪近贫,婪近焚,贪婪二字囚牢恨;上若止,下若不,上下一心腐败无。

(8)民心是秤,克己奉公,岂可短斤缺两;党性为砣,倡廉反腐,安能避重就轻。

(9)观象测天,天人和谐省吾心,养成一身正气;耕云播雨,雨露滋润沃民田,留得两袖清风。

(10)铁窗内外两重天,贪今天,舍明天,万般悔恨千行泪;官印方圆一寸地,是阵地,非封地,五指清洁百姓歌。

[简析]

例(1)用对比法揭示腐败与清廉的本质;例(2)用白描法勾勒腐败与廉洁的特征;例(3)巧妙设喻来说明受贿与公心截然不同的价值观;例(4)通过复辞和衬托来强调正直处事的意义;例(5)用拟人法道出清与正的要义;例(6)以"警钟"、"利剑"强调廉政贵在自警和践行;例(7)用形似字阐明贪婪者必定身败名裂、上下齐力反腐的观点;例(8)以"秤"、"砣"的形象比喻突显民心和党性的重要性;例(9)是气象廉政联,创意遣词都体现气象工作的特点;例(10)选"铁窗"、"官印"两物来说明腐败之弊与廉政之利。

五、病文会诊

在格言联写作中经常出现主旨肤浅或失当、缺乏艺术性、不合联律、表达欠妥等问题。

[原文]

(1)人生如大梦;功利似浮云①。

(2)襟怀扬道义;气质作文章②。

(3)树雄心漫游学海;立壮志攀登书山③。

(4)淡泊名利春常在;踏实认真事必成④。

(5)警钟长鸣长鸣长警;醒言常省常省常醒⑤。

[评析]

①此例流露出悲观情绪,应当对人生抱着积极乐观的态度。"功利"有两个意思,一是指功效和利益,二是指功名利禄,前者要获取,后者要慎对。但在联语中,似乎对这两个意思都持否定态度。

②"气质"即人的相对稳定的个性特点和风格气度,多指一个人内在涵养或修养的外在体现。气质不是文章优劣的主要标志,因此"气质作文章"欠准确。另外,"作文章"应当改为"做文章"。李大钊的"铁肩担道义;妙手著文章"可供修改时参考。

③"书山有路勤为径;学海无涯苦作舟"是人所共知的佳联,而此例仅强调治学的意义,就显得肤浅和雷同,应当另择角度深入发掘。

④"淡泊名利"是动宾关系,而"踏实认真"是并列关系;上联与下联的内容缺乏必然的联系。

⑤"长"与"常"音同而上下相对,读不顺;"鸣"与"警"音异,而"省"与"醒"音同;下联应当收于平声,但"醒"是仄声。

六、特别提示

(一)有说服力

"说服力,是世界上最伟大的力量。"([英]杰夫・布奇:《说服力》)格言联蕴含哲理并有劝勉作用,对说服力的要求很高。所以,要站在时代的高度来挖掘客观事物的本质意义,着力突出个性,选准恰当的角度,使联旨深意新,让人有所感悟并得到激励。

(二)有感染力

枯燥呆板是格言联常见的毛病之一。要选择具有鲜明特征和典型意义的事物,融入作者的情感,讲究艺术构思,运用生动活泼的语言,从而创造深邃的意境,让人回味无穷。臧克家以"凌霄羽毛原无力;堕地金石字有声"来说明创作必须踏实正直的道理并未直接道出,而是妙用比喻,显得韵味十足,值得借鉴。

七、写作训练

请修改下面的处事楹联:

(1)对人如对己;求己不求人。

(2)交友应学人长;处事当克己短。

(3)饮食清淡读书乐;襟怀豁达度晚年。

(4)不要平庸之完美;但求瑕玷之琼瑶。

(5)处事何必随波逐流;做人务当谨慎小心。

(6)以仁爱处事,用才学云游天下;执真心会友,做诗文行走江湖。

第八节　谐趣联

一、名称解释

谐趣联,是指构思奇巧、语言精妙、具有诙谐风趣色彩的楹联。

谐趣联包括巧妙联、游戏联、谜联等。其中,巧妙联,又称巧联、妙对,是一种精巧、绝妙的楹联,多流传于民间;游戏联,又称戏对,是以文字为益智游戏时所作的楹联,往往根据出句来对句;谜联,是在猜谜时用作谜面的楹联。此外,还有讽刺联,它用于揭露、批评和嘲笑,包括时弊、他讽、自嘲等。严格地说,讽刺联不属于谐趣联,但它有较强的谐趣意味。

二、主要特征

(一)幽默性

尽管节日联、行业联、景物联等楹联也可以有幽默感,但它们毕竟不以幽默为主,而谐趣联则以幽默作为基本特征。这种幽默,是在生活的基础上进行艺术构思,借助特殊修辞方式来表现,大多形成故事或笑话,显得有趣可笑而意味深长。因此,有人称谐趣联是联苑中的一片"笑林"。

(二)应对性

谐趣联中很多是应对而作的。在交际活动中,经常根据人、事、景即兴出句,请对方对句。虽说带有随意性,但难度很大,要求对方思维敏捷、应对巧妙。在征联活动中,嵌名对、数字对、双关对、顶真对、回文对、复辞对、偏旁部首对也很多。古往今来,许多妙对佳话广为流传。

三、技法举要

(一)嵌字法

嵌入人、地、民族、戏剧、影视、歌曲、出版物、食品、药品、动物、植物、器物等名称。例如,"碧野田间牛得草,白杨林里马识途",由 6 位文艺家的姓名组成;"白头翁持大戟,跨海马,与木贼草寇战百合,旋复回朝,不愧将军国老;红娘子插金簪,戴银花,比牡丹芍药胜五倍,从容出阁,宛若云母天仙",嵌入 18 味中药名,都很恰当。

(二)离合法

通过汉字义、形的变化构成联语。例如,"大小由之,合成尖迪二字;千里见王,凑作重现两文"是合字联;"骑奇马,张长弓,琴瑟琵琶八大王,王王在上,單戈成戰;倭委人,袭龙衣,魑魅魍魉四小鬼,鬼鬼居边,合手即拿"则是拆字、合字并用。运用离合法,要恰当选字、组合巧妙。

（三）回文法

用回文形成回环反复。例如,"戏中文,文中戏,看戏看文各得雅趣;音藏调,调藏音,听音听调皆有闲情",上下联的前6字以回文道出欣赏戏剧的雅趣与闲情;"上海自来水来自海上;山东落花生花落东山",则是全部回文,显出联语的循环往复美。运用回文法,要考虑确有必要,不能只做文字游戏。

（四）顶真法

联中前句尾字作为后句首字,使句与句环环相扣。主要有两种:一是单纯词顶真,如"苇秆织席席盖苇;牛皮拧鞭鞭打牛";二是复合词顶真,如"今日过断桥断桥何时断;明夜望明月明月当夜明"。如有必要,也可以短语顶真。运用顶真法,要注意前后词句的内在联系,衔接自然。

（五）谜语法

它属于隐语,即以谜面的形式撰联,供人们饶有兴趣地猜谜底。例如,"用人多开支太大;着力少质量不佳"是两个字谜联,谜底分别是"侈"、"劣";"两手剖开舟两叶,内载黄金白玉;一拳打破坛一个,中藏玛瑙珍珠"是物谜联,谜底分别是"咸蛋"、"石榴"。运用谜语法,要注意谜面、谜目、谜底的协调,用好谜体、谜法、谜眼。

（六）音韵法

利用变读、双声、同韵、叠韵、绕口、谐音、押韵等方法,增强音韵效果。例如,"蚂蚁树下马倚树;鸡冠花前鸡观花",利用同音组成绕口令;"独揽梅花扫腊雪;细睨山势舞流溪",上联是音乐简谱谐音,下联是浙江方言数字1~7谐音。运用音韵法,要因境择法,不可生搬硬套。

四、范文评析

[原文]

(1)未必逢凶化;何曾起死回。

(2)感时□溅泪;恨别□惊心。

(3)江流三峡水均益;道过二连路甫祥。

(4)佳偶天成成天做佳偶;贤才国举举国荐贤才。

(5)吕先生品箫,须添一口;谢状元射策,何吝片言。

(6)孟光轧姘头,梁鸿志短;宋江吃败仗,吴用威消。

(7)白蛇过江,头顶一轮红日;青龙挂壁,身披万点金星。

(8)冰冻兵船兵打冰,冰开兵走;泥沾尼鞋尼洗泥,泥净尼归。

（9）大鱼吃小鱼，小鱼吃虾，虾吃泥，泥干水净；朝廷刮州府，州府刮县，县刮民，民穷国危。

（10）寸土为寺，寺旁言诗，诗曰：明月送僧归古寺；双木成林，林下示禁，禁云：斧斤以时如山林。

［简析］

例（1）隐字，隐去"吉"与"生"，以嘲讽庸医吉生；例（2）集杜甫《春望》诗句，但缺"花"、"鸟"字，以抗议侵略者的罪行；例（3）将三峡工程名、地名、人名嵌入联中；例（4）是复辞与回文的并用；例（5）将"品"、"谢"分别拆成"吕"、"口"和"射"、"言"；例（6）采用歇后语和嵌字的形式，讽刺汉奸梁鸿志和吴用威；例（7）用拟人、比喻、夸张的形式设置谜面，谜底是油灯芯和秤杆；例（8）中"冰"与"兵"、"泥"与"尼"同音，而且分别三次复辞；例（9）上下联分别三次顶真、六次复辞，衔接巧妙；例（10）不仅用合字、顶真、复辞，同时"寺"与"诗"、"林"与"禁"同韵，表达效果很好。

五、病文会诊

在谐趣联写作中经常出现选材不典型、构思不巧妙、不合联律、表达不当等问题。

［原文］

（1）对面；当头①。

（2）明文相告；汉字兵书②。

（3）猫眼看人小；狗皮医患灵③。

（4）二十八亩田，三水可灌溉，黄河；三十八碗水，一马望平川，泰山④。

（5）情已欠费，爱已停机，缘分不在服务区；念无应答，想也占线，感情不能再充电⑤。

［评析］

①"面"与"头"是属种关系，不能并提，"对面"对"背心"比较恰当。

②"相告"与"兵书"构词方式不一致，可以将"相告"改为"军令"或"通告"。

③据作者介绍，上联从门上"猫眼"里看人自然觉得小，同时有讥讽以貌取人之意；下联"狗皮"兼指被"方家"不屑一顾却能造福患者的医生和药品，期望医术高、医德明，愿为百姓着想。不过，人们常用"狗皮膏药"比喻骗人的货色，将"狗皮"褒用很难被接受，可以换个词语。

④此联为合字联。不过，"二十八亩田"与"黄"字、"三十八碗水"与"泰"字组字只是形似。此外，上联尾字应当是仄声。

⑤上联"已"是复辞，下联"无"也应当是复辞。"不"字不能同时出现在上联和下联。楹联应当上联收于仄声、下联收于平声，此联上下联尾字"区"、"电"恰恰相反。

六、特别提示

（一）内容健康

列宁曾指出：“幽默是一种优美的，健康的品质。”谐趣联的目的在于既增加生活乐趣，又给人以深刻启迪，所以要保证内容健康。然而现今也能见到思想消极、格调低俗的谐趣联，这与时代的主旋律以及礼仪文书的基本原则格格不入，必须纠正。

（二）撰写奇巧

谐趣联应当在对仗工稳、平仄相谐的前提下力求奇特巧妙，令人叫绝。要提炼不同凡响的主旨，讲究精巧的构思，综合运用撰联方法和修辞方式，注重炼字。尤其是应对，出句要奇、对句要妙。因此，应当认真学习楹联写作知识、借鉴妙对佳作的经验，并在实践中创造性地发挥。

七、写作训练

请在下面的横线上写出楹联对句。

（1）海口；＿＿＿＿＿＿＿＿＿。

（2）王府井；＿＿＿＿＿＿＿＿＿。

（3）＿＿＿＿＿＿＿＿＿；画饼充饥。

（4）无山秀似巫山秀；＿＿＿＿＿＿＿＿＿。

（5）钢铁铸铁锤，开天辟地；＿＿＿＿＿＿＿＿＿。

（6）＿＿＿＿＿＿＿＿＿；夕可便多哥，加倍翻番。

（7）＿＿＿＿＿＿＿＿＿；平安道上，道一声平安，祝一生平安。

（8）成也萧何，败也萧何，悲也！何有何悲？悲在智多仁少；＿＿＿＿＿＿＿＿＿。

第七章　题　词

第一节　题词概说

一、名词解释

题,原指额头,后来引申为作品前面的文字;词,语句。题词,又称题辞,过去也称为题笔,例如刘诜《和罗士奇游洞岩见示》云:"故人题笔在,遗墨似鸦栖。"题词,原指为留作纪念而题写的文字,今指为表示纪念或勉励而写下来的话。

二、沿革

我国古代的题词应当肇始于书籍。明代徐师曾在《文体明辨序说》中指出:"题辞,所以题号其书之本末指义文辞之表也。"可见,题词要对书籍的内容、形式、语言以及成书经过加以简括。在汉代,出现了在书籍前面的题词,如东汉赵岐曾作《孟子题辞》。后来,题词逐渐从书籍扩大到交际活动,题诗、题联在君臣、文人中日益增多,如杜甫的《戏题王宰画山水图歌》、苏轼的《题西林壁》、朱元璋的《赐黄观》、郑燮的《赠李方膺》等。在近现代,题词在社会上广泛使用,除诗歌体、楹联体外,散文体、警句体等渐盛。不仅有孙中山的《赠黄兴》、毛泽东的《题延安新市场》、邓小平的《为全军植树造林总结经验表彰先进大会的题词》等领袖名篇,还有鲁迅的《题〈呐喊〉》、徐悲鸿的《自题危巢》、陶行知的《题晓庄师范》等名人佳作。如今,题词已成为从事交际活动的一个有效手段。

三、主要特征

(一)题词不同于题字、题名、题签、题跋、题款

题字是为留纪念而写的字,题名是为留纪念而写的姓名,题签特指题写的书签或书名,题跋特指写在书籍、字画等前后的文字,题款特指中国画题跋,它们在目的、范围、内容、形式上各有限定;题词除了纪念外还可以用于勉励,适用于交际活动的各个方面,而且落款之前要有正文。

（二）题词不同于赠言

赠言只用于分别时的赠答，而题词除赠言外还有其他用途；赠言的内容是勉励的话语，而题词除此之外还有纪念；赠言可以写下来也可以说出来，而题词只是书面交流；赠言怎么说或怎么写比较自由，而题词在结构、语言等方面有一些要求。

四、种类

（一）按内容分类

按照流行的说法，有给人的题词、给物的题词、给事的题词三种。应当增加给单位的题词，因为这种题词在公务题词中适用范围最广，以往写作界多将其归入给事的题词，其实给单位的题词并非都是因事而题。

（二）按目的分类

有自题、他题两种。前者为自己而作，如自挽联；后者为别人而作，占题词的绝大多数。

（三）按语言形式分类

有散句、诗句、联句类。散句，句子长短不一、形式灵活；诗句，又称题诗，是诗歌体题词；联句，又称题联，是楹联体题词。

（四）按文体分类

现今的题词有诗歌、词、曲、楹联、散文、幛、格言、谜语等多种文体。诗歌体，即采取格律诗、自由诗、散文诗的形式；词体，即用诗歌的别体——词的形式；曲体，即用散曲的形式；散文体，即以叙事、议论、抒情为主的文章样式；幛体，即在整幅绸布上题写词句；格言体，即用含有劝诫和教育意义的语句；谜语体，即用暗射事物或文字等供人猜测的隐语形式。

（五）按写作方法分类

有自撰、引用两种。前者是自己拟写；后者是摘录别人的佳句秀语。

五、作用

（一）记录作用

题词是对有关情况及感受的真实记录。无论是视察工作还是参观游览，无论是临别相赠还是故地重游，无论是重大之事还是日常用品都可以题写词句。它大多属于原始记录，而且与党团、机关和其他团体、单位以及人、景、物等相随相伴，因此许多题词有一定的保存与收藏价值。

（二）交际作用

荀子说："赠人以言，重于金石珠玉；劝人以言，美于黼黻文章；听人以言，乐于钟鼓琴瑟。"题词是高级的文字交际艺术，有利于增进了解、加强合作，有利于互相勉励、共同提高，也有利于促进社会主义精神文明建设的开展。

六、格式

（一）题词的排版格式

1.竖排式

即题词从右至左排版。例如，毛泽东题词"一定要根治海河"的手迹：

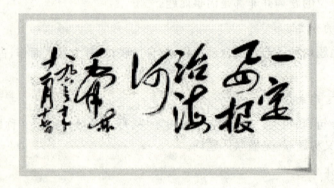

2.横排式

即题词从上到下排版。例如，邓小平题词"教育要面向现代化，面向世界，面向未来"的手迹：

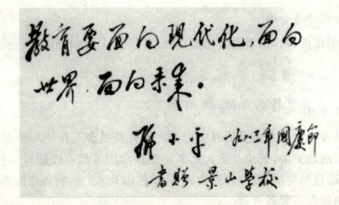

3.综合式

即题词从右到左横写,多是2～6个字,而题词对象和题词者从上到下竖写,它主要用于匾额。例如,孙中山题词"博爱"的手迹:

(二)题词的写法

目前主要有四种写法:

1.在题词的右边(竖排式)或上方(横排式)写题词对象的姓名或名称,有时还简介题词的缘由;在题词正文的左下方(竖排式)或右下方(横排式)写题词者的姓名与日期。

2.在题词正文的左下方(竖排式)或右下方(横排式)写题词者的姓名和日期。

3.在题词正文的左下方(竖排式)或右下方(横排式)写为谁而题以及题词者的姓名和日期。

4.只写正文。

七、基本要求

(一)理、情、趣相融

题词要释理、抒情、显趣,三者各有侧重、相互融合。释理重在炼旨与炼辞,要以实为基、以创为尚、以简为佳;抒情重在真挚感人,要处理好直接抒情与间接抒情的关系;显趣重在将趣入理融情,要做到精心构思、妙笔成趣。

(二)语、书、画相谐

题词是一种集语言、书法、绘画于一体的艺术。语言是题词的最重要工具,要力求准确、鲜明、生动;书法是题词的传播手段,要笔酣墨饱、龙飞凤舞。此外,中国画上的题款是绘画作品的必要补充,在文字、字体、长短、大小印之朱白都要考究,做到与绘画和谐。

八、特别提示

(一)切勿滥用

尽管题词运用广泛,但也不是随意而题的,该不该题、由谁题、题在哪儿、怎么题都要斟酌一番。如果已出台有关规定,必须按章办事。《国务院工作规则》中规定:"国务院领导同志不为部门和地方的会议活动等发贺信、贺电,不题词,因特殊需要发贺信、贺电和题词,一般不公开发表。"这一规定彰显了求真务实的精神,对纠正滥用题词之风有很强的指导性。

(二)注意表达

徐师曾在《文体明辨序说》中对题词的表达提出了"叙事欲简而赡,其秉笔欲健而严"的要求,意思是说叙事简短充实、语言有力严谨。这句话并未过时。自题也好,他题也罢,都是以语言的形式表情达意,要恰当处理简与赡、健与严的关系,使题词成为精美之文。

九、写作训练

每年5月的第二个星期日是母亲节。请认真阅读下面的征稿启事,并以"母亲节的祝福"为主旨写题词。

"母亲节的祝福"征稿启事

也许,在我们的生活中,有许多人、许多事,经历了转身便会忘记,但在我们的心灵深处永远不会忘记我们的母亲,永远不会因为岁月的流逝而消减对母亲深深的爱。

从我们发出第一声啼哭,母亲便承受了人世间最揪心的痛楚;当我们开始牙牙学语,母亲教给我们做人的道理,抚育我们成长;当我们迈入学堂,母亲给予的是无尽的关怀与爱护;当我们受伤、跌倒的时候,母亲依旧是我们坚强的后盾,依旧为我们遮风挡雨,不离不弃。

看着母亲眼角渐渐爬上的鱼尾纹,那是岁月的沧桑不经意夺去了母亲的青春;握着母亲布满丝茧的手,那是为生活一日日劳碌的印记;望着母亲日渐憔悴的面容,那是为儿女成长操劳的见证……

5月10日是2009年的母亲节,在这个特别的日子将要到来时,把你对母亲的爱用你认为最有意义的几句话写下来,齐鲁晚报为你传递母亲节祝福。

把爱说给母亲听! 我们欢迎你的参与。

……

建议:

1.感情真挚,构思巧妙,语言优美。

2.诗歌、楹联、散文均可。

第二节 给单位的题词

一、名称解释

这里所说的单位是与人、物、事相对而言的比较宽泛的概念。给单位的题词，是指在公务活动中为确指的某一单位而题的词语。主要有四类：一是给各级党委、团委以及其他团体的题词；二是给各级人大机关、政协机关以及民主党派的题词；三是给各级行政机关、企事业单位的题词；四是给各级军队机关及基层单位的题词。

二、主要特征

（一）宣示性

给单位的题词带有公开表示、宣布的性质。单位自题，用来宣布其宗旨、规则，既鞭策自己又便于外界监督；上级机关或领导的题词，提出该单位的发展方向与基本原则；其他机关或有关人士的题词，是对该单位的进一步发展提出建议。

（二）评价性

从另一角度看，给单位的题词也有评价的意味。有些修改后的自题或新的自题是在评价基础上所作的必要调整，为自身的发展提出更高或新的要求；上级机关或领导的题词，是对该单位工作的权威性评价；其他机关或有关人士的题词，是对该单位所作的贡献予以褒奖。

三、技法举要

（一）嵌字法

嵌入与之有关的词语，可以突出该单位的特点。包括该单位的名称、性质、理念、商品、标识、所处的地点等，均可嵌入。例如，"华构巍峨，高朋满座，评论英雄当煮酒；龙堂璀璨，豪客如云，品赏珍异宜登楼"，嵌华龙大酒店名称；"渑池会双王争璧；仰韶酒众口皆碑"，嵌产品的产地和商标，都很恰当。

（二）双关法

利用意义相关、读音的相同或相近，能产生奇妙的效果。一是谐音双关。如"贾岛醉来非假倒；刘伶饮尽不留零"，"贾岛"与"假倒"、"刘伶"与"留零"谐音，此联可做酒店广告。二是语意双关。例如，陈省身为华东师范大学题词"施教不惑"，"不惑"既礼赞师范教育之昌明，又暗含对该校 40 年校庆的祝贺；孙中山为张裕公司题词"品重醴泉"，"品"既指酒品更重人品，"醴"既指酒又含有甜美之意，意蕴深长。

（三）比较法

通过比较，可以突出事物的特征、深入说明事理。主要有两种：一是它比，即就两种或两种以上的同类事物辨其异同或高下。例如，张学良题词"圭顿贻谋"，以春秋时期善于经营的大贾巨富白圭、猗顿作比，称赞张裕公司经营有方。二是自比，即就同一事物的不同阶段或不同方面辨其变化或正误。如苏宁电器自题"微笑发自内心，切忌虚情假意；服务细微入致，切忌敷衍了事；技能精益求精，切忌得过且过"，正反之比突出服务人员的行为准则。运用比较法，要选取典型事物、做好可比性分析。

（四）警句法

使用简练而含义深刻的语句，能给人以启示。例如，蔡元培为武汉大学题词"月毋忘其所能，日知其所无"，表达对武汉大学学子的殷切希望；"以真诚、主动、周到、规范的服务，为客户提供高尚、健康的生活方式"是方太厨具公司的经营理念。警句法，可以自撰、引用、仿拟，要力求深、新、活。

（五）数概法

用数概可以增加说服力、构造力、表现力。例如，露露集团自题"职工要有志气，产品要有名气，企业要有生气，领导要有正气"，以"四气"的形式概括了企业精神；"解决疾苦要热心，批评错误要诚心，做思想工作要知心，用三心换来员工对企业的铁心"，用"三心换一心"道出海尔集团思想政治工作的原则。运用数概法，应当确有必要、善于归纳。

四、范文评析

［原文］

为复旦大学的题词

（1）天下为公

（2）面向 21 世纪，把复旦大学建设成为具有世界一流水平的社会主义综合性大学。

（3）百年名校，桃李满园。

（4）光华复旦，天下文章。

（5）旦复旦兮，日月光华，进又进兮，隽贤焕发。卿云丛丛兮，龙信其藏，名泮烂缦兮，学必永昌。

（6）弘扬爱国传统，铸就复旦精神。

（7）摒弃浮躁，拒绝平庸，脚踏实地，追求一流。

（8）德智体美四育全面发展，继续提高教学科研水平，培养更多的高素质人才，为建设世界一流大学而奋斗。

(9)揽四海英才,育中华栋梁。

(10)构建海峡两岸文化之桥

[简析]

例(1)是孙中山的题词,选自《礼记》,但赋予了新的含义,既是孙中山毕生追求的革命理想,也是身为复旦大学校董的他以此寄语大学学子。例(2)至例(10)均是为复旦大学百年校庆题词。其中,例(2)是江泽民题词,从时代的高度为复旦大学提出了发展总目标;例(3)是何鲁丽题词,赞其百年丰功;例(4)是成思危题词,以"天下文章"之喻赞其社会影响力;例(5)是许嘉璐题词,从其校名由来"日月光华,旦复旦兮"一语构思,并以韵文的形式表现;例(6)是蒋正华题词,从爱国的角度谈复旦精神;例(7)是韩启德题词,通过对比强调务实与追求;例(8)是李岚清题词,为其提出办学的基本原则;例(9)是罗豪才题词,从育人的角度寄语;例(10)是张克辉题词,用比喻的方式对其在海峡两岸文化交流方面提出期望。

五、病文会诊

在给单位的题词写作中经常出现落入俗套、语病较多等问题。

[原文]

(1)装饰今天;建设明天①。

(2)团结拼搏与时俱进;创新发展诚信奉献②。

(3)坚守专业精神的力量;坚信专业运营的胜利③。

(4)同心同德开创××美好明天;励志励为继塑祖国锦绣山河④。

(5)和谐立本创新为先行者无疆;××机床其势燎原跨越发展⑤。

[评析]

①主旨不错,但两个部分的结尾都是"天",重复而不顺口,可以将"今天"改为"今日"。

②从内容上看,过于浮泛、缺乏个性;从结构上看,应当由8个双音节词组成,但只有6个双音节词,"与时俱进"显得不协调。

③动宾搭配不当,"坚守"是坚决守卫的意思,常与阵地、岗位等组合,不能说坚守力量。

④××明天与祖国山河之间缺乏必然的联系,将其对应有些牵强。"继塑"是生造词语,语意不通。

⑤前后句字数相等,但意义、词性、平仄等处理不当,需要调整。

六、特别提示

(一)忌雷同

在给单位的题词中,雷同的现象比较多,类似乡约厂规校训或者时下的流行语时常现于题词中,造成题词的"同质化"。因此,必须注重个性、彰显特色。

(二)除语病

语言是给单位题词的最基本工具,但语病较多,不合实际情况、不合语法逻辑、不合语体色彩甚至错别字、标点符号错误等问题屡有发生,要务求准确。

七、写作训练

请认真阅读下面资料,为其题词。

青岛金秋农业科技有限公司是由美国 Golden Harvest Inc. 与西藏珠穆朗玛集团公司合资组建的集科研、开发、生产、销售、服务为一体的中美合资企业。

公司于 1999 年成立,位于青岛市李沧区。公司目前主导产品为"美奇"海藻肥系列产品,该产品是海洋化学与农业技术相结合的高科技生物专利产品。产品通过"国家 AA 级绿色食品生产资料认证",并先后获得多项荣誉,为"青岛市高新技术产品"、"山东省土肥网入网产品"、"中国农业部全国农业技术推广产品"、"99'中国青岛国际农业科技博览会指定产品"。经过多年的推广和应用,该产品已在中国得到普遍的认可和广泛的推广和应用。近两年公司又在原有海藻肥的生产基础上,开发生产出"美奇"海藻冲施肥(固体、液体)、有机肥、有机无机复混肥等系列产品,在提高农作物产量、保证质量方面的效果显著。

公司技术力量雄厚,由原美国农业部研究中心研究员方同光博士任公司总技术顾问,美籍专家吴秋纫教授任总工程师。公司现有研究员 3 人,教授 6 人,客座院士、教授和专家 15 人。公司中层以上管理人员 80% 具有大学文化程度。

公司一贯执行"以人为本,科技创新,质量第一,信誉至上"的经营宗旨。坚持绿色环保的经营理念,采用绿色营销模式,真诚服务于社会、服务于大众,创建绿色、高效、环保的农业新天地。

建议:

1.从某一特定的角度着笔,突出其特色。

2.形式自定,以 10~20 字为宜。

第三节　给人的题词

一、名称解释

给人的题词,对象是各种人物。按身份分类,主要有三种:一是给先进人物的题词,用于英雄模范,有很强的号召力;二是长辈给晚辈的题词,比如家长给子女、老师给学生;三是同辈之间的题词,比如同事、同学、战友之间的题词。按人数分类,可分为两种:一是给个人的题词,对象是某个人,这种情况很多;二是给集体的题词,对象是有组织的某些人,如车间、班级。

二、主要特征

(一)作者、读者的众多性

以往有些人认为,只有领导才能给人题词,这种说法有点片面。其实,给人的题词并没有特定的作者,每个人都可以写,上至年长者下至小学生均可给有关的人题词,借以明志咏怀。作者与读者是相互关联的,作者多则读者广,而且有些题词面向公众,读者更加广泛。

(二)内容的丰富性

给人的题词,既可赞颂英雄,也可激励凡人;既可表达纪念或缅怀,也可表示关怀或勉励;既可欢聚,也可赠别。只要是交际所需,都能载入题词。

三、技法举要

(一)点睛法

这里所说的点睛,是指题词中文眼的设置方法,即写出最能揭示主旨、创造意境的关键性词句。题词的点睛,一般放在标题、首尾,有时也置于中间。例如,鲁迅《自题小像》最后一句"我以我血荐轩辕"中的"荐"字就是点睛之笔。荐,是进献的意思,表达了鲁迅的爱国之情、报国之志。运用点睛法,要巧妙设置、注重炼字。

(二)排比法

把三个或三个以上意义相关或相近、结构相同或相似、语气相同的短语或句子并排在一起,可以收到表意丰富、条理分明、语势酣畅的效果。例如,陶行知在《三代》中用"行动是老子,知识是儿子,创造是孙子"形象地说明行动、知识、创造三者的先后顺序和因果关系,阐释了知行合一观;"您是一棵大树,春天倚着您幻想,夏天倚着您繁茂,秋天倚着您成熟,冬天倚着您沉思",以四季之序的铺排由衷地赞美长辈。运用排比法,要注意各项之间的联系与区别,合理排序。

(三)白描法

这是借用中国画的一种技法,简笔勾勒,不加渲染,凸显其特征。例如,"那个拨着六弦琴的你,那个满不在乎地扬起黑发的你",绵长的琴韵和飘逸的黑发勾就意深趣浓的剪影;《母亲的目光》中"蓦然回首/母亲/还站在村口的老樟树下/向我远行的方向张望/冷风/掠过她饱经沧桑的脸/夹着些许银丝的发/随风飞扬/我似乎看到母亲目光中/那沉沉的牵挂与殷切的期盼",勾勒出母亲送行的场面,感人至深。运用白描法,要语言简朴、突出特征。

(四)呼告法

这里的呼告特指直呼其人,以增强抒情效果。例如,"在这恬静的春夜,此刻,你进入梦乡了吗? 那么,让这相思的红豆化作一颗灿烂的流星,进入你的梦,跟你悄悄地对话",春夜细语,诉不尽相思情。运用呼告法,要注意对象和场合,选择恰当的角度。

(五)仿拟法

利用现有的名言、警句、谚语等进行创造,增加表达效果。例如,朱自清自题联"但得夕阳无限好,何须惆怅近黄昏"将李商隐《乐游原》中"夕阳无限好,只是近黄昏"稍作改动,便一扫其低沉;而叶剑英在《八十抒怀》中吟出"老夫喜作黄昏颂,满目青山夕照明"的诗句,更见欢悦、昂然。运用仿拟法,要巧妙融化、推陈出新。

四、范文评析

[原文]

为北京奥运会、残奥会志愿者题词

(1)志愿者代表着奥林匹克精神

(2)哪里有奥林匹克运动,哪里就有志愿者的诗篇。

(3)志愿精神是残奥运动发展的动力

(4)用热情真诚良好的服务,为国家赢得尊严和友谊。

(5)微笑北京　志愿奥运

(6)红十字与奥运同行

(7)要大力提倡志愿者精神

(8)宣传奥运知识,弘扬奥运文化。

[简析]

例(1)是国际奥委会主席罗格的题词,精辟概括了奥运志愿者精神;例(2)是国际奥委会荣誉主席萨马兰奇的题词,赞扬奥运志愿者;例(3)是国际残奥委会主席克雷文的题词,突显志愿精神对残奥运动的推动作用;例(4)是国务院总理温家宝的题词,对志愿者提出殷切的希望;例(5)是北京奥组委主席刘淇的题词,表达北京用微笑迎接各国嘉宾和体育健儿、做好志愿者服务工作的决心;例(6)是中国红十字会会长彭珮云在北京市红十字会启动"红十字与奥运同行——奥运会志愿服务"仪式上的题词,说明红十字是奥运志愿者服务的重要组成部分;例(7)是北京志愿者协会名誉会长季羡林的题词,强调提倡志愿者精神的必要性;例(8)是中国人民大学党委书记程天权为该校青年志愿者协会题词,从知识文化的角度阐释大学生志愿者的任务。以上 8 例题词言简意赅、各有侧重。

五、病文会诊

在给人的题词写作中经常出现针对性不强、构思不严谨、语意不通等问题。
〔原文〕

赠　友

梦
随舒婷的蝴蝶①
飞越乌蒙山
跌落小草坝
青山衬着的一道道白银
留驻足迹
天麻的味道
谗涎欲滴
牛街的古朴
诱惑着飘飞的灵②
放眼看去
白水江边
打马而过的英俊男儿
竟那么熟悉
刘姓的儿女
大山的刚毅
流水的柔情
歌唱高原
歌唱土地
歌唱母亲
歌唱勇敢美丽

歌唱永无止境的追寻③

[评析]

①尽管诗人舒婷写过蝴蝶的诗句,但从全诗的协调上看,最好把蝴蝶作为一种物象描摹,无需以诗人的名字代指诗。

②"灵"有灵活、灵魂、神灵、灵验等多种含义,应当确指。此外,前面的"白银"等是双音节的合成词做诗行的收尾,这里用单音节的单纯词"灵"落得不实。

③用排比"歌唱"显得直白,而且与上面诗句不和谐,应当修改。

六、特别提示

(一)选准对象

为谁而题是题词的第一步,必须明确对象。要注意时代背景和实际需要,考虑人物的特点及意义。例如,雷锋以"把有限的生命投入到无限的为人民服务中去"为理想,他平凡而伟大的事迹感动了无数人。1963 年 3 月 5 日,毛泽东用题词的方式发出"向雷锋同志学习"的号召,于是学习雷锋的活动在全国广泛开展。

(二)注意表达

一方面,表达要符合客观事实,并揭示本质意义,切忌浮夸、肤浅;另一方面,要力求技法适宜、词稳句妥,不能随意择技或出现语病。例如,为徐州矿务局中学生环境小记者团题词"少年智则国智,少年强则国强"摘引梁启超《少年中国说》来说明少年素质与国家命运的关系,用得恰如其分。

七、写作训练

下面几则大学生毕业赠言在表达上有一些不足,请认真阅读后提出修改意见。

(1)南风又轻轻地吹送,相聚的光阴匆匆。

(2)冲出自己设置的禁圈,新生活会在你面前展现新的色彩、新的节奏。

(3)朋友,再会! 朋友,珍重! 流水匆匆,岁月匆匆,唯有此情永存心中。

(4)我们即将步入新的生活,前面的路还很长很长,让我们更加珍惜今天所拥有的青春和友谊,用真情去浇灌友谊的花蕾。

(5)我们曾是并肩战斗的两棵小树,我们曾经是二重唱中的两个声部,我们曾经是一张课桌上的学友。今天,我们挥手告别的时候,请接受我深情的祝福。

(6)我的朋友们,我们要暂时分别了;"珍重珍重"的话,我也不再说了。在这欲去未去的夜色里,努力铸造几颗小晨星;虽然没有多大光明,但也能使那早行的人高兴。

第四节 给物的题词

一、名称解释

给物的题词,对象是各种物。主要有四类:一是为自然景物题词,有山水、园林、胜迹等;二是给建筑物题词,有题额、题匾、题门、题墙等;三是给日常用品题词,比如题在扇子、茶具、笔筒、手帕等物品上;四是给书籍、报纸、杂志、字画题词,其中给书籍、字画的题词居多。

二、主要特征

(一)给物的题词不同于景物联

景物联是给物题词的一种形式。一般说来,景物联的对象以景致为主,而给物的题词除此之外还有日常生活用品和出版物、字画等;景物联的撰写大多为了欣赏,而给物的题词还有很强的实用性;景物联的联律要求很高,而给物的题词在对仗、韵律等方面宽严不一。

(二)给物的题词不同于景物诗词

景物诗词是给物题词的一种形式。景物诗词以描写景物为主,而给物的题词对象较广泛;景物诗词抒情色彩很强,而给物的题词抒情浓淡各异;景物诗词在构思、层次、语言上有特定的要求,而给物的题词视其情况处理。

三、技法举要

(一)比喻法

比喻是给物的题词中运用最多的一种技法,能增加描写的生动性。一方面,不同的物可以用同一喻体,例如,心灵、水面都可以喻为"明镜",如"菩提树、明镜台"、"两水夹明镜,双桥落彩虹";另一方面,同一个物可以用不同的喻体,例如,写山联"如临虎穴千重嶂;似至鹫峰一线天"分别用虎、鹫设喻。此外,还可以连续设喻。总之,要根据物的特点和写作需要确定。

(二)比拟法

比拟经常运用于给物的题词中。它有拟人和拟物两种。例如,同是咏荷诗,"红粉靓梳妆,翠盖低风雨"、"玉盆纤手弄清泉,琼珠碎却圆"、"双头折得欲有赠,重重叶盖羞人见"都赋予荷花以生命,而"藕丝牵作缕,莲叶捧成杯"、"步有凌波袜,掌为承露盘"则用比喻的形式将其拟为他物,表现力很强。

（三）摹状法

对特定的物加以描绘，具有传神之妙。例如，同是咏月，"山明疑有雪，岸白不关沙"绘其色之皎洁，而"初月如弓未上弦，分明挂在碧霄边"状其形如弓；"月喧穿石水，风折断岩烟"显其动感十足，而"夜分先见日，月静远闻笙"现其静态无声。可见，色形俱现、动静相宜。

（四）衬托法

为了突出主体有时使用"烘云托月"的方法，能给人以深刻的感受。衬托可分为正衬与反衬。正衬是用类似的事物衬托所描绘的事物，例如，题台北阳明山公园鱼乐园联"水清鱼读月；林静鸟谈天"是以鸟衬鱼；反衬是用相反或相异的事物衬托所描绘的事物，如"我是一颗柔弱的小草，迎击大漠的风沙是我的骄傲"用"大漠的风沙"反衬小草顽强的生命力。运用衬托法，要服务主旨、妥善安排。

（五）谜语法

谜语是题词的技法之一，在给物的题词中经常运用。例如，"古月照水水长流，水伴古月度春秋。留得水光昭古月，碧波深处好泛舟"是谜语诗，指的是"湖"；"平地上白云一片，驾东风飞上青天，任儿童牵引且随缘。你道是闲游戏，我道是小登仙，有一日断尘根归阆苑"（《北中吕·红绣鞋·纸鸢》）是谜语曲，用来咏风筝；"明月半倚云脚下；残花双落马蹄前"则是谜语联，谜底是"熊"。此外，还有其他形式的谜语，需要在题词写作中灵活使用。

四、范文评析

［原文］

题昆明大观楼匾、诗、联

（1）匾

拔浪千层

（2）诗

登楼即事

果然一大观，山水唤凭栏。

睡佛云中逸，滇池海样宽。

长联犹在壁，巨笔信如椽。

我亦披襟久，雄心溢两间。

（3）联

五百里滇池奔来眼底，披襟岸帻，喜芒芒空阔无边。看：东骧神骏，西翥灵仪，北走蜿蜒，南翔缟素。高人韵士何妨选胜登临。趁蟹屿螺洲，梳裹就风鬟雾鬓；更苹天苇地,点缀些翠羽丹霞,莫孤负:四围香稻,万顷晴沙,九夏芙蓉,三春杨柳。

数千年往事注到心头,把酒凌虚,叹滚滚英雄谁在? 想:汉习楼船,唐标铁柱,宋挥玉斧,元跨革囊。伟烈丰功费尽移山心力。尽珠帘画栋,卷不及暮雨朝云;便断碣残碑,都付与苍烟落照。只赢得:几杵疏钟,半江渔火,两行秋雁,一枕清霜。

[简析]

昆明大观楼是昆明第一名胜,古往今来题词很多,这里选取的是有代表性的三则。例(1)是咸丰皇帝题匾,仅用 4 字,便状其貌。马如龙有"跋"叙述赐匾经过:"咸丰丁卯(1855 年),兵部侍郎何彤云侍南斋日,蒙文宗显皇帝垂询滇池湖势,彤历陈大观情形,仰荷御书'拔浪千层'匾额,颁立斯楼,猗欤休哉。"例(2)是 1961 年郭沫若登大观楼即兴而题,盛赞大观楼凭栏尽览的山水奇观以及脍炙人口的长联,抒发雄心壮志。例(3)是孙髯于乾隆年间所题大观楼长联,计 180 字,被誉为"海内长联第一佳者"。上联写登大观楼所见到"五百里滇池"的四围风光,下联抒发对云南"数千年往事"的无限感慨。全联想象丰富,景与事融,感情充沛,气魄宏大。香港作家梁羽生赞曰:"情景交融,古今会合,浑然一体。气魄之大,无与伦比。"

五、病文会诊

在给物的题词写作中经常出现主旨不高、构思不巧妙、不合语体要求、语病较多等问题。

[原文]

(1)

> 纸篾由来骨相轻,
> 状成明月怯婆娑。
> 烦君四季勤开试,
> 任是炎凉扇底清[①]。

(2)

> 美丽的季节,
> 娇巧的扇面,
> 这桃花扇,
> 闪耀的桃花情,
> 扇子上有
> 扇面美人。
> 妩媚的表情,
> 明媚的容颜,
> 娇媚的姿态。

桃花扇,

美人笑。

都为桃花开,

都为爱情展②。

(3)

柳帘微动迎风至;荷扇一招邀月来③。

[评析]

①此例题扇是七律,但不合格律。"婑媕"表达娇羞的意思,属于冷僻词语,最好换用现今通用的近义词。扇子"四季勤开试"不合情理。

②此例是题为《桃花扇》的自由诗,意旨显豁,但缺乏艺术构思,也没讲究诗的语言和韵律。如果通篇用拟人来布局摹状,效果会很好。

③此例是题扇联,"微"与"一"没对上,可以将"一招"改为"轻扬"。

六、特别提示

(一)格调要高

在自然环境和社会环境中,人们对所接触的景致和事物深有感受都可以写入题词。要确保格调积极健康,与时代精神合拍,只有这样的题词才能起到怡情、悟道的作用。

(二)文笔要妙

给物的题词具有一定的审美价值,要求作者有较强的创作能力。应当选取融入情感并有独特感受的景致和事物,力求构思精巧、技法精妙、文辞精美,令人赏心悦目。

七、写作训练

查阅有关资料,在下面横线上填入古代诗人题景物的诗句。

(1)＿＿＿＿＿＿＿＿,潭影空人心。——常建《题破山寺后禅院》

(2)暮霭生深树,＿＿＿＿＿＿＿＿。——杜牧《题扬州禅智寺》

(3)＿＿＿＿＿＿＿＿,飘摇仍自持。——康有为《题吾友梁铁君侠者画竹》

(4)飒飒西风满院栽,＿＿＿＿＿＿＿＿。——黄巢《题菊花》

(5)潮落夜江斜月里,＿＿＿＿＿＿＿＿。——张祜《题金陵渡》

(6)疑是水仙梳洗处,＿＿＿＿＿＿＿＿。——雍陶《题君山》

(7)行人无限秋风思,＿＿＿＿＿＿＿＿。——戴叔伦《题稚川山水》

(8)＿＿＿＿＿＿＿＿,直把杭州作汴州。——林升《题临安邸》

第五节　给事的题词

一、名称解释

给事的题词,对象是各个行业或日常生活中的某些事。比如,某一重要事件或突发事件,某个学校的开学、毕业,某项工程的开工、竣工,某一表彰会、展览会、洽谈会,其他有益活动,都可以为其题写文字,作必要的说明与表态。

二、主要特征

（一）新闻性

给事的题词就"事"而论,从时间上看,其事是即将办理、正在进行或者刚刚发生的事情;从功能上看,其事有一定的新闻价值,让读者获得新的信息。因此,新闻性是给事题词的本质属性。

（二）评论性

给事的题词虽有新闻性但毕竟不是新闻报道,而是配合新闻就事论理。这种评论是与事相随的,事先释义、事中点评、事后析理均可。一般不是长篇大论,而是以画龙点睛的方式揭示其精髓,给读者以一定的启发。

三、技法举要

（一）述事法

直接陈述事件,包括用来题词的叙事诗、述事联、叙事散文等。例如,大理感通寺有"苍洱驰名第一山"之誉,楹联"奇花龙马传千古;名士高僧共一楼"记其两件事:上联写该寺住持法天朝见明太祖献白马、龙女花,明太祖赠袈裟一领并赐号"无极"的佳话;下联写杨慎与翰林李元阳结伴游点仓山时,夜宿感通寺住写韵楼,诗人唐大来出家感通寺,因慕杨慎之为人重修写韵楼而居之事。运用述事法,要抓住大事、要事、趣事,力求文约事丰。

（二）评述法

与述事法不同的是,评述法除了叙事外还有评论。例如,"国祚不长,八十多天袁皇帝;封疆何窄,两三条巷伪政权"是就汪伪政府成立之事,用袁世凯称帝作类比,又从时间之短、地域之小作夸张式评论,极言其不得人心;为共青团河南省委员会服务青年就业创业工作题词"为青年创业插上金色翅膀",用比喻的方式充分肯定该项工作,并进行展望。运用评述法,要注意事实可靠、评论精当。

（三）对比法

运用对比，效果鲜明。例如，1958 年 7 月 1 日，毛泽东读报得知余江县消灭了血吸虫的消息，欣然写下《送瘟神》。起笔写因受血吸虫之害而"绿水青山枉自多"，"绿水青山"与"枉自多"对举，形成强烈的反差；后面又用"红雨随心翻作浪，青山着意化为桥"与之照应，突显新旧时代的本质区别，这得益于对比的妙用。

（四）用典法

在给事的题词中有时用典可以丰富内容。例如，1919 年 5 月 4 日，北京 3000 多名学生集合在天安门前举行游行示威，其中引人入目的是金水桥南边高悬的一副对联："卖国求荣，早知曹瞒遗种碑无字；倾心媚外，不期章悖余孽死有头"。联语以三国"白脸奸臣"曹操、北宋奸相章悖代指"五四"时期的卖国贼曹汝霖、章宗祥，抒发同仇敌忾的爱国激情，有极强的战斗力。

（五）幽默法

根据所选之事的性质和内容，有时用幽默法可以产生轻松感或讽刺力。例如，"帝君曰：这个征货征财杀人不眨眼的野种，哪里是关家石麟，俺要用青龙偃月刀斩他头脚；老子说：此匹黄手黄脚舞爪又张牙的孽畜，何尝为李氏正宗，我须拿八卦炼丹炉烧伊心肝"是题昆明"一二·一惨案"联，用嵌名、用典、拟声的方式将矛头直指这起惨案的主使者关麟征、李宗黄，表现力很强。

四、范文评析

［原文］

（1）多难兴邦

（2）造奇工，利天下。

（3）建设青藏铁路，造福各族人民。

（4）轩辕祖德宗功大，书画作品技艺高。

（5）千古奇冤，

　　　江南一叶；

　　　同室操戈，

　　　相煎何急！？

（6）

柳斌杰为首届中国（郑州）印刷包装产品博览会题词

中国文化科学技术的每一次飞跃，都无一例外地包含着印刷技术进步的力量。从蔡伦的造纸术、毕昇发明的印刷术到雕版印刷、活字印刷，再到王选激光照排系统、计算机王码汉字处理系统的推广和使用，都是中国科技史、文化史的标志，无不显示出印刷出版业高科技智慧放射出的光芒。

随着现代印刷技术的进步和流通业的发展，包装印刷已经成为整个印刷业的三大支柱之一，与广大人民的生产生活息息相关。此次博览会将印刷包装器械制造企业和印刷包装使用厂家紧密联系在一起，既展示印刷包装业所创造的光彩夺目的新产品，又汇聚业内资深人士，探讨行业最新的发展信息和市场前景，这正是本届印刷包装产品博览会的特色。我相信本次展会一定能办成国内印刷包装业交流技术、探讨合作、增进友谊的盛会。

祝愿首届中国(郑州)印刷包装产品博览会圆满成功！

[简析]

例(1)是四川汶川大地震发生后，温家宝在探访北川中学安置点时在高三(1)班黑板上题写的四个粉笔字，典出《左传》的"多难兴邦"，揭示了祸与福互相转化的辩证关系，温家宝以此勉励师生，表现出顽强不屈、团结奋进的民族精神；例(2)是连战为三峡工程题词，称赞三峡工程的巨大效益和重大意义；例(3)是江泽民为青藏铁路题词，强调这是一项造福各族人民的工程；例(4)是吴伯雄为陕西省己丑年清明公祭轩辕黄帝第二届海峡两岸名家书画展题词，前句颂轩辕宗功，后句赞书画技艺；例(5)是周恩来为皖南事变题词，表达对国民党顽固派制造这一惨案的无比愤慨；例(6)是柳斌杰为首届中国(郑州)印刷包装产品博览会题词，阐述印刷技术的进步以及包装印刷的重要性，指出该博览会的特色、意义并表达衷心的祝愿。

五、病文会诊

在给事的题词写作中经常出现主旨肤浅、层次混乱、表达失当、不合语体要求等问题。

[原文]

(1)绿色中国；阳光大地①。

(2)户户相连通大道；家家共济建康庄②。

(3)以鲁班精神打造优质品牌工程；用环保理念建绿色文明工地③。

(4)旺犬逢泰运严教严学鼎新革故三百日夜热汗铺就千重锦；金猪拱春门重德重才选贤任能四千师生雄心再登万仞峰④。

(5)实践证明，每年从区级机关抽调一批年轻干部到拆迁安置等重点工作一线实践锻炼，是新形势下我区不断解放思想、推进科学发展的积极尝试，也是促进各项重点工作、建设现代化新××的重要举措，更是加强干部队伍建设、提高党的执政能力的有效途径。广大年轻干部在重点工作一线，不畏艰难、不辱使命、不负重托，充分发挥了作用，增长了才干，赢得了赞誉。希望组织部门进一步总结经验，完善措施，发扬成绩，把这一具有××特色的创新做法继续坚持好、完善好、发展好。希望全区广大年轻干部,在"进军现代化,建设新××"的伟大进程中,更好地展示青春风采,奉献青年智慧,挥写时代篇章,为我区率先基本实现现代化作出更大的贡献⑤。

[评析]

①此例是题"××环保杯"首届全国环保美术、书法、摄影展联。上联收于平声,下联收于仄声,与联律不合,应当将上联与下联互换。

②此例是题某村户户通路面竣工联,"户户相连"与"家家共济"意思重复,可以改为"户通户奔上小康路;手牵手叩开致富门"。

③此例是题建筑工地开工联。主要问题是上联尾字收于平声而下联尾字收于仄声、下联与上联字数不一致,可以改为"以鲁班精神打造金牌品质;用环保理念建设绿色工程"。

④此例是题某中学开学联。"热汗"与"铺就千重锦"不太搭配,"铺就"与"再登"构词方式不一致。可以改为"旺犬逢泰运严教严学鼎新革故三百日夜巧手铺就千重锦;金猪拱春门重德重才选贤任能四千师生雄心登上万仞峰"。

⑤此例是某区委书记为区级机关第七批抽调干部工作总结会议题词,但采取批示的写法,带有"官腔",应当换一种写法,比如诗歌、楹联、格言等,语气要亲切。

六、特别提示

(一)善取事

取事是前提。实际工作和日常生活中的事无以计数,但并非随意而定。要以敏锐的眼光观察事物,迅速而准确地捕捉那些时间新、意义大、有典型性和吸引力的事实,将其写入题词。

(二)巧论理

论理是关键。要根据主旨表达之需和各种文体或文种的特点,选择恰当的角度,运用适宜的方法,让人看得懂、悟得深。以展览为例,领导及专家题词、主办者的格言和广告、留言簿的话语等都可以作为论理的有效方式,应当充分利用。

七、写作训练

请认真阅读下文,回答问题。

法国总统希拉克为《法国时尚100年》展览的题词

"美"不仅仅是"与众不同"的同义词,"美"蕴涵在最朴实的事物里,在日常生活的平淡中熠熠生辉。对这一点的认知,亚洲远远早于西方。

对一只碗、一个竹筐的精细加工,一只数千年来外形和材料都不曾改变过的简单的棉布鞋的线条都足以证明实用与美可以共存于一件物品。

　　《法国时尚100年》为"美"与"实用"两者之间的丰富对话注入了新的内容。我希望这个展览能够在中国公众心里引起特殊的共鸣，使他们通过法国的工业发明了解法国如何在日常生活中幸运地开辟天地。

　　一直以来，我的国家都表现出对创造与想象的情有独钟。艺术家、哲学家、音乐家、作家、医生、工程师、建筑师以及今天全世界的设计师都曾在这里受到欢迎。500年前，伟大的达·芬奇以他非同寻常的天赋成为法国宫廷里第一个在艺术与工业之间搭建桥梁的人。

　　法国没有把这两个人类天赋中主要的词汇对立起来，而是一直本着"和谐"与"平衡"的理想，致力于将二者统一起来，这是一种创造新形式的能力，一种能使在科技领域的创新方式在绘画领域、音乐领域、时尚领域也能盛行的能力。由此，呼吸式潜水服、协和飞机、高速火车或者是阿丽亚娜火箭的发明正体现了我们的文化以及法国今天和永远的精神。

　　我衷心地感谢所有为本展览付出努力的人们，特别是感谢那些为了促成这一展览而慷慨解囊的法国文化年赞助委员会的法国和中国企业。

　　我衷心地希望这一展览能够成为中法两国加深了解、拓宽合作的契机！

Jacques CHIRAC

请回答：

1. 为什么说"'美'蕴涵在最朴实的事物里，在日常生活的平淡中熠熠生辉"？

2. "和谐"与"平衡"，对实现"美"与"实用"的统一有什么作用？

3. 正文可分为几层？每层的内容是什么？

第八章　碑　文

第一节　碑文概说

一、名词解释

碑，是刻着文字或图画、竖立起来作为纪念物或标记的石头；文，文字。碑文，又称碑铭，有时称为铭文，特指为刻碑而写的文字。

二、沿革

早在春秋战国时期就开始立碑，比如宫馆中的测影碑、宗庙中的系牲碑、墓旁的下棺碑，但都不刻文字。相传，秦始皇也在泰山玉皇顶竖有无字碑。而且秦代也出现了碑文，当时把刻了文字的碑叫做刻石，李斯曾为颂扬秦始皇的统一业绩书有《琅琊台刻石》、《泰山刻石》、《峄山刻石》。汉代以后，刻碑从皇宫到民间渐成风气，山川、城池、宫室、桥道、坛井、寺庙、风土、功德、墓道等碑文几乎处处可见，《汉武都太守汉阳阿阳李翕西狭颂》、《曹植墓碑》、《唐大智禅师碑》、《潮州昌黎伯韩文公庙碑记》、《金陵塔碑文》、《宋双忠祠碑文并序》都很有名。近现代，碑文有了进一步发展，有孙中山的《山田良政碑文》、鲁迅的《河南卢氏曹先生教泽碑文》等名篇，最为人熟知的是人民英雄纪念碑碑文。可见，碑文是一种历史悠久、范围广泛而又与政治、文化、宗教、民俗等有密切联系的文体。

三、基本特征

（一）介绍性

这是碑文的基本特点。碑文是以文字为工具介绍与立碑有关的情况，比如应当大书的功德、值得纪念的人物和事件、一些重要的事项以及死者、庙宇、诗歌等，让人知晓，并对其作出评价。

（二）组合性

一般说来，碑文并不是独立存在的，它是文章与书法的融合，是文章与碑名、图案的组合,而且加上碑周边的诗歌、楹联、格言、匾额等衬托,共同表达主旨。

四、种类

(一)按性质分类

有功德碑文、纪念碑文、记事碑文、墓碑文、庙碑文、诗碑文等,本章将择要介绍。

(二)按汉语形式分类

有文言碑文、白话碑文。前者采用古代汉语的形式,如《虞城县令李公去思颂碑》;后者使用现代汉语,如《梁漱溟纪念碑文》。

(三)按有无韵分类

有散文体碑文、韵文体碑文。其中,可以单独使用散文体或韵文体,也可以散文体、韵文体并用,如《民建成立纪念碑》属于散文体,而《天长节使鄂州刺史韦公德政碑并序》先用散文体叙事、后用韵文体赞颂。

五、作用

(一)宣传作用

立碑是面向公众的。碑文凭借文字让公众了解有关人、事、物的基本情况,因而具有很强的传播性和激励性,对社会主义精神文明建设有一定的促进作用。

(二)保护作用

碑文反映各个历史时期人、事、物的真实情况,其中许多带有原始记录性,是重要的档案资源,有很大的保护价值。像古代的泰山石刻、敦煌莫高窟摩崖石刻以及近现代的我国第一个核武器研制基地纪念碑碑文等都非常珍贵,需要妥善保护使其流传。

六、格式

碑的结构一般分为碑首、碑身、碑座三个部分。碑首以刻碑名为主,还可以刻图案;碑身,刻写碑文;碑座起承重和装饰作用。碑文种类很多,各种碑文的格式也不相同,比如庙碑多由题目、碑文作者、书者、篆额者、勒石者和立碑日期组成。大体说来,碑文的格式包括以下几个项目:

(一)标题

碑文的标题,刻在碑文的第一行,居中。主要有三种写法:一是对象＋文种,如《解放广场碑文》;二是性质＋文种,如《功德碑》;三是只写文种,如《碑记》。此外,加序言的碑文在标题中还写上"×××并序"的字样。

有的碑文不拟标题。

（二）序言

序言，简称序，主要陈述事情的经过和立碑的意旨，有时也加一些评论。如没必要，可以不写序言。

（三）正文

不同的碑文、正文的名称和内容各不相同。例如，在功德碑中，有的称之为铭、颂等，而且多是重复序言内容的颂美之词。不过，多数碑文的正文由开头、主体、结尾三个部分组成。开头写缘由，即为什么立碑、为谁立碑。主体具体说明有关事项并作出评价。结尾交代立碑的目的，如"谨立此碑，以励后世"、"谨撰此文，以资纪念"等。

（四）具名

包括立碑者名称、撰文者姓名、书碑者姓名，写哪些酌情而定。过去，碑的撰文、书丹和篆额分别由三人担任，称"××撰"、"××书丹"、"××篆额"；也有的三者集一人之手，称"××撰书并篆额"。现在的写法没有特定的要求。可将具名写在标题之下。

需要说明的是，古代碑文的具名称为名款。所谓名款，是指撰文人、书碑人、立碑人（包括施资赞助的人）及刻碑人的官职、品阶、勋爵、姓名或图章等。隋代以前的碑文重视传文记事，只记载立碑者姓名，多不记撰文者和书碑者姓名。唐代以后碑文名款逐渐健全，到宋、金时期基本定型。例如，在泰山，宋代以后的碑文大都把撰文者、书写者衔名列于标题之下，立碑者和赞助者衔名列于正文之后或碑阴，刻碑者姓名大都刻于碑身的左下角。

（五）印章

在石刻上加刻图章之风，始于隋唐，如《纪泰山铭》，至明清大盛。它多见于自然摩崖题刻。凡刻于碑上的图章，大多直接刻于姓名之下；凡刻在自然石上的图章，一般先将图章用细软石料刻好后，然后嵌入自然石的卯孔里。现今也有一些在碑文具名的下方刻有关的个人印章。

（六）日期

一般标明年月日，有时只写年月。

当然，并不是每个碑文都包括以上六个项目，要根据各种碑文的特点和写作需要而定。例如，毛泽东起草、周恩来题写的人民英雄纪念碑碑文由标题、正文、具名、日期组成，启功书写的北京师范大学校训碑文包括标题、正文、具名、日期、印章。请看下面两个碑文的手迹：

人民英雄紀念碑

三年以来在人民解放战争和人民革命中牺牲的人民英雄们永垂不朽

三十年以来在人民解放战争和人民革命中牺牲的人民英雄们永垂不朽

由此上溯到一千八百四十年从那时起为了反对内外敌人争取民族独立和人民自由幸福在历次斗争中牺牲的人民英雄们永垂不朽

中国人民政治协商会议第一届全体会议建立

一九四九年九月三十日

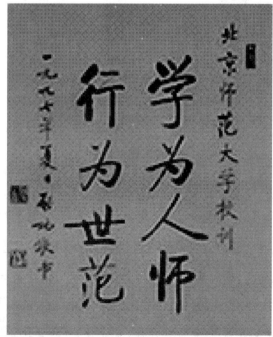

北京师范大学校训

学为人师
行为世范

一九九七年夏•启功敬书

七、基本要求

(一)内容客观

碑文是有关人、事、物的记录,要求作者以认真负责的态度撰写,务求合乎实际情况,不能任意夸大或缩小,更不能随意编造;对其评说也要公正,切忌溢美之辞。

(二)表达恰当

碑文特定的内容、使用的体裁和流传的价值对表达提出很高的要求。概括地说,应当做到叙写简括、抒情真挚、议论精辟,而且语言精练、读来琅琅上口。因此,要恰当地使用表达方式,精心锤炼语言。

八、特别提示

(一)取精华与去糟粕

碑文具有悠久的历史,深受传统文化的影响。写作时要立足于当代,辩证地分析传统文化,吸收其重人、守义、明礼、求和等精华,摒弃封建迷信等糟粕,这样才能在碑文中既弘扬传统文化又体现时代精神。

(二)守成"规"与创新"格"

多年来,碑文已形成了惯用的格式和词句,有许多名篇可供学习,应当借鉴这些经验,使碑文合乎文体或文种的要求。在此基础上还要根据写作之需有所创新,力求灵活多样。

九、写作训练

请认真阅读苏叔阳撰写的中国话剧主题公园碑文,回答问题并写作。

中国话剧主题公园碑文

话剧艺术,欧洲为其滥觞。传入中国,时潮之所必然。二十世纪初叶,神州濒临倾覆。无数仁人志士,亟寻救国良方。新思想新观念,如洪水泻地。新文学新艺术,似烛火照明。话剧先驱者,组织春柳社、春阳社,于东京、上海,搬演《黑奴吁天录》。时序 1907,遂为中国话剧之诞辰。

自兹以后,话剧勃兴于校园、社会,剧人活跃于街头、舞台。顺应时代之发展,张扬民众之要求,挞伐丑恶,讴歌善良,启民智、振民心,号召同胞团结御寇,鼓舞民众迎接光明。中国话剧实为民族革命与建设运动之鼙鼓、之号角,其功至伟,青史可鉴。

电光石火,百年一瞬。于今,中华大地粲然一新,文化艺术更加繁荣。话剧艺术,卓尔不群。当一秉战斗精神,继承光荣传统,荡涤心灵,匡正时弊,抒写时代强音,促进社会和谐。

仰望苍穹,杰出先贤群星璀璨;俯视江河,俊朗新人汹涌向前。团结一心,埋头苦干,再创辉煌,时不我待。建此雕塑园,以纪百年之业,以望后世之功,是所至愿。

请回答:

1.该文的正文可分为几层?每层写了什么内容?

2.该文的语言运用有哪些特点?

3.仿照"仰望苍穹,杰出先贤群星璀璨;俯视江河,俊朗新人汹涌向前"造句。

第二节 功德碑文

一、名称解释

功德,即功劳和恩德。功德碑文,是指歌功颂德的碑文,它大多为当时还活在世上之人的功德而撰写。古代的功德碑很多,如康熙为生母孝康章皇后佟氏家族御立三尊功德碑。新中国成立以来的功德碑主要用于表彰先进集体和个人,近年来捐资功德碑文渐多。

二、主要特征

(一)典范性

功德碑文的写作目的在于树立典范,可供人们学习。由于社会制度和道德观念的不同,古今典范的标准也有很大差别。在当代,树立典范尤应注意与时代精神、党的建设、人民的呼唤相吻合,促进社会的发展。

(二)颂扬性

功德碑文是以文字的形式为堪称典范的人塑像。不仅叙写其功绩,还着力反映其思想内涵和价值取向,揭示其内心世界,并大加颂扬,使其具有立体感和感召力,可亲、可敬、可信、可学。

三、内容、格式及写法

(一)标题

大多是单标题,主要有三种写法:一是对象+性质+文种,如《敦煌太守裴岑纪功碑》;二是事由+性质+文种,如《捐资建校功德碑》;三是性质+文种,如《功德碑》。

有的功德碑文不拟标题。

(二)序言

一般简括事实及立碑缘由,采用散文体。也可以不设此项。

（三）正文

正文有两种写法：一是包括开头、主体、结尾三个部分，叙述在何时、何地、何种原因、何人做了什么好事，同时表达立碑者的感激之情，并以"为××，谨立此碑"、"为××，立碑以记之"等作结。写法采用散文体。二是颂，照应序言对其颂美。古代功德碑的颂多用"……而作颂曰"、"其辞曰"、"其词曰"等过渡。采用韵文体，比如四言诗、骚体诗等。

（四）具名

写立碑者的单位名称或个人姓名等。

（五）日期

标明立碑的具体日期。

四、范文评析

[原文]

武昌宰韩君去思颂碑并序

李　白

仲尼，大圣也，宰中都而四方取则；子贱，大贤也，宰单父人到于今而思之。乃知德之休明，不在位之高下，其或继之者，得非韩君乎？君名仲卿，南阳人也。昔延陵知晋国之政，必分于韩。献子虽不能过屠岸之诛，存孤嗣赵，太史公称天下阴德也。其贤才罗生，列侯十世，不亦宜哉！七代祖茂，后魏尚书令安定王。五代祖钧，金部尚书。曾祖睃，银青光禄大夫、雅州刺史。祖泰，曹州司马。考睿素，朝散大夫、桂州都督府长史。分茅纳言，剖符佐郡，奕叶明德，休有烈光。君乃长史之元子也。姓有吴钱氏。及长史即世，夫人早孀，弘圣善之规，成名四子，文伯、孟轲二母之俦欤？少卿当涂县丞，感概重诺（原作诸，误），死节于义。云卿文章冠世，拜监察御史，朝廷呼为子房。绅卿尉高邮，才名振耀，幼负美誉。

君自潞州铜鞮尉调补武昌令，未下车，人惧之；既下车，人悦之。惠如春风，三月大化，奸吏束手，豪宗侧目。有爨玉者，三江之巨横。白额且去，清琴高张。兼操刀永兴，二邑同化。时龆齿磨牙而两京，宋城易子而炊骨。吴、楚转输，苍生熬然。而此邦晏如，禓负云集。居未二载，户口三倍其初。铜铁曾青，未择地而出。大冶鼓铸，如天九神。既烹且烁，数盈万亿，公私其赖之。官绝请托之求，吏无丝毫之犯。

本道采访大使皇甫公侁闻而贤之，擢佐辎轩，多所弘益。尚书右丞崔公禹，称之于朝。相国崔公涣，特奏授鄱阳令，兼摄数县。所谓投刃而皆虚，为其政而则理成，去若始至，人多怀恩（原作忌，误）。新宰王公名庭璘，岩然太华，浣然洪河。含章可贞，干蛊有立。接武比德，弦歌连声。服美前政，闻诸耆老。与邑中贤者胡思泰一十五

人,及诸寮吏,式歌且舞,愿扬韩公之遗美。白采谣刻石,而作颂曰:

峨峨楚山,浩浩汉水。黄金之车,大吴天子。武昌鼎据,实为帝里。时艰世讹,薄俗如毁。韩君作宰,抚兹遗人。滂注王泽,犹鸿得春。和风潜畅,惠化如神。刻石万古,永思清尘。

[简析]

公元 755 年(唐天宝十四年),韩仲卿(韩愈之父)任武昌县令,有美政。既去,县人刻石颂德,李白作《武昌宰韩君去思颂碑并序》。文章按前序后颂的形式安排结构。前三段是序,散文体,分别写其家世、美政、上级推重和邑人思念;最后一段是颂,用"……而作颂曰"过渡,韵文体,四言诗 16 句。该文层次清晰、表达明确,尤其是灵活的散文体广受赞誉。

五、病文会诊

在功德碑文写作中经常出现溢美、格式欠严谨、表达不准确等问题。

[原文]

功德碑

×××,男,1937 年 1 月 9 日生,××××人。××××年毕业于××大学中文系。曾任××中学教导主任、县政协副主席。1985 年调入州××校任校工会主席①,高级教师。长期从事教学工作,获得过"省优秀教师"光荣称号②。

×老爱好文学③,1994 年开始在全国各报刊发表小说、诗歌等。1997 年退休后勤于笔耕,先后在全国各种报刊上发表 30 多万字的小说和散文。1996 年出版小说集《爱情三部曲》20 多万字,2000 年出版散文集《秋叶颂》10 万多字④。

2000 年 9 月 13 日,他把稿费壹万壹仟元捐给我校作为奖学金,鼓励家乡的孩子们努力学习,将来成为有用之才。经学校研究决定,给潘老立这块"功德碑"碑作纪念⑤。愿潘老这种精神流芳千古⑥!

××市×××镇中心小学

2000 年 10 月 13 日立⑦

[评析]

①年份不能简写,应当是 4 位阿拉伯数字,下同。

②"获得过"中"过"字多余,可以改为"曾获得"。

③尽管"×老"是敬称,但与前面的姓名不一致。因为是立碑留存,最好都写姓名。

④写作品名称及文体即可,不必标明字数。两部作品已有 30 多万字,上句提及创作合计 30 多万字,前后矛盾。

⑤无需说明"经学校研究决定","这块"是口语,"'功德碑'碑"啰唆。可以删去

此句。

　　⑥应当点出"这种精神"是什么精神,这是文眼。最好将"愿潘老这种精神流芳千古"改为"为赞扬捐资助教的善举、激励师生勤教苦学,谨立此碑"。

　　⑦"立"大多写在具名之后。

六、特别提示

(一)事理相融

　　人们多把立德、立功、立言作为人生的主要目标,其实言语是融入功劳和恩德之中的。功德碑的叙事旨在为其记功,要取事典型,重在表现其突出贡献;论理旨在为其树德,要评说公正,侧重于展示其高风亮节。

(二)散韵结合

　　散文体散行排列、自由活泼,韵文体句式整齐、讲究韵律,它们各显其长。在一篇功德碑文中,可以全用散文体或韵文体,但更多的是两者结合,使参差与整齐、无韵与韵文呈现出交替变化。

七、写作训练

　　请认真阅读下面资料,以某乡政府的名义为其写功德碑文,乡名、人名、山名、成文日期均用"×"代替。

　　×××是一名退伍军人,2000 年起承包×山林。8 年来,他始终坚持春季植树造林、夏季抚育、秋季护林、冬天开荒,累计开发荒山 5 座,植树 20 多万株,目前人工成林近 2000 亩,杂树、稀疏林面积 1100 亩。如今,整个山林郁郁葱葱,成了"绿色的海洋"。

第三节　纪念碑文

一、名称解释

　　纪念是深切怀念、思念不忘的意思。用来表示纪念的事物或物品很多,纪念碑就是其中之一,一般是国家机关或社会团体所建,近年也有单位建纪念碑。纪念碑文专为纪念碑而作。主要有两类:一是纪念有功绩的人的碑文,对象是国家、地区乃至单位的著名人物,而且大多已故,如叶剑英同志纪念碑、雷锋纪念碑的碑文;二是纪念重大事件的碑文,多是历史事件,当代重大事件也可以立碑撰文,如中国人民抗日战争纪念碑、唐山抗震纪念碑的碑文。

二、主要特征

(一)纪念性

纪念性是纪念碑文的基本特征。它真实地记录那些曾经作出巨大贡献的人和在不同时期发生的重大事件,对其进行公正的评价,并表达深深的怀念之情;碑文与纪念碑一起长久地保存下来,作为重要的历史资料流传后世。

(二)启发性

纪念碑文让人们观其人、知其事,还能引起深思细想。一方面,从先进人物的功绩领悟成功者应当具有的理想、品质、作风、知识、能力;另一方面,通过对重大事件的分析,认识事物发展的规律性以及适应规律的自觉性,由此得到启发。

三、内容、格式及写法

(一)标题

一般是单标题,主要有三种写法:一是对象＋事由＋性质＋文种,如《哈尔滨抗洪胜利纪念碑》;二是对象＋性质＋文种,如《人民英雄纪念碑》。

因纪念碑的正面已有碑名,也可以不拟标题。

(二)序言

多无序言。如有特殊需要,也可以设此项。

(三)正文

有三种写法:一是先叙写有关人物的生平、功绩或者事件的时间、地点、原因、代表性人物、经过、结果,接着作出评价,最后以“为××,谨立此碑”、“谨立此碑,以为纪念”等作结;二是前面用散文体叙事、后面用韵文体作颂;三是以几行文字高度概括有关人、事以及意义。

(四)具名

写立碑者的全称。

(五)日期

标明立碑的年月日。

四、范文评析

[原文]

西南联合大学纪念碑文

冯友兰

中华民国三十四年九月九日，我国家受日本之降于南京，上距二十六年七月七日卢沟桥之变为时八年，再上距二十年九月十八日沈阳之变为时十四年，再上距清甲午之役为时五十一年。举凡五十年间，日本所掠吞蚕食于我国家者，至是悉备图籍献还。全胜之局，秦汉以来所未有也。

国立北京大学、国立清华大学原设北平，私立南开大学原设天津。自沈阳之变，我国家之威权逐渐南移，惟以文化力量与日本争持于平津，此三校实为其中坚。二十六年平津失守，三校奉命迁移湖南，合组为国立长沙临时大学，以三校校长蒋梦麟、梅贻琦、张伯苓为常务委员主持校务，设法、理、工学院于长沙，文学院于南岳，于十一月一日开始上课。迨京沪失守，武汉震动，临时大学又奉命迁云南。师生徒步经贵州，于二十七年四月二十六日抵昆明。旋奉命改名为国立西南联合大学，设理、工学院于昆明，文、法学院于蒙自，于五月四日开始上课。一学期后，文、法学院亦迁昆明。二十七年，增设师范学校。二十九年，设分校于四川叙永，一学年后并于本校。昆明本为后方名城，自日军入安南，陷缅甸，乃成后方重镇。联合大学支持其间，先后毕业学生二千余人，从军旅者八百余人。

河山既复，日月重光，联合大学之战时使命既成，奉命于三十五年五月四日结束。原有三校，即将返故居，复旧业。缅维八年支持之苦辛，与夫三校合作之协和，可纪念者，盖有四焉：我国家以世界之古国，居东亚之天府，本应绍汉唐之遗烈，作并世之先进，将来建国完成，必于世界历史居独特之地位。盖并世列强，虽新而不古；希腊罗马，有古而无今。惟我国家，亘古亘今，亦新亦旧，斯所谓"周虽旧邦，其命维新"者也！旷代之伟业，八年之抗战已开其规模、立其基础。今日之胜利，于我国家有旋乾转坤之功，而联合大学之使命，与抗战相终如，此其可纪念一也。文人相轻，自古而然，昔人所言，今有同慨。三校有不同之历史，各异之学风，八年之久，合作无间，同无妨异，异不害同，五色交辉，相得益彰，八音合奏，终和且平，此其可纪念者二也。万物并育而不相害，天道并行而不相悖，小德川流，大德敦化，此天地之所以为大。斯虽先民之恒言，实为民主之真谛。联合大学以其兼容并包之精神，转移社会一时之风气，内树学术自由之规模，外来民主堡垒之称号，违千夫之诺诺，作一士之谔谔，此其可纪念者三也。稽之往史，我民族若不能立足于中原、偏安江表，称曰南渡。南渡之人，未有能北返者。晋人南渡，其例一也；宋人南渡；其例二也；明人南渡，其例三也。风景不殊，晋人之深悲；还我河山，宋人之虚愿。吾人为第四次之南渡，乃能于不十年间，收恢复之全功,庾信不哀江南,杜甫喜收蓟北,此其可纪念者四也。联合大学初定校歌,其辞始叹南迁流难之苦辛,中颂师生不屈之壮志,终寄最后胜利之期望;校以今日之成功,历历不爽,若合符契。联合大学之始终,岂非一代之盛事、旷百世而难遇者哉! 爰就歌辞,勒为碑铭。铭曰:

痛南渡,辞官阙。驻衡湘,又离别。更长征,经峣嶵。望中原,遍洒血。抵绝徼,继讲说。诗书器,犹有舌。尽笳吹,情弥切。千秋耻,终已雪。见倭寇,如烟灭。起朔北,迄南越,视金瓯,已无缺。大一统,无倾折,中兴业,继往烈。罗三校,兄弟列,为一体,如胶结。同艰难,共欢悦,联合竟,使命彻。神京复,还燕碣,以此石,象坚节,纪嘉庆,告来哲。

[简析]

国立西南联合大学,简称"西南联大",是抗日战争期间设于昆明的一所综合性大学,由北京大学、清华大学和南开大学联合而成。此碑立于抗战胜利后西南联大撤销北返前夕的 1946 年 5 月 4 日。由西南联大文学院院长冯友兰教授撰文、中文系教授闻一多篆额,中文系教授、系主任罗庸教授书丹,因而被誉为现代"三绝碑"。正文分四段:第一段,写日军投降的重要意义,自然引出对西南联大的追溯;第二段,简括西南联大的概况;第三段,写北迁之时对西南联大的纪念;第四段,对其作颂。该文意蕴深广、文采飞扬、气势恢弘,堪称纪念碑的典范。

五、病文会诊

在纪念碑文写作中经常出现篇幅过长、层次不清、语言欠准确等问题。

[原文]

××自古号称水乡泽国,人民群众的生产生活与水息息相关,××水文化也由此丰富多彩;特别是穿境而过的百里滔滔×江,不仅维系着百万××人的安危福祉[①],还蕴育了××厚重深沉、宏富博大的历史文化[②]。然而,盈盈一江水,隔断两岸情。千百年来,×江犹如一道不可逾越的鸿沟和天堑[③],让两岸人民望而兴叹。古往今来,往来两岸的人们只能托身舟楫,出没风涛,不仅耗费时日,悲剧也时有发生[④]。建设一座连通两岸的大桥,已成为百万××儿女的百年梦想[⑤]。

时代进步、经济发展;社会稳定、文化繁荣,一个全新的××正崛起在××大地上[⑥]。为了策应市委、政府建设现代化中等城市的战略构想[⑦],××大桥的建设也正式提上议事日程。决策者高瞻远瞩、运筹帷幄;全体市民积极响应、踊跃捐资;建设者们争分夺秒、精心施工,共同谱写了一曲大气磅礴、可歌可泣的英雄史诗和生命礼赞[⑧]。历经两年多的紧张施工,××大桥顺利建成通车。大桥采用预应力混凝土独塔双索面斜拉连续组合桥,桥西起于×江××洲,东与××大道连接,全长约六千米,平均宽度二十三米,设计时速每小时六十公里;主桥孔跨径四百四十米,主塔高一百零二米,远望大桥犹如双剑凌空,直刺苍穹,正是××精神的真实写照和××剑文化的完美再现⑨。

玉龙飞架,长虹卧波。××大桥的建成,拉开了城市建设的总体框架,奠定了××一江两岸、一城四区的战略格局,实现了××城市建设的历史性跨越,必将为确立××现代化中等城市地位作出意义重大而影响深远的历史性贡献⑩。

[评析]

①"安危"多偏指危险,不能和"福祉"并列,可以将"安危"改为"安全"。

②用"深沉"修饰文化不合习惯;"宏富"是丰富的意思,而"博大"是指宽广、丰富,"宏富"不能与"博大"并列。可以将"厚重深沉、宏富博大的历史文化"改为"厚重、宏富的历史文化"。

③"鸿沟"、"天堑"意思重复,可以删去其中一个词。

④"时日"、"时有"前后相连,如果将"时有"改为"屡有"就避免重复了。

⑤本段第2~5句,每句都有"两岸",显得累赘,应当删改。

⑥此句最好改为"随着……,一个……××正崛起在××大地上"。

⑦"策应"表示与友军相呼应配合作战,用在这里显然不合适,可以改为"实现"。在"政府"之前加"市"、之后加"关于"。

⑧"谱写……礼赞"动宾搭配不当,"英雄史诗和生命礼赞"意思交叉,可以删去"和生命礼赞"。

⑨"正是××精神的真实写照",应当标明该市精神是什么。

⑩"拉开……框架"动宾搭配不当,"了"字多余,可以改为"拉开城市建设总体框架的帷幕"。"作出意义重大而影响深远的历史性贡献"过誉,可以删去"历史性"。

六、特别提示

(一)要义鲜明

纪念碑文的写作,关键在于突出要义,让人们知其人、晓其事,并从中悟道、为之动情。因此,要抓住人格、事理,切忌泛泛而叙。例如,《叶剑英同志纪念碑碑文》引用叶剑英诗句"矢志共产宏图业,为花欣作落泥红"来概括其光辉的一生,恰当而精练。

(二)基调庄重

立纪念碑是一个重要事项,纪念碑文必须庄而不谑、雅而不俗。必须以郑重、严肃的态度写作,不能追求轻松、幽默;使用规范化书面语,一般不用口语;恰当使用礼仪文书专用语和文言词语,切忌随意遣词。

七、写作训练

请认真阅读武汉大学西迁纪念碑征稿作品中介绍西迁缘由和经过的三段文字,

比较表达方式和语言方面的异同。

（1）时公元一九三七，自八月而来，日寇屡屡得逞，国军节节溃退。先失华北，次走上海，再弃南京。翌年初，日军三面围截，直逼武汉。迫于形势，武大拟西迁乐山，避浩劫于乱世，择他日而重返。自三月始，师生分批组合，乘轮入川，直至七月，迁校始完。

（2）惟丁丑始劫，扰我华夏。巍峨昆仑，为之泣下。越明年，日寇西向披靡，中土汉皋难保。珞珈宫舍，基局固护以续文脉；嘉州山水，园扉晓开以盼来人。国难悬乎其上，祚命保乎永长。二月，校务委员会决议迁校于西南。师生发愤于危亡之际，举酒长征，抛泪国难。及四月，设嘉定分部，复课如始。王星拱校长率余留人员于同年七月抵达乐山，正式更名曰国立武汉大学。八年征程启于是，千秋斯文困于兹。珞珈多俊彦，嘉城有清音。峨眉山月，入乎诗画；鼎堂文章，出乎群伦。

（3）岁在一九三八，国难当头，山河破碎，民族危亡！日寇进逼，武汉危殆。时二月，武汉大学议决西迁。智者乐水分仁者乐山，山高水长分薪火相传。三江汇流，大佛之雄，峨眉之秀，乐山天下胜也。三月，师生痛别珞珈，炮火连天中溯江而上，凡数千里蜀道辗转，颠沛流离，艰难险阻，俱一往无前。其时，乐山百姓倾城之力，热情相助。七月，校部进驻乐山文庙，西迁告成。自此武大暂栖乐山，竟至八载。

第四节　记事碑文

一、名称解释

记、纪，记录；事，事情。记事碑，又称纪事碑，是为某种需要而立以记其事的碑。它多是机关、团体、单位所立。记事碑文，又称纪事碑文，即为记事碑所写的文字。它主要有六种：一是比较重要事件的碑文，二是重点建筑物新建或重修的碑文，三是商业街、文化街等主要街区的碑文，四是游览区风景名胜的碑文，五是名人雅事的碑文，六是其他古迹、民俗的碑文。

二、主要特征

（一）记事碑文不同于功德碑文

功德碑文的对象是人，而记事碑文的对象是事；功德碑文旨在颂扬，而记事碑文重在叙事；功德碑文的格式比较固定，而记事碑文的格式相对灵活。

（二）记事碑文不同于纪念碑文

纪念碑文既写人也叙事，而记事碑文以记录事情为主；纪念碑文往往记述重大事件,而记事碑文中的事情较为重要或有意义即可;纪念碑文要就事论理,而记事碑文一般只需把事件、事情说清楚。

三、内容、格式及写法

（一）标题

大多是单标题,有四种写法:一是对象＋事由＋性质＋文种,如《北京抗击非典记事碑》;二是对象＋事由＋性质,如《王若飞等烈士殉难记事》;三是事由＋文种,如《重建八角亭碑记》;四是只写文种,如《碑记》。

有的记事碑文不拟标题。

（二）正文

有两种写法:一是用散文体叙写事件的时间、地点、原因、主要人物、经过、结果、意义,结语是"特刻碑铭记"、"为××,立碑以记之"、"是为记"等。二是用韵文体记事,以整句的形式排列数行。

（三）具名

写立碑者的单位名称或个人姓名。

（四）日期

标明立碑的年月日。

四、范文评析

[原文]

江汉路商业步行街碑文

浩浩长江,滔滔汉水,交汇于武汉,谓之江汉也。此路得江汉之盛名,受江汉之润泽,蔚然成江城商道,华中名街。

江汉路地处汉口老城区中心,北起解放大道,中交京汉、中山大道,南至沿江大道,交通畅达,风情浓郁。

据史载,此路南端为广利巷,仅有狭窄土路。咸丰十一年(1861),英国在汉口强辟租界,改土路为碎石路,起名太平路。此路北端原为沙滩洼地,20世纪初,由地产巨商刘歆生填基筑路,始成街道,并起名为歆生路。1927年,经武汉人民的英勇斗争,中国政府收回英租界,将太平路与歆生路合二为一,定名江汉路,沿用至今。

近百年来,江汉路以商业繁盛闻名于华夏。商贾云集,佳宾辐凑,老店新厦,鳞次栉比。南丝北锦,东珍西宝,琳琅满目,美不胜收,乃武汉购物之天堂也。沿路建筑也堪一绝,中西合璧,风格各异。石柱回廊,钟楼天桥,拱顶圆窗,深巷老屋令人目不暇接,流连忘返。更有无数风流人物在此留下足迹,留下悠长的回声。

世纪交替之际,江汉路又添风采,商业步行街脱颖而出,坦坦荡荡,全长1210米。历史风貌,依依再现,名胜景观,比比皆是。老路焕发青春,集购物、休闲、旅游为一体。名街更加亮丽,创繁华、舒适、文明为一流。漫步此街,看春光秋色,采日精月华,焉能不心旷神怡,满载而归。

江汉浩荡,云蒸霞蔚。江城有幸,多街多情。江汉路正穿越百年风雨,向新世纪延伸。值此商业步行街于公元2000年9月竣工之际,特刻碑铭记。

武汉市人民政府

二○○○年九月二十一日

[简析]

这是商业街记事碑文。分为四层:第一层,从"江汉"二字的由来点出江汉路是华中名街;第二层,交代江汉路的地理位置和历史情况;第三层,记述江汉路商业繁盛和商业步行街;第四层,照应开头,展望江汉路的美好前景,并说明撰文的缘由。全文主旨鲜明、布局合理、表达明确、文字精练,是一篇记事碑文的佳作。

五、病文会诊

在记事碑文写作中经常出现误用文种、层次混乱、表达不清、词句累赘等问题。

[原文]

××人民广场碑文

广场北面有巨型浮雕,花岗岩材质,长五十米,高五点八米,厚八十厘米。雕刻画面部分,长四十八米,高三点三米,由一百九十二块石材组成。所刻画面,以墙中点为轴,分东西两半。从西到中,显现××煤电文化的发展阶段;由东到中,昭示××陶瓷文化的历史进程。画面雕刻人物二十三个,维妙维肖,栩栩如生①。画面中间,以"双凤朝阳"象征双凤山,喻示××煤电文化及陶瓷文化融汇于一体,共同走向美好未来。浮雕墙前面的巨型雕塑,花岗岩材质,采用几何构图手法设计制作,寓××政治、经济、社会各项事业拔地而起、展翅腾飞之意②。雕塑底端为正方形,边长四米,周长十六米。整个雕塑由三百二十九块石材组成,高达十八点六米,象征××现有总人口;基座顶层面积一百一十八点三平方米,巧扣××土地总面积之数;基座设九级台阶,每级高十四点六厘米,隐合广场海拔一千四百六十米之高。广场东北角上青白石制作的文化廊柱二十四根,取中国二十四史、二十四节气之意。柱高六米,直径八十厘米,雕刻图面高三米。雕刻的二十四幅图画,取材于××上自秦时、下至新中国成立的重要人物、事件和传说故事。广场三处石雕作品,为中国著名雕塑家××女士设计并监制,历时一年零三个月。广场西面的建筑为"三馆两中心",即文化馆、博物馆、图书馆、老年活动中心和青少年活动中心③。此建筑由中国著名仿古建筑设计专家×××先生设计。其占地一万六千八百平方米,建筑面积一万三千八百九十平方米。

博物馆塔楼内六层,外三层,高达三十六米,是××迄今最高屋舍建筑。该建筑为明代风格,廊式结构,曲径通幽,参差错落,气势恢宏,充分显示了祖国传统建筑文化的永恒魅力④,成为××建筑艺术史上的一大景观⑤。

[评析]

①"维妙维肖"应当写成"惟妙惟肖"。"惟妙惟肖"与"栩栩如生"都表示非常逼真的意思,因此这两个成语不能并用。

②可以比喻事业"展翅腾飞",但很少说事业"拔地而起",可以删去"拔地而起"。

③与"三馆两中心"相呼应,应当写成"即文化馆、博物馆、图书馆和老年活动中心、青少年活动中心"或将"和"字改为顿号,但不能把"和"字放在"老年活动中心"与"青少年活动中心"之间。

④删去"了",把"祖国"改为"我国"。

⑤此段将近700字,太长,应当删改。碑文不像一般的说明文可长可短,要惜墨如金。

六、特别提示

(一)勿滥写

与功德碑、纪念碑相比,记事碑在主体、取事、审批、撰文等方面比较灵活,但随之出现记事碑过滥的问题,此类碑文也大量增加,失去了立碑的本意和撰文的严肃性。因此,要特别注意这个问题。

(二)忌失实

事实是记事碑文的基础,立记事碑意在记事存真,碑文所记之事必须确保绝对的真实,不能有半点浮饰,更不能无中生有,只有这样才能取信于人。

(三)少议论

记事碑文重在记录事件,用事实说话,以说明、记叙为主要方式介绍有关事件;议论成分不多,即使有也是寓理于事,切忌空发议论。

七、写作训练

请根据下面资料为醉翁亭撰写记事碑文。

醉翁亭概况:醉翁亭坐落在安徽省滁州市西南琅琊山麓,与北京陶然亭、长沙爱晚亭、杭州湖心亭并称"中国四大名亭"。是安徽省著名古迹之一,宋代大散文家欧阳修写的传世之作《醉翁亭记》写的就是此亭。醉翁亭小巧独特,具有江南亭台特色。它紧靠峻峭的山壁,飞檐凌空挑出。数百年来虽屡次遭劫,又屡次复建,终不为人所忘。新中国成立后,人民政府将醉翁亭列为省级重点文物保护单位,并多次整修。

　　醉翁亭特色：醉翁亭一带的建筑，布局紧凑别致，具有江南园林特色。总面积虽不到 1000 平方米，却有九处互不雷同的景致。醉翁亭、宝宋斋、冯公祠、古梅亭、影香亭、意在亭、怡亭、古梅台、览余台，风格各异，人称"醉翁九景"。醉翁亭前有"让泉"，泉旁是小溪，终年水声潺潺，清澈见底。琅琊山不仅山色淡雅，而且文化渊源久远；自唐宋以来韦应物、欧阳修、辛弃疾、王安石、梅尧臣、宋濂、文征明、曾巩、薛时雨等历代无数文豪墨客，赋诗题咏，皆在山中。醉翁亭中有宋代大文豪苏轼手书的《醉翁亭记》碑刻称为"欧文苏字"。亭后最高处有一高台，名曰"玄帝宫"，登台环视，只见群山滴翠，百鸟齐鸣，令人心旷神怡！

　　醉翁亭由来：宋庆历五年（公元 1045 年），欧阳修来到滁州，认识了琅琊寺住持僧智仙和尚，并很快结为知音。为了便于欧阳修游玩，智仙特在山麓建造了一座小亭，欧阳修亲为作记，这就是有名的《醉翁亭记》。从此，欧阳修常同朋友到亭中游乐饮酒，"太守与客来饮于此，饮少辄醉，而年又最高，故自号曰醉翁也。""醉翁亭"因此得名。欧阳修不仅在此饮酒，也常在此办公。有诗赞曰："为政风流乐岁丰，每将公事了亭中。"

　　醉翁亭风雨：醉翁亭落成后，吸引了不少游人。当时的太常博士沈遵便慕名而来，观赏之余，创作了琴曲《醉翁吟》（一曰《太守操》），欧阳修亲为配词。现在冯公祠前面的一副对联"泉声如听太守操，海日已照琅琊山"，便是说的这件事。事隔数年之后，欧阳修和沈遵重逢，"夜阑酒半"，沈遵操琴弹《醉翁吟》，"宫声三迭"，"有如凤轻日暖好鸟语，夜静山响春泉鸣"。琴声勾起了欧公对当年在亭间游饮往事的追忆，即作诗以赠。醉翁亭初建时只有一座亭子，北宋末年，知州唐俗在其旁建同醉亭。到了明代，开始兴盛起来。相传当时房屋已建到"数百柱"，可惜后来多次遭到破坏。清代咸丰年间，整个庭园成为一片瓦砾。直到光绪七年（公元 1881 年），全椒观察使薛时雨主持重修，才使醉翁亭恢复了原样。

　　建议：

　　1.善于概括，构思严谨。

　　2.以 150～180 字为宜。

第五节　墓　碑　文

一、名称解释

　　墓碑，又称墓表，有的称为墓碣，是立在坟墓前面或后面的石碑，上面刻有死者姓名，有的还写死者的生平事迹。墓志，是随葬刻有死者生平事迹的石或砖，有的用铁铸或瓷烧成；也指墓志上的文字。墓志铭，有的称为圹铭，是墓志上志和铭的合称，其中用散文体来叙述死者姓名、籍贯、生平事略的称为志,在结尾处用韵文体概括全篇以赞扬死者业绩并表示悼念的称为铭。在实际撰文中,有志无铭或有铭无志的墓志很多,人们习惯上都将其称为墓志铭。墓志偶有死者生前自撰,但大多是死者亲属或请托别人撰写的。墓碑文,有广义和狭义之说。广义的墓碑文,包括墓碑上的文字和墓志铭;狭义的墓碑文,仅指墓碑上的文字。这里采用广义说。

二、主要特征

(一)墓碑文不同于悼词

悼词重在对死者表示哀悼,而墓碑文侧重于记录死者的生平事迹;悼词用于追悼会上宣读,而墓碑文是刻在坟墓的碑上;悼词是他人所作,而墓碑文自撰、他撰均可;悼词可长可短,而墓碑文多是短文。

(二)墓碑文不同于墓联

墓联的作用在于烘托,而墓碑文是为了介绍;墓联是对偶句,而墓碑文以散句为主;墓联是一个兼具实用性和文学性的文种,而墓碑文属于传统的应用文。

三、内容、格式及写法

(一)墓碑格式

1.标名碑文

包括以下几个项目:

抬头,写死者的生前职务、职业等,也可以不设此项。有的在此处写死者的生殁年月日。

正文,写立碑者对死者的称谓及死者的姓名。比如对父亲写"显考(注:近年多写"先")××府君之灵"、"显考讳××大人之灵"、"显考×君××大人之墓"等。

具名,写立碑者的身份、姓名。

日期,标明立碑的时间。

2.简介死者生平事迹的碑文

包括以下几个项目:

标题,多是死者姓名+文种。

正文,包括死者生平、业绩以及对其评价。

具名,写立碑者、撰文者的名称或姓名。

日期,标明立碑的年月日。

（二）墓志铭格式

1.标题

一般是死者姓名＋文种，如《柳子厚墓志铭》。

2.正文

包括三个部分：一是简介死者的生平；二是评价死者的主要业绩及其对社会的贡献；三是立碑的意义并对死者表示哀悼。如果在结尾用韵文体，多是三言、五言、七言，也有骚体，使用文言或白话。

3.具名

写立碑者名称、撰文者姓名。也可以将其写在标题的下方。

4.日期

大多标明成文的年月日，有的则写季节。

四、范文评析

[原文]

王统照先生的墓志铭

山东省文化局

王统照先生，山东诸城人。生于一八九七年古历初八日，卒于一九五七年十一月廿九日，享年六十岁。先生生平酷爱文学，在文学创作上获得很大成就。其代表作有《一叶》、《黄昏》、《山雨》，诗歌《童心》和散文《片雪集》等。先生是"五四"以来中国文坛上的著名人士之一。

先生毕生献身于文教事业。北京中国大学毕业后，曾任北京中国大学教授兼出版部主任、上海文学社《文学》主编、上海暨南大学教授、开明书店编辑和山东大学教授等职。

先生出身于封建地主家庭，但受到进步思想的影响，接受了资产阶级民主主义的革命思想。新中国成立后，在中国共产党的帮助下，先生的革命思想更加提高，从而也更博得了广大人民的爱戴。先生曾任全国人民代表大会代表、山东省人民代表大会代表、中国文联委员、中国作家协会理事、民盟中央委员及济南市委会主任委员、山东省人民政府委员兼文教厅副厅长、山东省文化局长、山东省文联主席和山东省中苏友好协会副会长等职。

先生不但对人民文学事业的发展有很大的贡献，对教育培养青年一代亦有很大功绩！先生的革命热情和事业的坚韧精神，均值得后代学习和颂扬。谨撰此文，以资纪念。

[简析]

王统照葬于济南市金牛山公墓，此为山东省文化局为王统照墓写的碑文。第一段，介绍其姓名、籍贯、出生和逝世时间、享年以及文学创作成就；第二段，简括其对文教事业的贡献；第三段，叙写其思想转变以及任职情况；第四段，评说其贡献、功绩、精神及影响，并以"谨撰此文，以资纪念"作结。全文主旨集中、层次清晰、表达恰当，文字质朴，是一篇很好的墓碑文。

五、病文会诊

在墓碑文写作中经常出现取事不典型、层次不分明、详略不当、语句不通顺等问题。

[原文]

×××同志墓碑文

×××同志，生于一九二四年四月①，×县××村人②，一九四一年参加抗日工作，翌年加入中国共产党，历任区青救会青武部长、自卫大队副队长、县大队指导员、区武委会主任、副区长等职③，建国后任×县人民政府卫生科长、区委书记、县委委员、宣传部长、县委副书记。一九六四年任××省××县委副书记、××地区农业局副局长、林业局局长，一九八〇年任×县县委副书记，翌年任县委书记，一九八五年离休，享受地专级政治生活待遇④，一九九八年六月十四日，因患脑溢血逝世，享年七十五岁。

×××同志战争年代为民族解放事业置生死于不顾⑤，奋勇抗战；新中国成立后，为×县经济发展和人民生活富裕，付出毕生心血⑥。离休后，倾注于关心下一代事业。他一生光明磊落，爱憎分明，清正廉洁，平易近人。配妻×寨×××⑦，生×女×男，勤劳节俭，善良贤惠。×××同志治家有方，子孝孙贤。

×××同志名垂千古⑧！

[评析]

①出生日期不能只写年月，要标明是哪一天。

②第一句写其姓名、出生时间和籍贯，所以应当将"人"后面的逗号改为句号。

③为了显示新中国成立前、后的层次，可以将"副区长等职"后面的逗号改为句号。

④新中国成立后的任职分四层，应当将"……宣传部长、县委副书记"后面的句号改为分号，将"林业局局长"后面的逗号改为分号，将"翌年任县委书记"后面的逗号改为分号，将"待遇"后面的逗号改为分号。"地专"是滥用简称，应当改为"地区专员"。

⑤在"战争年代"前加介词"在"。在"生死"前加"个人"。

⑥只写"×县"范围太窄，与前文照应欠周。"毕生"是终生的意思，从前后句联系上看显然不恰当，可以将"毕生"改为"很多"。此外，将"心血"后面的句号改为分号。

⑦"配妻"生造词语，可以改为"妻子"等。

⑧"名垂千古"等是悼词的结语，一般不用于墓碑文。

六、特别提示

（一）务求准确

墓碑文中死者姓名、生殁年月日、籍贯、生平事迹、立碑者、撰文者等基本信息要真实，评价要恰当，格式要合乎规范，词句要贴切，字体要标准，字迹要工整。

（二）善于概括

墓碑文受墓碑空间的限制不能写得冗长；同时，为了便于读者阅读与记忆，应当力求简洁。这就要求撰文者取事典型、叙说和评价简要、文字简练，不能泛泛叙议。

七、写作训练

请认真阅读余秋雨写的两篇墓碑文，回答问题。

（1）

陈逸飞先生墓碑文

陈逸飞先生是当代中国享誉国际的杰出画家。他曾在劫后余生的文化断层间，找回浔阳遗韵的风姿，江南午后的宁静，小桥流水的思念，安顿了一代人浮躁的眼神和心灵。而后，他又日夜求新求变，扩充绘画生命，拓展视觉艺术，作出极大贡献。

美的事业，熬人心血。陈逸飞先生正当盛年，却将光彩吐尽。噩耗传开，海内外一片震惊哀悼。今家人筑墓于此，嘱我写碑。我仅想以一言告知日后凭吊者：这里安息着一个人，他曾以中国的美丽，感动过世界。

余秋雨　敬撰

（2）

谢晋墓碑文

余秋雨　撰并书

谢晋导演，浙江上虞人氏，东晋谢安、谢玄之后也。以"晋"为名，以铭根器。悠悠千年，果然承其先祖创拓之脉，引领中国电影事业而气象万千。

毕生辛劳汗水，无尽悲欢胶片。辨善恶于大地，投思索于历史，追人性于血火，问正义于困顿，且大多融入中国女性之忠贞婉淑而感动遐迩。后人若问：在封闭年月，凿得天光谁为最？答曰：谢晋也；再问：在复苏时代，震聋发聩谁为最？答曰：谢晋也。

谢晋作品，润泽中国三代。此地茔丘，足可笑对苍原。

遵照谢晋遗嘱，谢氏家人及上海电影集团公司邀请谢晋生前至友韩美林设计此碑，余秋雨撰文并书，于己丑年仲夏。

请回答：

1."这里安息着一个人，他曾以中国的美丽，感动过世界"、"谢晋作品，润泽中国三代。此地茔丘，足可笑对苍原"各包含什么意蕴？

2.两篇文章是运用哪种方法叙写其业绩的？

3.为什么第二篇中第二段连用设问？修辞效果是什么？